D1328882

LILI GULLIVER,
la perfide tentatrice

**Catalogage avant publication
de Bibliothèque et Archives Canada**

Lili Gulliver, la perfide tentatrice
    (Collection Littérature érotique)
    ISBN 978-2-7640-1200-0
    I. Titre. II. Collection: Collection Littérature éro-
tique (Montréal, Québec).

PS8563.U565L542 2007QC843'.54QC2006-942161-7
PS9563.U565L542 2007

© 2007, Les Éditions Quebecor,
une division du Groupe Librex inc.
7, chemin Bates
Montréal (Québec) Canada
H2V 4V7

Dépôt légal: 2007
Bibliothèque et Archives nationales du Québec

Pour en savoir davantage sur nos publications,
visitez notre site: www.quebecoreditions.com

Éditeur: Jacques Simard
Conception de la couverture: Bernard Langlois
Illustration de la couverture: GettyImages
Conception graphique: Sandra Laforest
Infographie: Claude Bergeron

Imprimé au Canada

Gouvernement du Québec – Programme de crédit d'impôt pour l'édition
de livres – Gestion SODEC.

L'Éditeur bénéficie du soutien de la Société de développement des entre-
prises culturelles du Québec pour son programme d'édition.

Nous reconnaissons l'aide financière du gouvernement du Canada par
l'entremise du Programme d'aide au développement de l'industrie de
l'édition (PADIÉ) pour nos activités d'édition.

DISTRIBUTEURS EXCLUSIFS:

• Pour le Canada et les États-Unis:
MESSAGERIES ADP*
2315, rue de la Province
Longueuil, Québec J4G 1G4
Tél.: (450) 640-1237
Télécopieur: (450) 674-6237

* une division du Groupe Sogides inc.,
filiale du Groupe Livre Quebecor Média inc.

• Pour la France et les autres pays:
INTERFORUM editis
Immeuble Paryseine, 3, Allée de la Seine
94854 Ivry CEDEX
Tél.: 33 (0) 4 49 59 11 56/91
Télécopieur: 33 (0) 1 49 59 11 33

**Service commande France
Métropolitaine**
Tél.: 33 (0) 2 38 32 71 00
Télécopieur: 33 (0) 2 38 32 71 28
Internet: www.interforum.fr

**Service commandes Export –
DOM-TOM**
Télécopieur: 33 (0) 2 38 32 78 86
Internet: www.interforum.fr
Courriel: cdes-export@interforum.fr

• Pour la Suisse:
INTERFORUM editis SUISSE
Case postale 69 – CH 1701 Fribourg –
Suisse
Tél.: 41 (0) 26 460 80 60
Télécopieur: 41 (0) 26 460 80 68
Internet: www.interforumsuisse.ch
Courriel: office@interforumsuisse.ch

Distributeur: OLF S.A.
ZI. 3, Corminboeuf
Case postale 1061 – CH 1701 Fribourg –
Suisse

Commandes: Tél.: 41 (0) 26 467 53 33
Télécopieur: 41 (0) 26 467 54 66
Internet: www.olf.ch
Courriel: information@olf.ch

• Pour la Belgique et le Luxembourg:
INTERFORUM editis BENELUX S.A.
Boulevard de l'Europe 117,
B-1301 Wavre – Belgique
Tél.: 32 (0) 10 42 03 20
Télécopieur: 32 (0) 10 41 20 24
Internet: www.interforum.be
Courriel: info@interforum.be

Lili Gulliver et
Diane Boissonneault

LILI GULLIVER,
la perfide tentatrice

LES ÉDITIONS
Quebecor

QUEBECOR MEDIA

Remerciements

D'abord, je tiens à remercier mon irremplaçable mari pour son soutien moral, sa compréhension et son bon sens de l'humour. J'en profite ici pour lui dire combien j'ai apprécié les délicieux repas qu'il nous préparait, à Félix et à moi, pendant que je m'acharnais à la rédaction de ce livre et combien j'ai parfois joui de ses absences golfiques qui m'ont permis d'écrire en paix . Oui, avoir un Roger sous la main comme héros de livre, ça inspire sa muse. Il s'en est tiré plutôt bien, non? *Cool*, pas trop jaloux, ouvert, sexy, andropausé mais pas trop. Je dois cependant avouer qu'il n'y a que dans les livres qu'une femme peut vraiment faire ce qu'elle veut de son mari. Dans la vraie vie, le héros est imprévisible et moins facile à manipuler.

Merci aussi à Félix de m'avoir permis d'utiliser son prénom. Au début il était réticent, puis ensuite, il s'est ravisé en se disant qu'aucun de ses copains ne lirait le livre d'une mère qui parle de sexe et de ménopause. Lui aussi est d'un naturel *cool* et spontané ; héritage familial, sans doute.

En ce qui concerne les copines qui se reconnaîtront dans ce livre, même si j'ai changé leurs noms, leurs couleurs de cheveux, leurs âges et leurs poids, je tiens à les remercier d'être encore mes amies. Oui je le sais, mes amies, vous vous dites que je suis une vraie «chienne de vache» d'avoir livré ainsi quelques-unes de nos confidences de filles, et de les avoir passées à la moulinette de mon imagination, mais bon… cessez d'aboyer, je payerai la prochaine tournée. Avouez qu'avec nos commérages, il y avait de quoi pondre un roman.

De même, ce livre n'aurait pu être écrit avec tant de sérénité, si je n'avais bénéficié de l'aide et du soutien de ma bonne et travaillante Sylvie qui, pendant mes absences campagnardes et mes moments d'écriture, a su veiller au bon roulement de la maisonnée. Aussi, je tiens à remercier mon ami et correcteur d'épreuves Didier Delfolie. Avoir un ami correcteur, psychiatre de formation, est rassurant pour une auteure, parce que des fois, je me croyais vraiment folle d'oser écrire de pareilles inepties ; mais je me disais que si j'allais trop loin, Didier allait me le dire et me ramener dans le droit chemin. Même s'il y a pensé, il ne me l'a jamais dit, alors je cours encore en toute liberté dans la maison.

Je tiens aussi à exprimer toute ma gratitude et mon dévouement et mon affection à ma chère maman, laquelle je le pense en a vu de toutes les couleurs avec moi. Je suis heureuse que nous ayons fait la paix avec le passé. Je t'aime, maman.

Un gros merci aussi à Francine et Oliva pour leurs encouragements et leurs bons mots.

Enfin, moi Diane, j'aimerais remercier mon éditeur, Jacques Simard, de Quebecor, qui a accepté de publier ce livre. Je crois qu'il a pu être séduit par le côté sérieux et profond de ce livre. Moi Lili, je pense plutôt qu'il a vu ton côté vache à lait, mais qu'il a été séduit davantage par moi et mon inégalable sens de l'humour. Disons que nous avons été attirées par son approche… commerciale ! Et merci à l'équipe de production.

Merci aussi à tous les hommes, source d'inspiration constante dans notre vie. Et merci la vie.

Diane Boissonneault et son alias Lili Gulliver
www.liligulliver.com

 Cher journal,

Aujourd'hui, je me suis décidée à soumettre une demande d'aide financière au Conseil des Arts, afin qu'on me soutienne dans ma démarche créatrice. Depuis des années que j'en rêve, pourquoi n'y aurais-je pas droit? Le temps est venu de donner un visage à mes rêves. De passer du potentiel à l'actuel.

Après tout, je sais écrire. J'ai plein de choses intéressantes à raconter sur mon vécu et je suis en mesure de mener un projet à terme.

Tout le monde sait que j'ai donné un sacré coup de main à Lili Gulliver, la célèbre auteure de romans érotiques. Si celle-ci a connu un certain succès, elle me doit en revanche une fière chandelle. Sans oublier que, lors de son enlèvement par les extraterrestres, j'étais là, fidèle au poste sur le plancher des vaches, et j'espérais de grandes choses pour elle.

Moi aussi, je pensais bien qu'elle nous reviendrait avec des idées cosmiques, spatiales et innovatrices, et qu'elle connaîtrait un succès interplanétaire. Mais non! La pauvre, elle est revenue bredouille et en panne sèche, ce qui est sérieusement irritant pour une écrivaine érotique. Il faut la comprendre : les aventures relatées dans son dernier livre n'ont pas plané au firmament des best-sellers et, comme si sa bonne étoile avait cessé de briller, son ancien éditeur ne lui a même pas payé les redevances sur ses droits d'auteur.

Ce qui fait que la pauvre Lili, déboussolée et épuisée par son aventure, est revenue complètement disjonctée. À preuve, l'aventure qui suit.

Tout le monde a déjà entendu parler des obsédés du métro, ces mecs qui s'exhibent ou font des attouchements aux passagers.

Un des secrets les mieux gardés est que Lili Gulliver est elle-même une obsédée sexuelle du métro. Les hommes convoités étant assez discrets, elle ne s'est jamais fait pincer (à une exception près, au métro Beaudry Village, où elle a failli se faire prendre la main dans le pantalon, seulement parce que le jeune homme était « à la vapeur » et a pris peur). D'habitude, elle n'opère qu'en douce sur des hommes majeurs et vaccinés et, admettons-le, fort consentants. Ce qui fait qu'elle n'a jamais eu droit – fort heureusement – à la une des journaux et qu'elle est passée inaperçue dans les annales.

Parfois, il lui arrive même de soudoyer les contrôleurs avec lesquels elle est de mèche, en les gratifiant d'une petite pipe discrète derrière le guichet, ce qui, bien entendu, lui assure la gratuité de ses allées et venues souterraines. Au fil de ses excursions, elle a développé le don de jeter son dévolu sur des hommes faciles. Il faut dire que son flair en ce domaine est assez développé : l'homme qui est excité a le sang qui bout et l'homme qui vient de jouir a le bout qui sent. Mais c'est surtout par le regard et la bouche qu'elle repère ses pervers volontaires.

Toujours est-il que, le métro étant un excellent endroit pour la promiscuité, et notre chasseresse n'ayant pas froid aux yeux, elle s'en est donné à corps joie. En général, les bonshommes sont très coopératifs et n'attachent jamais leur pantalon trop serré, afin de lui faciliter la tâche. Parfois, quand la proximité s'y prête, la garce peut même en branler deux à la fois, le branle-bas des wagons accélérant la cadence.

Certains sont si reconnaissants qu'ils lui glissent leur carte professionnelle et quelques dollars en guise de gratitude.

Mais là où ça a dégénéré, c'est lors de cette fameuse soirée au Centre Bell, un de ses souvenirs les plus fous de l'hiver dernier!

Station Lucien-L'Allier. Le Canadien, après avoir essuyé plusieurs défaites consécutives, venait enfin de remporter un match et les amateurs rentraient chez eux, euphoriques et excités. Comme toujours à la fin des parties, Lili attendait la foule sur les quais. Elle s'engouffra dans le wagon le plus bondé (ou devrais-je dire le plus bandé?).

Bordel! Quelle folie! Il y avait près d'elle une foule de mecs bien virils et prêts à le montrer. Plein de corps nerveux qui se bousculaient. Elle portait ce soir-là un chatoyant manteau en faux léopard, et rien dessous. Elle se glissa à l'aveuglette au milieu de tous ces mâles, juste pour le plaisir d'être ballottée et prise au hasard. Elle y a goûté raide.

Putain! L'obsédée sexuelle qu'elle est fut prise et reprise, pour enfin réaliser que trop, c'est comme pas assez! Elle a bien failli y passer et rendre l'âme à Hochelaga. Heureusement que les anges du métro sont entrés à la station Frontenac pour calmer les ardeurs.

Enfin...! À la suite de cette orgie, je lui ai vivement suggéré de se rendre aux *sexooliques* anonymes.

C'est d'ailleurs à un de ces meetings thérapeutiques qu'on l'a encouragée à révéler ce qu'elle gardait pour elle depuis des années: son obsession phallique et son goût tordu pour la séduction de masse. On lui a recommandé une longue thérapie.

Pendant ce temps, moi, Diane B., j'ai gagné en maturité et en confiance. Je me suis dit qu'il était peut-être temps de prendre le flambeau, de vaincre mes peurs et de sauter sur ma plume. Mais comme je ne veux pas me retrouver le cul sur la paille et même si ma pulsion d'écrire est forte, je demande une bourse au Conseil des Arts en espérant sensibiliser le jury à mon récit et à mes états d'âme.

Je vais donc remettre un projet authentique, original et sérieux, qui retiendra l'attention d'un jury composé d'intellectuels et de fonctionnaires très critiques. Il me faut quelque chose de substantiel et de philosophique qui n'aura rien à voir avec les aventures comico-érotiques de mon pseudonyme.

À cet effet, j'ai cru bon m'inspirer de l'œuvre de Gabrielle Roy, en réécrivant, si l'on veut, ma propre version de *La Détresse et l'Enchantement*, qui pourrait avoir comme titre : « La Dèche et la Joie ». Ou encore me fier à mon *feeling* et écrire un livre de vécu au titre évocateur, du style « Parfois femme varie ». Je réfléchis là-dessus.

J'y raconterai l'histoire de ma jeunesse mouvementée et la découverte de ma double personnalité. J'aborderai l'histoire de ma venue progressive à l'écriture, grâce aux vertus de mon journal intime. En fait, je pense me servir des événements de ma vie quotidienne comme points de repère, et écrire ce que je ressens, à 50 ans ! Ce mi-temps de ma vie est le siège de processus mentaux et physiologiques particuliers qu'il serait dommage de méconnaître. J'aimerais bien faire profiter mes lecteurs de mon expérience de femme mature en abordant quelques sujets délicats dont personne ne veut entendre parler, en n'utilisant pas une approche commerciale, mais plutôt intimiste.

En résumé, cher journal, c'est comme si je demandais une bourse pour continuer à t'écrire dans l'espoir de te voir publié. Bien entendu, je te peaufinerai et te consacrerai beaucoup plus de temps. Cent fois sur le métier... Tout comme Gabrielle Roy le faisait avec son journal, je t'emmènerais avec moi à Petite-Rivière-Saint-François et, lors de mes balades sur le bord de la voie ferrée, près du fleuve, je noterais mes contradictions insoutenables et je creuserais mes pensées profondes. Ah ! Les idées se bousculent, je nous y vois déjà ! Est-ce que ça a du sens ?

 Cher journal,

Pourrais-tu demander à Diane de cesser de creuser le fond de son fonds ? Et j'aimerais préciser que je ne suis pas aussi disjonctée qu'elle le clame. Il est vrai que, grâce à ma thérapie chez les sexooliques anonymes, je me sens maintenant très bien. Elle devrait venir avec moi et participer aux séances de thérapie collectives pour drogués sexuels incurables. Elle y trouverait de bons sujets pour écrire un livre. Ah ! Les rencontres intéressantes que j'y fais... Ici, on ne se contente pas de l'onanisme en chambre. Et le sexe est loin de se limiter à une petite partie de jambes en l'air sous la couette. Oh ! *queue* non ! Comme on parle ouvertement de tout et qu'on partage nos expériences, j'apprends. Il y a un grand et gros jeune homme un peu taciturne qui nous a raconté comment il s'introduisait un furet dans l'anus, suivi d'un autre gros bonhomme portier dans un bar qui, lui, a confié avoir besoin de se costumer en superhéros pour avoir une érection. Ensuite, on a eu droit aux confidences d'une infirmière poitrinaire aux énormes seins piriformes, dignes des fantasmes fétichistes les plus obsessionnels des producteurs de films XXX, qui a confessé être une adepte de « mammophilie », et qui adorait étouffer les hommes à grands coups de gros nichons voluptueux ! Que veux-tu, le sexe a ses raisons que le cœur ne connaît pas. Oh ! j'allais oublier de parler de pépère pervers dans son fauteuil roulant qui se branle tout le temps en écoutant les témoignages, et d'un certain producteur pédophile célèbre qui, lui, se tient tranquille à l'écart.

Bref, j'apprends un tas de choses utiles que j'aurai sûrement l'occasion de partager, pourvu qu'on m'en laisse le loisir. Parce que depuis qu'elle a 50 balais, la Diane, on dirait qu'elle a pris du plomb dans l'aile ; plus moyen de déconner avec elle. Elle se prépare à la ménopause.

Il faudrait qu'elle mette du rêve, de la fantaisie, de la folie dans son histoire. Le réel, ou plutôt la réalité d'une bonne femme ménopausée, qu'est-ce qu'on s'en fout !

 Cher journal,

Premièrement, je ne suis pas ménopausée, mais en périménopause, et pour le plomb dans l'aile, je voudrais bien t'y voir ! Inconsciente... Sais-tu ce que c'est que de vieillir ? À 50 ans, c'est comme si en plus de mes seins, de mes fesses, de mes cuisses et de ma bedaine qui tirent vers le bas, répondant à la loi de la gravité, tout s'effondrait en moi, même mes illusions. On a beau y arriver encore toute fraîche et les idées claires, il se passe un truc sournois. C'est le temps des bilans, des remises en question. C'est l'heure d'analyser la situation pour voir clair dans sa vie. Si je peux faire ce questionnement par écrit et enfin parler des vraies affaires sans avoir recours à des supercheries, fantasmes racoleurs et galipettes surréalistes, eh bien ! je le ferai.

Juste un hic, cependant, je n'ai pas encore réussi à me départir de la folle dans le grenier qui m'habite et qui me poursuit jusque dans ces pages. Mon psy m'incite à l'ignorer et me motive à continuer à écrire ce que je ressens. Il m'affirme que plus j'oserai me révéler, plus j'aurai confiance en moi et plus la Diane en moi sera en mesure de prendre conscience de sa propre valeur.

Je suis consciente qu'écrire gruge du temps sur la vie familiale et je me demande si ce que j'ai à dire est si essentiel... Il y a tellement de livres dans les librairies et d'auteurs fameux dans le monde que je me demande pourquoi moi, Diane B., je m'imposerais. Je ne suis pas mégalo comme mon alter ego. Je sais que je suis à un tournant décisif de ma vie et que l'écriture sera un outil libérateur. Mais, en même temps, écrire me demande une grande disponibilité.

Disponibilité que je n'ai pas toujours, hélas : mon fils – entre autres – passe avant l'écriture. Quand Félix rentre de l'école, le travail d'écrivaine cesse et la mère prend la relève. Même si pour rien au monde je n'aurais manqué l'expérience d'être mère, et même si j'apprécie quotidiennement la présence de mon fils à mes côtés, la maternité, ça occupe. Je ne pensais pourtant pas avoir la fibre maternelle si développée. Bien oui, *full* fibre !

Mon fils m'a fait prendre conscience de mon humanité, de ma vulnérabilité et aussi de ma mortalité. Il m'a rendue beaucoup plus sage qu'avant. La famille *est* mon port d'attache, me voilà bien amarrée. Un enfant, ça aide à trouver un sens à la vie. Quand il dit « Maman, j'ai faim », c'est pas le temps de faire du nombrilisme et de peaufiner ses pensées. On ouvre le frigo et on découpe des crudités en composant un menu express pour l'enfant affamé en pleine croissance. Et on savoure la vie.

Ah ! que c'est beau, la servitude des mères ! J'espère qu'elle ne va pas nous gonfler longtemps avec son chiard. Une femme qui raconte toutes ces petites conneries du quotidien, c'est à peu près comme un enfant qui pisse au lit. (Lili)

 Cher journal,

J'attends d'un jour à l'autre la réponse du Conseil des Arts. D'après toi, je la mérite ou je ne la mérite pas, cette sacrée bourse d'écriture ? Mon projet est peut-être un peu vague et inachevé ? La Lili qui cohabite dans mes pensées prétend que je n'ai aucune chance de susciter l'intérêt. Bourse pas bourse, quand l'urgence d'écrire et de dire est là, au diable l'avarice ! On saute sur sa plume et on s'exprime.

Pensée du jour : pourquoi quêter des allumettes pour allumer sa flamme, quand on est soi-même chalumeau ?

J'ai 50 ans... si je ne le fais pas maintenant, quand est-ce que je le ferai ? Cinquante ans ! C'est peut-être trop tôt pour faire son autobiographie, j'en conviens ; Janette Bertrand a attendu d'en avoir près de 80. Mais comme je suis déjà dans l'autre versant de la vie, qui sait à quel point la pente qui m'attend sera raide ? Avec tous les dangers qui nous menacent, la grippe aviaire, les attentats terroristes, les catastrophes climatiques, les tsunamis, sans compter la liposuccion ratée, les bouffées de chaleur et l'arythmie, je devrais peut-être m'y mettre maintenant si je veux laisser ma trace. Apparemment, c'est tout à fait naturel et humain que de vouloir se démarquer du lot et d'éprouver le besoin de laisser son empreinte.

Sa griffe, ma chérie, ou ses griffes ?

Ça fait des années que je laisse le plancher à miss Lili ; il serait grand temps de sortir de l'ombre ! De révéler qui je suis, moi, Diane B., et de prouver qu'à 50 ans, je suis capable d'émerger du lot, en parlant de choses qui me tiennent à cœur.

Comme je le disais plus tôt, j'ai des choses à exprimer. Roger, «mon époux», s'interroge en me voyant ainsi rêvasser. Être le mari d'une femme écrivain en proie aux transformations hormonales n'est pas de tout repos. Lui aussi doit faire face à mon dédoublement de personnalité et à mes changements d'humeur. Il ne me trouve pas toujours facile à suivre. Je le trouve patient, mon homme !

Il se demande bien d'où me vient ce besoin d'écriture. C'est étrange à dire, mais je ne le sais pas trop. Me viennent à l'esprit ces phrases de Michel Houellebecq dans *Rester vivant*, où il écrit : «Vous ne comprendrez jamais exactement cette part de vous-même qui vous pousse à écrire. Vous ne la connaîtrez que sous des formes approchées ou contradictoires. Égoïsme ou dévouement ? Cruauté ou compassion ?»

C'est exactement ce que je ressens. Mais comme je ne suis pas Houellebecq, je réponds à mon chéri : je ne sais pas d'où ça vient, mais il faut que ça sorte. Il y a des femmes qui se bercent en tricotant, moi je me berce en écrivant ; ça m'occupe l'esprit.

Pauvre chéri ! Il ne veut pas que je me fasse d'illusions. Il veut me ménager. Il sait que c'est difficile d'écrire, de trouver un éditeur et d'être publié. Il ressent bien mes angoisses, mes humeurs, mes doutes, mes hauts et mes bas pendant le processus créatif. Il connaît mon besoin d'être sans cesse approuvée, encouragée, aimée, cajolée. Il sait aussi que je peux être soupe au lait et d'une grande susceptibilité quand je lui demande de lire mes écrits. Le moindre froncement de sourcil, le plus petit pincement de nez de sa part et voilà que je remets tout en question : mon talent, son évaluation, notre relation.

Le pauvre ! Déjà qu'il a réussi à composer avec les vagues du syndrome prémenstruel et qu'il supporte le fait que je passe de nombreuses heures en compagnie de Lili, soit à ridiculiser les golfeurs et à trouver de bonnes raisons pour prendre un amant, soit à édifier une grille de classement des meilleurs amants au monde. Thoreau, qui a écrit sur le pouvoir qu'ont les livres de changer une vie, s'interroge : « Combien de fois un homme a-t-il commencé une nouvelle vie à la suite de la lecture d'un livre ? » Sans doute parlait-il des maris d'écrivaines qui divorcent à la suite de la lecture du journal intime de leur douce ?

Enfin, de me savoir repartie dans les affres de la création ne l'emballe pas outre mesure. Je peux facilement comprendre pourquoi, d'ailleurs. Il y a tellement d'autres façons d'être utile dans la vie et de faire l'intéressante. Une écrivaine en périménopause, qui doute de tout et qui remet tout en question, ce n'est pas très rassurant pour un homme de nature calme et angoissée.

Alors il me demande : « T'es pas bien là, tranquille ? Tu pourrais m'aider avec l'auberge. Toi qui aimes magasiner, tu pourrais devenir préposée aux achats. Profite donc de ton temps libre pour faire du sport, de la peinture, des activités distrayantes. T'auras pas à te casser la tête, à faire de l'introspection, à ressasser tes souvenirs. T'aurais juste à profiter de la vie, ici, maintenant. »

Il ajoute : « T'as vu ce qui est arrivé à Lili Gulliver, elle qui rêvait de décrocher la lune... Toi tu as travaillé toute ta vie, tu as fait tes preuves. Pourquoi ne prends-tu pas plus de temps pour toi, pour nous ? Ça t'a fait du bien, l'année sabbatique ; prends-en une autre ! »

Ma réplique ?

« Je sais, mais c'est plus fort que moi, chéri, faut que je m'exprime. De toute façon, je ne peux pas me fuir. Je veux laisser un témoignage de mon passage, parler de la vie quotidienne et des choses qui me touchent, qui m'interpellent.

Tu te souviens, chéri, la première fois que Félix a vu un clown ? À peine avait-il commencé à sourire que je ruisselais du coin des yeux. J'ai aussi versé quelques larmes quand je me suis pointée à son premier concert de Noël à la maternelle. De voir tous ces petits bouts de chou avec leurs bonnets rouges et d'apercevoir le fruit de notre amour s'apprêter à chanter *Le petit renne au nez rouge*, j'en avais le nez rouge comme un lumignon !

Puis souviens-toi, chéri, quand nous attendions la venue du père Noël, en rang sur le trottoir de la Plaza Saint-Hubert. On entendait la fanfare, puis on a vu les lutins et le traîneau du père Noël qui descendaient la rue. Les enfants agitaient les menottes dans leurs mitaines quand, tout à coup, je ressens une émotion irrépressible me monter à la gorge. Je ravale. Je me mouche. J'ai les yeux pleins d'eau devant un gros bedonnant qui fait Ho ! Ho ! Ho ! Toi, tu me regardes, attendri, me souris et me prends la main. Témoin de mon embarras, Félix demande : "Pourquoi elle pleure, maman ?" Alors tu lui expliques : "Elle croit que le père Noël a oublié son cadeau !" Tu te souviens de sa réponse ? "T'en fais pas, m'man, je t'en donnerai un des miens !"

C'est des petites histoires comme ça que j'aimerais écrire. Des vraies affaires de la vie. Une sorte de journal du quotidien bourré de petites anecdotes. »

Mon mari a souri. Il a trouvé ça *cute*. Ça l'a rassuré. Je n'étais quand même pas pour lui avouer que je voulais parler de lui, de son andropause, de ses sautes d'humeur et de son (parfois) sale caractère, de la vie de couple et de la routine. Un mari, il faut ménager ça de temps en temps, et une des façons de le faire est de garder son jardin secret.

Avec ce que je lui ai raconté, il serait étonnant de le retrouver à compulser ces pages. Ce n'est pas le genre d'histoire qui le captive. Pareil pour les aventures de Lili Gulliver : c'est vraiment pas sa tasse de café. Lui, il affectionne surtout les livres de gars, les complots politiques, les grandes sagas historiques, style : *Les Rois Maudits*, *Les Pharaons*, *Un loup est un loup*. Les auteurs américains, Hemingway, John Fante, Bukowski..., et puis les revues de golf. Bref, aucun danger en ce qui concerne son intrusion sournoise dans ces pages. Il est tout de même du genre respectueux, mon Roger.

Ce qui est dangereux avec un journal, ce n'est pas tant d'être épiée, quoique avec Lili sur mon épaule, ça craint. Mais le danger, pour moi, consiste surtout à partir dans toutes les directions. C'est fou ce que notre subconscient recèle d'informations douteuses.

Alors voilà, cher journal ! Ça m'a fait du bien d'en parler. J'espère que j'aurai bientôt des nouvelles du Conseil des Arts. Je ne désespère pas, tu sais, parce que, mine de rien, je crois encore au père Noël.

 Cher journal,

Il y a de ces femmes qui sont vraiment naïves. Elles devraient savoir que le père Noël est une ordure. Ne me dis pas que je vais être encore condamnée à cohabiter avec cette nou-noune de Diane qui veut parler des vraies affaires de la vie ! On va bientôt croire qu'en plus d'une Lili, il y a une Janette qui sommeille en elle. Méchant trouble de personnalités multiples ! Le doc Mailloux n'a pas fini avec elle. Elle espère tout de même pas que l'on soit béat d'admiration devant un petit trognon qui la fait renifler d'émotion devant ses moindres finesses. Elle éprouve pour son fils des élans nombrilistes quasi mystiques que j'ai peine à comprendre.

On pourrait écrire son histoire ainsi : lorsqu'elle eut 50 ans, Diane commença à avoir des doutes sur son pouvoir de sé-duction. Elle se mit alors en tête d'écrire des trucs bizarres concernant sa famille, son fils, son bilan de santé et son vécu quotidien.

Oh ! que cela va être fascinant de suivre les change-ments de son cycle menstruel, en alternance avec les résul-tats scolaires de son rejeton, et de savoir si elle éprouve parfois une sensation de malaise vague et indéfini. À quand remontent ses derniers frottis vaginaux déjà ? Faudrait peut-être prendre rendez-vous !

En ce qui me concerne, je viens justement de recevoir une lettre d'Oprah m'invitant à son émission. Je n'aurai donc pas le temps de suivre les courbes comparées de ses fluctua-tions versus ses flatulences. La lettre va comme suit :

 Chère Lili,

On vient de m'apprendre que votre livre — « 1001 bonnes raisons de prendre un amant » — vient d'être traduit en japonais. Bravo ! Mais à quand la traduction américaine ?

Nous préparons en ce moment une émission sur les femmes qui prennent des amants et aimerions avoir votre point de vue là-dessus. Accepteriez-vous de venir en parler à mon émission ?

Bien à vous, Oprah

Chère Oprah,

Je dois vous avouer que je suis pas mal occupée à gérer ma carrière de chanteuse et à scénariser mon prochain film... Mais si vous insistez pour que je participe à votre émission...

Réservez-moi l'avion première classe et l'hôtel luxueux, avec champagne, caviar et escorte masculine. Déroulez le tapis rouge, j'arrive ! Car oui, je serais disposée à échanger avec vous quelques-unes de mes bonnes idées. J'ai remarqué depuis quelque temps que le libertinage est très « tendance » dans les magazines féminins. Ce phénomène serait attribuable aux femmes, de plus en plus audacieuses, qui désormais draguent plus ouvertement.

Vous savez, Oprah, il y a plusieurs façons de percevoir l'infidélité féminine. Une de mes amies me disait justement, l'autre jour : « Une femme peut fort bien aimer deux hommes à la fois, tout comme elle est capable d'aimer plusieurs enfants. On dirait que, toutes petites, on nous a appris à élargir notre cœur. » Une femme de cœur, mon amie.

Lors de mes spectacles, je chante une chanson qui fait sourire et rêver bien des femmes, et qui s'intitule « Trois hommes ». Ça dit qu'« une femme a besoin de trois hommes dans sa vie : un pour le chic, un pour le chèque et un troisième pour le choc » !

Je dois vous confier, Oprah, que mon but en écrivant « 1001 bonnes raisons de prendre un amant » n'était pas de faire l'inventaire exhaustif des diverses formes d'inconstance amoureuse ou de prôner l'infidélité conjugale à tout prix.

Non, je voulais seulement déculpabiliser les femmes qui vont chercher leur plaisir ailleurs si tel est leur désir. Pourquoi faire d'un plaisir d'amour tout un fromage et l'enjeu d'une vie ? Nous sommes les seuls sur terre à nous en soucier autant. Un philosophe a dit : « Quand on s'invente des bourreaux, c'est qu'on n'est pas doué pour la liberté. »

Avoir un amant et un mari, c'est une façon de vouloir tout dans la vie. La sécurité et la liberté de la vie aventureuse. Bien sûr, la morale nous dit qu'on ne peut jamais avoir tout ce qu'on veut dans la vie. Mais vouloir tout et y aspirer est une démarche dynamique, même si elle est un peu risquée.

Alors voilà, je suis disposée à partager mes réflexions et à brasser la bonne vieille morale sexiste avec vous, Oprah, et avec vos milliers de téléspectateurs. Malgré toutes mes obligations, je serais donc très heureuse d'être là pour répondre à vos questions. Vous ne serez pas déçue de m'entendre !

D'ailleurs, sans vouloir me vanter, on m'a chaleureusement félicitée lors de mon apparition (remarquée ou remarquable ? Les deux bien sûr) à l'émission « Tout le monde en parle », avec Thierry Ardisson (you know : the French man in black).

À la fin de l'émission, Thierry est venu me voir en coulisse et m'a glissé à l'oreille : « En tout cas, Lili, vous, vous n'êtes pas triste sur un plateau. » Je lui ai répliqué : « Il n'y a pas que sur un plateau que je ne suis pas triste, Thierry chéri. » Alors que je lui dédicaçais mon livre « 1001 bonnes raisons de prendre un amant », je n'eus qu'à rajouter trois petits mots simples sous le titre : « Comme toi, Thierry ! » Et d'ajouter mon numéro de téléphone de ma petite écriture sexy…, et voilà, très chère, comment on peut transformer un animateur télé en amant.

Au plaisir de vous divertir,
Lili Gulliver

 Cher journal,

Je me suis résignée à la laisser faire. Elle veut me bouffer mon espace et pervertir mon journal intime ? Tant pis ! J'ai encore beaucoup de difficulté à exercer un contrôle sur elle. Quelle mégalo ! Et qu'y puis-je si Oprah Winfrey s'intéresse à elle ?

Pour retrouver mon vrai moi, comme me l'a déjà conseillé mon psy, je dois passer en revue la liste des qualités que je ressens en moi comme étant véridiques. Je n'ai tout de même pas envie de passer ma vie avec un faux moi.

Un faux moi, moi ? Putain ! Je suis la meilleure partie de toi ! Tu m'as créée belle, grande, aventurière, libertine, sexy, amusante. Tu m'envies ma popularité, tu me reproches d'être superficielle, mégalomane, égocentrique. Égocentrique ? Bon, soit, comment ne pas l'être ? Pour être une bonne artiste, écrivaine, chanteuse ou actrice, faut être capable de se débarrasser de sa culpabilité face à toute forme de jugement et de préjugé. Il faut être capable d'oublier ses inhibitions. Et toi, tu es trop coincée pour y arriver sans moi.

Chère Lili, tu peux bien penser ce que tu veux. Mais le psy a dit que nous vivons une névrose, et cette névrose est encouragée par notre environnement. Des amis, des gens qui tantôt nous appellent Lili, tantôt Diane. Et moi, Diane, comme une girouette au vent, pas plus futée, je réponds aux deux prénoms, incapable d'affirmer mon véritable moi. J'aurais développé ce que les Américains surnomment une *Home Made Psychosis*. Une psychose fait maison, qui se développe en fonction de l'environnement et des circonstances.

Normal, puisque, à ce qu'il paraît, j'aurais passé plusieurs années de mon existence à me construire autour de mon faux *self* « gullivérien » (disons), convaincue que j'aurais plus d'attention, de reconnaissance et de succès en m'inventant une double personnalité. C'est à ce moment de mon existence que ce dédoublement de personnalité est devenu un fardeau.

Maintenant je paye le prix d'être celle que je paraissais être. À preuve, mon moi véritable est méconnu et semble n'intéresser personne. J'ai reçu ma réponse du Conseil des Arts et tu avais raison, ma Lili, fallait s'y attendre : je n'aurai pas de bourse. Ouate de phoque ! Ça m'apprendra à croire au père Noël à mon âge. Sur le coup, j'ai déprimé et je me suis même découragée. À croire que mon vrai moi, avec mes vraies histoires, n'est pas «subventionnable». Un truc me console, cependant, Lili Gulliver non plus n'a jamais obtenu de bourse du Conseil des Arts.

C'est simplement parce que je ne me suis jamais abaissée à quêter, moi. Mes livres ont eu du succès par eux-mêmes! Des semaines et des semaines sur la liste des best-sellers, *remember*?

Je reprends la plume. Il ne faut pas se laisser abattre, comme disait l'arbre dans la forêt. Tôt ou tard, la charge émotive doit sortir, sinon ça va péter par en dedans et c'est comme ça qu'on développe des cancers. Mais je ne me fais pas d'illusions. Comme le disait si bien Jules Renard: «Le métier des lettres est tout de même le seul où l'on puisse sans ridicule ne pas gagner d'argent.» Et quoi de mieux qu'un journal intime pour rester pauvre et faire le point avec soi-même? Philosophe, je me dis que les choses pourraient être pires. J'aurais pu aisément faire partie de ces dix mille femmes qui ont été refusées à *S.O.S. Beauté*. Pas assez grosse, pas assez maigre, pas assez remarquable, trop insignifiante; bref, pas assez «médiatisable» pour me démarquer du lot. Heureusement que je n'étais pas inscrite, ça m'aurait achevée. Une femme a son orgueil.

Comme j'ai appris que le bonheur vient du «faire pour soi-même», et non pour le regard d'autrui, je vais me contenter et écrire. N'empêche qu'un petit peu de reconnaissance sociale à 50 ans, je n'aurais pas haï ça.

Faut l'admettre, ma très chère Didi, pour se sentir exister, rien de plus excitant que d'entendre parler de soi et d'être le point de mire de chacun.

Tourne pas le fer dans la plaie, méchante. Qui va s'intéresser à moi, si je ne le fais pas? Il est temps de m'intéresser à moi-même.

Pour que les gens s'intéressent à soi, faut avoir une vie trépidante, hors du commun ! Toi pis ta petite vie de mère de famille en baisse hormonale...

Colette, l'écrivaine, avait 52 ans lorsqu'elle a rompu la liaison qu'elle entretenait depuis cinq ans avec le fils de son mari, pour ensuite s'embarquer dans une nouvelle aventure amoureuse avec l'homme qui est devenu son troisième mari. Je trouve que, pour une écrivaine, ton quotidien manque d'aventures. Pense à Diane Keaton qui, à 59 ans, a réussi à séduire le mignon Keanu Reeves, et à toutes ces femmes célèbres comme Demi Moore, Marguerite Duras qui ont eu des amants plus jeunes qu'elles.

Crois-tu que la grande Colette ou Catherine la Grande auraient supporté pendant plusieurs années un mari qui passe ses loisirs à jouer au golf ? Non !

Si, au moins, tu profitais de ces absences golfiques pour... je ne sais pas, moi... *prendre la chose en main*, initier un jeune au plaisir de l'amour, toi la femme d'expérience ! Là, on pourrait commencer à trouver de l'intérêt.

Garce de Lili, il faut toujours qu'elle essaie de me corrompre. Elle pense aussi qu'on doit absolument avoir un homme sous la main pour prouver son pouvoir de séduction. Elle n'a rien compris de ma nature profonde. Et puis, les jeunes hommes ne me font pas d'effet, je préfère les mecs matures. Au moins, avec un plus vieux, j'ai toujours l'impression d'être plus jeune.

Lili nie l'impact des marques du temps sur la psyché. Elle minimise, elle conteste même les conséquences du vieillissement. Comme elle transite plutôt dans l'imaginaire et qu'elle n'a jamais lu *La touche étoile* de Benoîte Groult, elle ne se doute pas de ce qui nous attend quand notre chair va entamer sa dégradation, et que nos hormones vont cesser leur cycles.

Non, Lili fuit la réalité.

Voyons, je ne suis pas vieille du tout! Qu'est-ce que tu racontes? Je ne me suis jamais sentie aussi jeune, moi! Je suis en pleine possession de mes moyens. Je ne vois pas de quoi tu parles. Ce n'est pas à cause de deux petites glandes qui se mettent en préretraite que je vais modifier mon merveilleux état d'esprit.

Oui, mais ces deux petites glandes, ma cocotte, sont celles qui donnent la vie, celles qui régulent notre température interne, celles qui me perturbent quand j'attends mes règles et qu'elles ne viennent pas...

Bon débarras! Au moins, rayon fertilité, c'est réglé! Pour ma part, je suis bien contente que ça cesse, ces histoires de reproduction.

Pauvre Lili, je vais la laisser avec ses illusions. On voit bien qu'elle est à côté de ses porte-jarretelles. Une partie de moi aspire à imiter son insouciance, sa légèreté, mais l'autre partie s'y refuse et se prépare à faire un saut en profondeur.

Parlant ménopause, quelle que soit l'influence exercée par les changements de mon activité hormonale sur le plan mental, la maîtrise des réactions psychologiques lors du déclin de mon *body* est l'une des tâches les plus ardues. Et pour une «schizophrène» comme moi, habituée au monde illusoire, il est difficile d'entendre raison.

 Cher journal,

Tracassée par ma dualité, cette nuit, j'ai fait de l'insomnie. C'est la deuxième fois cette semaine. Heureusement, j'ai de la chance, mon chéri ne ronfle pas. S'il avait fallu que j'essaie d'adapter mon rythme de sommeil à celui d'un homme qui ronfle comme un tracteur, je ferais probablement chambre à part, comme le font certains couples de nos amis. Nous, on peut encore se blottir l'un contre l'autre. La nuit, lorsque je fais de l'insomnie, il m'arrive souvent de ressasser mes idées, en pensant à tout ce que j'aimerais inclure dans mon futur livre.

Parce que l'écriture, tout comme les changements hormonaux, ça agite un cerveau et ça tient en éveil. La nuit, je suis visitée par le doute, l'angoisse, mais aussi parfois par l'inspiration et quelques bonnes idées.

Je me rends compte qu'en voulant aborder «l'âge critique ou la cinquantaine», je viens d'ouvrir la boîte de Pandore. Le sujet est tellement vaste et complexe, comment s'y retrouver. Heureusement cette nuit, ma Lili s'est évadée au pays des fantasmes. J'ai enfin la paix pour réfléchir calmement.

D'abord, j'aimerais parler de mon homme, de Roger. De celui qui partage ma vie et mes nuits depuis plus de 15 ans. De cet homme fort et doux qui dort à mes côtés paisiblement, sans se douter que, blottie contre son dos, je me demande les yeux grands ouverts ce qu'il connaît, lui, de mon for intérieur et de mes états d'âme. Pauvre chéri, je sais que je lui en fais voir de toutes les couleurs. Déjà il a remarqué que je m'énervais plus facilement. Il demeure complètement abasourdi lorsque je m'emporte pour un rien. Moi, normalement si *cool*.

En fait, j'y pense, que savent les hommes du mystère féminin? Si Lili a été capable d'aller enseigner notre mode de fonctionnement à nous, terriennes, aux extraterrestres, moi, Diane, je devrais être capable d'expliquer aux hommes notre mode d'emploi en cas de désarroi devant ce qu'ils considèrent comme «nos affaires de femmes». Le soutien et la compréhension des hommes m'apparaissent comme un facteur important pour éviter que la femme se replie dans son monde intérieur. Et pour nous offrir soutien et compréhension, il faut qu'ils nous comprennent, nom d'une pipe! Et comment vont-ils nous comprendre, nos bonshommes, si on ne leur explique pas clairement nos changements hormonaux et ce qui en résulte? Que connaissent les hommes des règles qui s'arrêtent et repartent sans crier gare? Que savent-ils des bouffées de chaleur, des insomnies, des sautes d'humeur et des accès dépressifs qui, soudainement, peuvent nous accabler? Ils peuvent en être témoins, mais peuvent-ils nous comprendre lorsque nous nous emportons et que nous avons envie de les balancer dans un sac vert, ou de disparaître six pieds sous terre?

Peuvent-ils faire face au désarroi et à la confusion qui se produisent dans notre tête? Sont-ils sensibles à notre peur de vieillir? Si les médecins ne prennent même pas la peine de nous écouter vraiment, qui peut le faire, si ce n'est notre compagnon de vie?

Hélas! Je doute d'avoir toute la compétence affective et émotionnelle pour réussir à expliquer ces changements intérieurs. C'est tellement difficile de se comprendre soi-même quand on est riche en contradictions et décontenancée. Comment traverser le maelström hormonal en rendant compte honnêtement de ses émotions? Difficile mission!

Dans la même veine, que savent les adolescents en pleine puberté sur la ménopause? Existe-t-il une mère qui a écrit et expliqué l'âge critique à l'âge pubère? Il y a tellement d'analogie entre ces deux périodes de vie. Des trucs comme symptômes d'anxiété, étourdissements, palpitations, pouls rapide ressemblent beaucoup aux petits malaises dont se plaignent les ados. Même leur irritabilité et leurs sautes d'humeur ressemblent à celles de la ménopause. Ne dit-on pas de la ménopause qu'elle est la deuxième adolescence?

Parfois, j'en suis consciente, je manque de patience envers mon ado et je m'efforce de contrôler mes réactions. L'autre jour, tiens, j'ai dû lui expliquer brièvement ce qu'était la ménopause, parce qu'il ne comprenait pas ma réaction, démesurée selon lui. Oui d'accord, j'avais haussé le ton d'un cran, réalisant qu'au lieu de ranger sa chambre, mon petit *nerd* avait encore le nez dans l'ordi, à essayer d'éliminer tous les soldats médiévaux de la planète. Alors que dans sa chambre, les croustilles sur le sol et les papiers s'empilaient joyeusement et me jouaient la guerre des nerfs. Comme je me sentais tendue et irritable, j'ai pris un ton autoritaire pour faire reculer le champ de bataille juvénile. Ensuite, je me suis excusée en lui disant de bien vouloir me pardonner, que c'était pas vraiment sa faute si je m'étais énervée, que c'était une question hormonale. Je réagis plus impulsivement, mon chaton. Je t'aime toujours inconditionnellement, mon trésor, même si ta chambre est un bordel permanent, même si je te demande dix fois par jour de la ranger, trésor, ne le prends pas mal si je hausse le ton, maman t'aime, et quand tu auras le temps, gentil fruit de mon amour, j'aimerais qu'en ramassant tes affaires éparpillées sur le sol, oui, si ce n'est pas trop te demander, mon trognon d'amour, tu en profites pour jeter les cœurs de pommes qui pourrissent sous ton lit. Maman t'aime, rassure-toi, elle est juste tiraillée par ses hormones et, tu sais, quand le cerveau nous échappe entre bouillonnement et glaciation, c'est difficile de rester calme lorsqu'on fait face au bordel ambiant. Tu comprends ça, mon bel ado?

Alors, ramasse ton bordel au plus sacrant, mon petit serpent, parce que sinon, maman va te placer à la SPCA (c'est la Société pour la prévention de la cruauté envers les animaux, au cas où tu ne le saurais pas).

Alors, cette femme qui explique, cette mère qui s'exprime, ça pourrait être moi! Pour peu que comme Marie Cardinal jadis, je trouve «les mots pour le dire». Mais c'est ça le hic, trouver les fameux mots. Sincèrement, si je pouvais dans un style clair et franc, sans tomber dans l'exagération, donner à nos ados, à nos conjoints... quelques ingrédients de base pour les aider à nous comprendre et s'adapter à nos humeurs variables, cela serait déjà méritoire. Si, en plus, je pouvais éveiller en eux une réflexion sur comment bien s'adapter à une épouse en changement de cycle, ce serait un pas de talon aiguille pour l'humanité ! Je crois qu'un homme devrait prendre la peine de dialoguer souvent avec sa femme en climatère et sans cesse la valoriser lorsque parfois, en fin de cycle, elle se sent moche, grosse puis laide et très émotive. On s'accepterait mieux. Ce principe s'applique aussi aux pères d'ados. Discuter avec habileté le plus souvent possible aide l'ado, comme votre méno(pausée), à se sentir mieux dans sa peau. Si l'homme fait la sourde oreille à notre requête ou s'enfuit sur les golfs clairs au lieu d'en discuter et d'affronter la situation, ils (ados) ou elles se fermeront comme des huîtres. À bon entendeur salut, sauf que mon bon entendeur est endormi comme un panda accroché à un arbre. Et l'arbre, c'est moi !

Pauvre Roger, il est fatigué, ces temps-ci ! Il faudrait que je lui propose deux semaines de remise en forme sur fond d'océan, palmiers, cocktails et soirées intimes. Les hommes aussi trouvent difficile de vieillir. Dans la cinquantaine, un homme, en plus d'avoir à composer avec la ménopause ou la préménopause de sa femme, doit s'adapter à faire face à son andropause. Même si Roger, comme plusieurs hommes, prétend que l'andropause n'existe pas, il n'est pas épargné par le vieillissement, le pauvre chou. Il commence à avoir des rides, sa peau s'épaissit. Il a de la chance, ses cheveux blancs ne tombent pas trop vite, mais ses articulations craquent, ses yeux faiblissent, lui aussi devient plus irritable. Si ses capacités érectiles sont défaillantes ? Nooon ! enfiiin… ! pas vraiment. Je n'oserais jamais parler de ça dans un livre, parce qu'un homme a son orgueil, et une femme ses secrets. Il ne défaille pas, mais disons que le désir se fait plus discret. Il doit avoir une baisse de testostérone. Je ne me plains pas là, mais comme j'éprouve ce soir comme une minihausse de libido, je remarque qu'il s'est endormi rapidement, c'est tout. Ai-je entendu rire Lili ??

Depuis quelque temps, nous venons de nous joindre à la grande tribu des Tamaloù.

Tu as mal où aujourd'hui, mon chéri? Les douleurs se promènent dans son corps meurtri. La semaine dernière, c'était son coude qui l'incommodait, la semaine précédente, il clopinait de la cheville et ce soir, avant de s'endormir, c'est son dos qui le fait languir. Mais aucun de ces graves malaises dont il se plaint quotidiennement n'a encore mis en péril ses parties de golf, alors je ne m'inquiète pas trop. Je l'encourage à mettre son bras, son coude, sa cheville, son genou, son dos sur la glace et lui conseille de rester tranquille. Mais c'est difficile pour un hyperactif.

Même si on les critique parfois, qu'est-ce qu'on peut se préoccuper des hommes! C'est pire à 50 ans qu'à 30. On dirait que je veux le protéger... la mère en moi sans doute. Je le regarde dormir paisiblement à mes côtés et j'aimerais le prendre dans mes bras et m'excuser pour mes sautes d'humeur passées et à venir. J'aimerais lui dire que je m'étonne moi-même d'être aussi vite sur la gâchette et imprévisible. J'aurais envie d'avoir son absolution et de lui demander de continuer à être patient, compréhensif, mais je ne crois pas que cela soit une bonne idée pour l'instant. J'aimerais lui parler aussi de ma *schizo* qui semble se manifester davantage ces derniers temps, mais je ne crois pas que ce soit une idée lumineuse à cette heure-ci. Il faut que je me calme.

Parce que je sais bien que mon homme n'apprécierait pas de se faire réveiller en pleine nuit par son épouse insomniaque, lui proférant un: «Il faut qu'on se parle, chéri!» et je me doute bien qu'il ne serait pas plus fou de joie si je lui réclamais de faire l'amour ici, maintenant, à trois heures du mat, pour lui prouver mes sentiments et mon amour intense. Le panda grogne quand il est dérangé dans son sommeil.

Il faut que je cesse de penser à tout ce que je voudrais exprimer ou faire tout de suite, sinon c'est parti pour la nuit blanche. Je ne veux pas encourager mon insomnie, parce que demain... l'école, le lunch, le boulot. Tout comme mon homme, j'ai besoin d'un sommeil réparateur de quelques heures. Allongée sur le côté, les yeux fermés, je me remoule finalement en cuillère dans le dos de mon Roger et ajuste ma respiration à son rythme pour m'endormir.

Je laisse mon esprit planer, tentant de visualiser et de compter les moutons mais... surgit une autre image. Je vois comme dans un nuage un groupe d'hommes à la file indienne, y compris les copains golfeurs de mon mari. Tous ces hommes font la queue, impatients d'acheter mon nouveau livre *La ménopause expliquée aux hommes*. Ou *Comment faire l'amour à une ménopausée avec tact et délicatesse*.

Je les compte un par un. Rendue au cent vingtième, je m'endors. Ça y est, je rêve !

 Cher journal,

Pendant que certaines femmes font de l'insomnie, moi, Lili, j'ai fait un rêve formidable. J'étais assise au centre d'une grande librairie parisienne. Devant moi défilaient des hommes à la queue leu leu, qui attendaient en tenant d'une main mon dernier livre et de l'autre..., devinez...

Ces messieurs trépignaient d'impatience en attendant de pouvoir jouir enfin du sceau de mes lèvres « rouge baiser » et de profiter d'une lilicace, sur mon livre intitulé *Mes amants de rêve*.

Me voilà repartie de plus belle avec miss Nympho-Mégalo. Elle m'épuise, il faut toujours qu'elle surenchérisse. Je comprends aussi pourquoi j'ai mal dormi. Je sens que je vais avoir mes règles aujourd'hui et, comme mes menstrues sont imprévisibles ces temps-ci, chaque fois, cela me déboussole.

Bon, madame pense à ses ragnagnas et l'on doit suivre l'évolution? Tu crois qu'en partageant avec tes lecteurs le débit, la fréquence de tes sécrétions intimes, cela permettra d'en savoir plus sur le rôle que jouent tes hormones sur tes facteurs psychiques? Tu parles d'un thème épanouissant!

Et le lecteur, qu'est-ce qu'il fait pendant ce temps-là? Il tient le crachoir?

Il y a des jours, comme aujourd'hui, où j'ai envie de lui coller la tête dans un étau et de serrer jusqu'à ce que ses yeux lui sortent des orbites. Mais je me retiens, je feins de ne pas entendre ses intrusions sarcastiques. Pas question que je me laisse démotiver dans mon beau projet d'écriture.

   Cher journal,

Cet après-midi, alors que je me préparais à aller promener mon chien et à aérer mes pensées contradictoires, un coup de fil du rédacteur en chef du magazine *La Semaine* a bouleversé mes plans. Il voulait savoir si j'étais intéressée à écrire dans son magazine. Il me propose une chronique coquine.

— Question : vous vous adressez à Diane B. la journaliste ou à Lili Gulliver l'écrivaine?

— Bonne question. Où est la différence, me demande-t-il?

— Voyez-vous, j'ai comme qui dirait un dédoublement de personnalité. Il y a deux «moi» qui cohabitent dans mon corps. Il y a souvent branle-bas de combat dans mes hémisphères cérébraux. Il est important pour vous de savoir laquelle de mes deux personnalités vous branche. Diane B. ou mon alias, Lili Gulliver? Laquelle de mes deux facettes réussira le mieux à capter l'intérêt du public? Diane, la journaliste professionnelle, sérieuse, mère affectueuse et épouse dévouée, ou Lili l'audacieuse, fouineuse, aventurière et *jet-setter*?

Parce que je suis, on le sait (j'en ai déjà parlé dans *Amours, délices et orgasmes*), une «schizophrène» contrôlée. Un seul corps et deux têtes pensantes, dont une invisible et volage. Deux têtes valent mieux qu'une, me direz-vous, mais c'est parfois embêtant. Surtout quand on n'est pas en phase avec une partie de soi.

Diane est une personne fiable, travailleuse et organisée, alors que l'autre, la Lili, est bordélique, garce, coquine, auteure à succès et, pour peu qu'on lui porte attention, elle adore faire rigoler. Alors que Diane est beaucoup plus sensible et pondérée. Elle a le souci de ne pas choquer et de demeurer authentique.

Alors, dis-je au rédacteur en chef, il faut choisir laquelle de ces deux facettes vous intéresse, parce qu'elles n'ont vraiment pas le même style ni la même approche face aux gens et aux choses de la vie.

— Je vois, me répond le rédacteur au bout du fil, un peu confus.

— Si je peux vous influencer un peu, personnellement, je choisirais Diane B. Elle est beaucoup plus terre à terre, plus près des vraies choses de la vie.

Il hésita à peine quelques secondes avant de trancher: «Non! Nous allons prendre Lili Gulliver pour son nom flamboyant, sa réputation coquine et son originalité. Elle pourra nous concocter des entrevues coquines et irrévérencieuses de son cru.»

Et vlan! Je m'étranglai au bout du fil avant de lui répliquer que, bien que ne voulant pas être mauvaise langue, Lili et son manque de retenue risquaient de les mettre dans l'embarras. Qui dit coquine dit imprévisible, voire incohérente. Je vous aurai prévenu.

Enfin, bonne joueuse et résignée, j'ai demandé une dernière faveur au rédacteur en chef : si je pouvais, moi, Diane B., interviewer Lili G., histoire de démontrer aussi mon potentiel créatif.

Car, mine de rien, moi qui ai toujours été plus lucide mais indéniablement moins chanceuse que Lili, j'en ai ras le bol d'être mise de côté. Coup de bol : il a accepté.

Alors, cher journal, je recopie sur tes pages l'entrevue que j'ai fait parvenir à *La Semaine*.

Entrevue de Diane B. à Lili G. :

Diane B. : Chère Lili, il me semble que l'on n'a pas beaucoup entendu parler de vous durant cette dernière année et je me demandais ce que vous «branliez de bon» (si je puis m'exprimer ainsi).

Lili Gulliver : Vous savez, après mon dernier livre *Lili Gulliver chez les extraterrestres*, j'ai fait un atterrissage assez brutal sur le plancher des vaches. Mon éditeur, un escroc, n'a jamais réglé les droits d'auteur. J'ai alors délaissé l'écriture des romans pour m'attaquer à la scénarisation de capsules vidéo humoristiques mettant en vedette des garces sympathiques, capsules que l'on pourra voir à l'écran l'automne prochain. Auparavant, j'ai aussi écrit une pièce de théâtre, *J'aime les hommes!*, dans laquelle j'ai joué et chanté auprès de comédiennes professionnelles et follement caractérielles. Ah! le pied!

D.B. : Vous chantez?

L.G. : Oui, j'adore chanter! Vous savez, j'ai déjà monté un petit groupe, Lili et les Libertines, et nous avons eu la chance de nous produire au Festival Juste pour Rire. C'était amusant comme tout! D'ailleurs, je prévois me rendre au Festival Juste pour Rire (de moi!), à Nantes, en solo.

D.B. : De quoi se compose votre répertoire ?

L.G. : De chansons grivoises, légères et libertines, issues des répertoires de Colette Renard, Pierre Perret, Serge Gainsbourg... C'est pas pour me vanter, mais on m'a même dit que ma voix était le subtil croisement des voix de Brigitte Bardot et de Clémence DesRochers.

D.B. : Je vois. Un filet de voix, quoi !

L.G. : Filet ou *bas résille* ? (Peut-être... mais accrocheur.)

D.B. : On m'a appris récemment que vous seriez intéressée à écrire une chronique pour *La Semaine* et y interviewer des vedettes...

L.G. : Oui, je trouve ce projet très stimulant, très excitant, revigorant. Je vais pouvoir rencontrer à nouveau, en tête à tête, tous ces beaux hommes charismatiques, populaires, talentueux, sexy, et je vais pouvoir leur tirer les vers du nez et... autres choses ! Quand je pense que je peux même faire venir le Survenant chez moi !

Comme me le disait mon ex-amant Elvis Gratton en me montrant sa petite affaire : «*Think big, Lili, think big !*» Bien là, ça va brasser le camarade ! Je sens que je vais faire de l'entrevue-choc, et par le fait même l'envie de toutes mes copines. Juste à m'imaginer toutes ces célébrités à portée de main, je me sens fébrile. Vite, que je téléphone à ma manucure !

D.B. : Je vous sens très motivée. Mais dites-moi : vous allez aussi interviewer des femmes, j'espère.

L.G. : Des femmes...! heu...! ha...! oui...! heu...! bien sûr, je parlerai avec des stars de tous poils – et aussi avec des épilées, cela va de soi ! Je compte en profiter pour leur soutirer des confidences, à savoir ce qu'elles ont de plus que moi, elles. Pourquoi, comme notre gouverneure générale Michaëlle Jean, elles sont si *hot*. Les clés de leur succès, *de leur triangle des Bermudes*, quoi, que je partagerai avec mes copines lectrices.

D.B. : Enfin, pour terminer : Lili Gulliver, vous qui avez été la première Québécoise à passer sur le plateau de l'émission *Tout le monde en parle* de Thierry Ardisson, comment avez-vous apprécié l'expérience ?

L.G. : Ouf ! Au départ, j'étais dans tous mes états, juste à penser à tous ces millions de téléspectateurs qui me regarderaient. Puis j'étais morte de peur à imaginer tous ces auteurs qui désiraient m'assassiner juste pour être assis à ma place.

Tout s'est très bien passé, finalement ! Je me souviens avoir fait forte impression lorsque, à brûle-pourpoint, j'ai interrompu le volubile syndicaliste Blondel pour lui demander : « Monsieur, je ne sais pas si c'est pareil pour vous en France mais, au Québec, les syndicalistes sont des chauds lapins ! »

Monsieur Blondel, surpris, s'étrangle : Reurh... Ah ! Bon... Et tandis que la foule est suspendue à mes lèvres écarlates, j'enchaîne : « Bien oui, parce qu'ils sont toujours fourrés partout. » Et là, éclat de rire général dans l'assistance, tout le monde rigole et m'applaudit. Foi de Lili ! Je les ai bien entourloupés, ces Français !

À la fin de l'émission, la réalisatrice Catherine Barma m'a prise dans ses bras pour me féliciter. Sans vous parler des confidences de Thierry Ardisson, le polisson !

D.B. : Et que pensez-vous de la version québécoise animée par Guy A. Lepage ?

L.G. : Bien... Comme dirait René Homier-Roy, c'est distrayant ; ça fait jaser dans les chaumières. Un point positif: les Québécois sont définitivement moins machos que les Français. En France, on dirait qu'ils prennent les gonzesses pour des greluches! Alors qu'ici, c'est plutôt une ambiance disons... copinage et bon enfant.

D.B.: J'espère que nous aurons tout de même le plaisir de vous voir à notre *Tout le monde en parle*.

L.G.: Oui, heu... Tout est possible, pourvu qu'on y mette le prix! Enfin... on verra ça avec mon attaché de presse.

D.B.: Lili Gulliver, ce fut un plaisir de vous retrouver. Je vois que vous manquez toujours de sérieux et que vous possédez toujours ce sens de l'humour, ce... je-ne-sais-quoi qui vous caractérise. Je vous souhaite bonne chance, et n'hésitez pas à me demander conseil au besoin. Je demeure à votre disposition.

Diane B.

 Cher journal,

J'ai donc envoyé l'entrevue avec miss Lili à *La Semaine* en me disant: ça y est, c'est reparti. Tant pis, je dois apprendre à transcender. Selon Hegel, le philosophe, transcender veut dire «nier et préserver». De toute façon, je dois composer avec elle, c'est tout de même moi qui l'ai créée et elle gagne mieux sa vie que moi.

Lili possède une indépendance exceptionnelle et un sens de la répartie que, avouons-le, je lui envie. Avec son esprit d'initiative et son goût d'entreprendre, on ne sait jamais trop à quoi s'attendre avec elle. Mais, comme *nobody is perfect*, elle est aussi: insouciante, futile, immature, mégalo et narcissique! C'est difficile de partager une tête avec une femme narcissique sur son épaule. Comme toute bonne narcissique, elle est toujours préoccupée de l'effet qu'elle produit. Naturellement, elle se perçoit jeune et irrésistible et aime le tape-à-l'œil Mais je ne suis pas dupe, n'importe quel psy vous dira que le narcissisme est un moyen de défense. «La femme narcissique se donne l'illusion d'être, pour échapper à la sensation de ne rien être.» Comme elle n'arrive pas à être, elle doit paraître. Puis comme elle se sent peut-être un peu rejetée par moi, ces temps-ci, elle en rajoute! Et qu'est-ce qui fait courir Lili? Je vais vous le dire, moi: c'est sa peur de ne pas se sentir remarquée. Une narcissique qui ne se sent pas admirée est comme morte. C'est pourquoi elle veut tant se la jouer jeune avec des habillements sexy qui ne sont plus de son âge.

Hé! Wow! Madame Chose! Ça va faire les grosses analyses sur mon narcissisme. Toi, petite tête, t'es pas un peu masochiste avec tes sentiments d'infériorité et ta capacité de faire agir les autres en ta faveur tout en te disant que tu ne vaux pas la moitié de ce que tu prétends être? Tu crois que je ne le vois pas que tu te caches derrière moi, la frondeuse, parce que dans le fond tu n'es qu'une peureuse. Tu as tellement peur des critiques et des réactions inamicales que tu es prête à passer inaperçue pour te sentir aimée.

Te trouver aussi coincée devant l'éloge de la critique, c'est du masochisme ça, ma vieille. L'autoflagellation, tu connais? Pour ta gouverne, il y a aussi l'autopénétration, tout aussi solitaire mais beaucoup plus valorisante.

Je suis obligée d'admettre que, oui, je suis peut-être maso, mais si je le suis, c'est que je sens qu'elle m'infériorise sans cesse, au point d'en être rendue à m'inférioriser moi-même, à douter de moi et surtout de ce que j'écris. Mais je me rassure en me disant que le doute est nécessaire chez les écrivains. Gabrielle Roy éprouvait toujours le doute. Un jour, son amie lui demanda: «Es-tu contente de ton travail aujourd'hui?» Et la grande Gabrielle répondit: «La seule chose que j'ai jamais tenue pour certaine à savoir que je ne savais pas et ne saurai vraiment que penser de ce qui venait de moi. »

Je n'aurais pu mieux dire, c'est exactement ça que je ressens. Je ne sais pas quoi penser de ce qui sort de moi. C'est assez perturbant, non ?

Je suis déracinée de qui je suis vraiment. Elle a raison, Lili, je suis maso. Comment puis-je m'expliquer que mon regard sur moi soit si faussé ? C'est comme si pendant plusieurs années je m'étais perdue de vue et que soudainement, à 50 ans, je me regarde dans un miroir grossissant et je vois trop de choses étranges à l'intérieur comme à l'extérieur.

Que voulez-vous, on ne peut pas cohabiter avec une mangeuse d'hommes sans récolter quelques restes.

Parmi mes défauts, je suis influençable, susceptible, et Lili me trouve rabat-joie. Avec elle sur mon épaule, je suis comme sous le feu d'un regard impitoyable qui me surveille, me guette et se moque de moi. Cette sensation est si pénible qu'elle m'empêche parfois d'exprimer mes sentiments. On dirait que je souffre de ne pas être aimée et acceptée telle que je suis.

Pour le physique, on est pareilles, ma poulette !

J'aurais comme besoin qu'on mette l'accent sur tout ce que je fais de bien. Je n'ai pas une confiance en moi à revendre et j'ai du mal à admettre que j'ai une peur exagérée du jugement des autres. Ma vie fut menée par cette peur terrifiante qui m'amène souvent à me nier moi-même. Maintenant, j'aimerais que ça change !

C'est pourquoi je trouve dommage qu'on préfère Lili Gulliver la futile, à moi, la réfléchie. Je ne sais pas pourquoi, mais on dirait que j'ai de la difficulté à tenir tête à Lili, je me mets trop souvent en dessous d'elle.

La preuve : elle a réussi à m'imposer ses *1001 bonnes raisons de prendre un amant*, alors que moi, j'aurais été du genre à écrire « 1001 bonnes raisons pour prendre un mari ». Ou encore : *1001 bonnes raisons pour lui rester fidèle*.

Chère Nouille, juste quelques mots pour te signifier que, moi aussi, je me sens surveillée. C'est pourquoi j'aime faire des éclats et en mettre plein la vue. J'ai beaucoup d'ambition et, effectivement, j'obtiens un réel succès. J'ai vraiment de beaux talents et je sais bien les mettre en valeur. Puis, entre nous, je ne crois pas que tes « 1001 bonnes raisons pour rester fidèle comme une oie » auraient pu s'envoler sur le marché.

 Cher journal,

J'aimerais faire savoir à la prétentieuse Lili que c'est ça qui m'énerve chez elle, elle se sert de ses talents pour paraître et non pas pour être.

Toujours l'apparence, toujours joyeuse, toujours la plus populaire. Elle utilise toujours son succès auprès des hommes comme baromètre de sa valeur. Je la plains déjà quand elle va se faire rembarrer, la pauvre. Si quelqu'un essaye de provoquer une remise en question chez elle, il faut toujours qu'elle ironise ou qu'elle pavoise. Alors que moi, je rampe.

Cette cohabitation qui dure depuis des années n'est pas des plus faciles.

Parce qu'avec elle sur mon épaule pour m'échauffer les hormones, je ne manque pas d'idées chaudes et ce n'est pas toujours facile de garder la tête froide.

Avec elle qui désire des choses si extravagantes, avec cette imagerie érotique, reflet permanent de ses fantasmes les plus fous, il est difficile de demeurer de marbre. Avec cette imprévisible instinctive dotée d'une grande élasticité érotique, je ne sais jamais vraiment à quel moment elle peut se sentir excitée et moi, comment je vais pouvoir la contrôler. Parfois, je le crains, notre vie pourrait en être bouleversée.

Ainsi, il y a quelques années, non seulement Lili insista pour que je collabore à son fameux livre sur les *1001 bonnes raisons de prendre un amant*, qui eut le don d'irriter mon tendre époux, mais, par je ne sais quel subterfuge, elle me persuada de prendre un amant.

Un amant, pour moi la mère de famille raisonnable, c'était un peu comme m'amener sur un plateau d'argent un repas gastronomique que je n'avais pas vraiment les moyens ni l'envie de m'offrir. Mais la garce avait, comme de raison, tous les bons arguments pour me corrompre. **Un écrivain doit vivre intensément, prendre des risques... Simone de Beauvoir en avait, Colette, Anaïs Nin... et même Denise Bombardier! Peut-être...** Toujours est-il qu'elle eut gain de cause, la tentatrice. Un jour, un bel homme dans un salon du livre en région capta notre attention. À la minute où Lili lui glissa son grand sourire de requin érotique et que le monsieur la dévora du regard, je sus que nous étions dans le trouble. Malgré mes réticences et mes hésitations, comme sous hypnose, j'ai succombé au charme du séducteur et me suis retrouvée avec un amant. Mais pas n'importe quel amant, un beau poète, avec des yeux sombres des plus pénétrants et une sensualité magique. Il représentait le rêve de l'amant charmant. On dit souvent: «Mettez de la poésie dans votre vie», moi, j'ai mis le poète dans mon lit et la poésie a suivi.

Ce fut, dès lors, comme si je vivais avec mon autre identité. Comme si c'était Lili Gulliver qui passait un après-midi par semaine chez son amant. Alors que son double (en l'occurrence moi) s'occupait de la maison, du mari et de l'enfant. Je menais pleinement une double vie et j'avais l'impression que cela me rendait plus vivante, plus intéressante mais aussi plus complexe et plus mystérieuse, pour ne pas dire menteuse. Pendant quelque temps, j'ai eu un comportement étrange. Ce qui avait commencé comme une passade était en train de prendre une tournure plus sérieuse. Je ne me reconnaissais plus, emportée par un tsunami d'émotions. Submergée par un beau grand courant chaud, je me croyais assez maligne et agile pour surfer sur la crête, en dépit du danger de me laisser emporter. Je me disais que je contrôlais la situation et la Lili excitée m'encourageait. (*Pense à ce que nous allons écrire.*) Ce fut le début de l'oscillation et du doute (mais qu'est-ce que je fais là?) et Lili et sa certitude (*y a pas de mal à se faire du bien*) ou (*c'est si bon de s'amuser*): (on ne vit qu'une fois) et (*de l'amour, on n'en a jamais trop.*) J'étais prête à mettre les bouchées doubles dans ma quête éperdue de me sentir inspirée, inspirante, désirée, désirable et choyée. Bien entendu, je vivais dans un tourbillon intérieur difficile à gérer. Je me sentais confuse, tiraillée et en même temps bien vivante, bien heureuse d'avoir pour moi un mari qui m'aime et un amant qui m'adore. Je me sentais exaltée comme Anaïs Nin au temps de ses amours clandestines avec Henry Miller. Mais, toujours en vague de fond, mes sentiments joyeux alternaient avec la culpabilité.

Même si Lili nous avait choisi un amant avec lequel il était impossible d'entrevoir une relation à long terme. Un amant tout ce qu'il y a de plus physique, sensuel mais adepte d'un style de vie que je n'appréciais pas. Je dois avouer que j'aimais bien les moments volés dans ses bras. J'avais besoin de reconnaissance et de présence, et Lili, avec sa sexualité débordante, avait tout son saoul d'orgasmes profonds qui la laissaient comblée et heureuse.

Pour ma part, je me justifiais en me disant qu'une femme peut avoir besoin de nouer une relation extraconjugale pour recevoir de la part de son amant un autre soutien et une valorisation que le mari trop occupé est parfois incapable de manifester. Je me sentais encore à l'âge de commettre de douces bêtises.

Toujours est-il que, pendant un temps, j'ai traversé tantôt dans un sens, tantôt dans l'autre, cette frontière qui séparait ma double personnalité dont les valeurs, les coutumes étaient si opposées. Moi, Diane, j'avais l'impression d'être comme un agent secret. Et tout comme les agents secrets, j'éprouvais aussi le fait de me sentir double face. Je mettais en doute les valeurs de cette double vie palpitante, certes, mais affolante. J'ai galéré un petit bout, laissant libre cours à ma démone de Lili, ou la démone du midi, et à ses fantaisies. Mais je savais que c'était passager et que je me ressaisirais, parce que c'était trop accaparant. Après tout, avoir une double vie requiert de l'altruisme et du souci à l'égard de ceux qu'on aime et qu'on veut préserver.

Et une bonne condition physique.

Cela demande aussi beaucoup d'organisation. Même si je sentais que mes arrières étaient assez assurés pour m'étourdir sans tout chambarder, comme une bonne épouse en proie à la culpabilité, j'ai finalement rompu avec l'amant. J'avais besoin de faire une mise au point avec moi. J'avais et j'ai toujours besoin d'un moi unitaire. D'ailleurs, il me semblait que mon amant craquait davantage pour les prouesses de Lili que pour moi.

C'est évident, voyons, je suis la meilleure.

En cessant de fréquenter notre amant, je voulais redevenir plus cohérente envers Diane. Je suis reconnaissante à l'amant d'avoir respecté ce choix et de s'être éclipsé de ma vie. Lui qui était un amant de rêve. Le rêve s'est estompé pour faire face à la réalité.

Je me suis rangée. Mon souci de cohérence et ma culpabilité n'étant pas facilement compatibles avec le maintien d'une double vie, j'ai opté pour la simplicité volontaire. Parce que, mine de rien, il n'est pas facile de concilier liberté et engagement. On a beau n'avoir rien contre la diversité des liens affectifs, ça peut devenir mélangeant. Même si je sais que l'amant constituait une diversion excitante, il n'était pas la solution à mes problèmes existentiels et ne faisait qu'accroître ma «schizophrénie» naturelle.

Maintenant, avec le recul de mes 50 ans, je suis contente d'être devenue plus raisonnable. Il y a cependant un truc que j'ai appris : nul n'est à l'abri des tentations. Il ne faut jamais dire : « Moi, ça ne m'arrivera jamais. » C'est comme pour les accidents de voiture, on ne sait jamais quand ça peut se produire. On a beau se sentir maître de la route et boum ! s'encastrer dans le derrière ou le devant de l'autre, sans avoir prévu le choc, le coup ou l'impact. On peut se dire : « Ah ! moi pas de danger que ça m'arrive » et hop ! tu tombes dans le nid-de-poule, ma poule. Les transports individuels, même s'ils sont balisés, demeurent périlleux et les risques font partie du parcours amoureux. Ne se promène-t-on pas avec une roue de secours ? Et le terme roue de secours est parfois utilisé pour décrire un amant. Cocasse, non ?

Avoir un amant, ou une aventure, ma chérie, c'est tout de même une façon fiable de nous prouver à nous-mêmes que nous ne sommes pas morts, que nous nous sentons très vivants à l'intérieur.

Je rajouterai très vivants, oui, mais aussi parfois très perturbés. Il vaut mieux savoir assumer ses contradictions.

Cependant, pour préserver un bon mariage, je pense quand même qu'il ne faut pas tout se dire. Le couple doit-il vraiment être un confessionnal ? Que devient la liberté d'un être obligé de vivre toujours à découvert ? Est-ce qu'on respecte l'autre si on lui assène des vérités qui le blessent ou qu'il ne désire pas entendre ? Philippe Sollers dit qu'il ne ment jamais, mais qu'il dit rarement la vérité. Les écrivains doivent, comme les bonnes femmes infidèles, savoir jouer sur les deux registres.

À vrai dire, l'attrait de l'adultère, ou de l'aventure (je préfère), est son côté clandestin.

On ne peut s'attendre à la bénédiction du conjoint. Si Roger m'avait dit avant de partir : « Va te faire sauter, ma chérie, et amuse-toi bien », je crois que ça aurait gâché mon plaisir. Non, je préfère chacun pour soi. C'est logique de vouloir garder son petit monde à soi, non? Comme je n'ai jamais voulu d'un mariage étouffé sous les conventions sociales, ou basé sur des fantasmes réprimés (sans pour autant désirer un mariage ouvert), je crois que Roger et moi avons réussi à nous donner des plages de liberté et de vie privée qui permettent de nous adapter plus aisément aux aléas de la vie et à ses surprises.

Ben oui... un amant, on doit accepter cela comme un cadeau que la vie nous offre.

Ouais, mais ce n'est pas facile à déballer en famille et à intégrer socialement. Affirmer une sensualité joyeuse et non coupable, comme Lili aimerait le faire, demeure quasi impensable à long terme.

Parce que la vie des gens est dominée par la peur, peur de se faire peur, peur de ce que les autres vont penser, peur de faire du mal, peur de l'autre, peur de soi, peur, peur, peur. Pendant ce temps-là, on s'enferme et on se protège, en vivant de façon possessive et conformiste le train-train quotidien.

C'est quand même étrange que, dans une société où s'affichent en gros plan les pratiques sexuelles les plus extrêmes – sadomaso, échangisme, prostitution, orgies –, une femme ne puisse affirmer paisiblement qu'il est délicieux d'avoir un amant, sans déclencher toutes sortes de réactions moralistes.

Les femmes sont les chiennes de garde de la bonne moralité. Rien de tel que l'autosurveillance d'une bonne chienne de garde dont les intentions sont bonnes... mais féroces. Elle se met à aboyer fort quand y a des chiennes en chaleur sur son territoire.

Je sais bien que l'homme que j'ai épousé, même s'il est presque parfait, ne peut combler tous mes besoins, pas plus que je peux le faire pour lui, d'ailleurs. On essaie, mais l'exclusivité peut devenir parfois un carcan étouffant. Engagement et liberté comme principes opposés, c'est là-dessus que Françoise Simpère élabore sa théorie des «fidélités plurielles» : «des rencontres exigeantes et enrichissantes qui peuvent cependant mener à des moments de doute et de crises». Enfin, même s'il n'y a rien d'incompatible entre un mari et un amant, cela demeure très difficile à gérer.

Oui, mais combien exaltant !

* * *

Je suis plongée profondément dans mon journal quand Roger monte me voir dans mon bureau.

— Tu écris encore, ma chérie? Qu'est-ce que tu racontes?

— Moi, heu… je raconte… la fois où… je t'avais annoncé que le petit avait une étrange maladie de peau. Je voulais que tu viennes l'examiner parce qu'il était couvert de petits trucs rouges et que ça bougeait sur son ventre et sur ses bras. Tu te rappelles, toi, paniqué, tu t'es précipité pour venir voir le petit. Félix, qui était couché dans son lit, tu lui as soulevé sa camisole et, sur son joli bedon, on a vu plein de monstrueux petits poissons rouges dessinés. Alors, Félix et moi, on a crié à l'unisson : «Poisson d'avril!» Ah! la tête que tu as fait! Tu te souviens? Presque aussi drôle que quand, l'année précédente, j'avais mis des sardines en boîte dans une couche souillée et t'avais demandé de venir voir ce qui se passait d'étrange avec les selles du bébé.

Roger, sidéré, me dit :

— Tu ne vas pas raconter des niaiseries pareilles dans un livre, les gens vont croire que tu es folle, ma chérie.

— Tu crois, mon sucre d'orge? On verra, de toute façon cela m'amuse de me remémorer tout ça. Comme il est peu probable que l'on publie mon journal intime, ne t'inquiète pas, mon trésor. Qu'est-ce qu'on mange pour souper?

— Je fais du poisson.

— Parfait, je descends dans dix minutes, trésor.

* * *

Ah! mon Roger, je l'adore, j'étais quand même pas pour lui avouer que je racontais une histoire d'infidélité, ça l'aurait indisposé grave. Pas si folle, la madame. Au fond, il est chanceux de m'avoir, il doit savoir qu'on ne trouve pas à tous les coins de rue des femmes comme moi, drôles, autonomes, spirituelles.

Moi aussi je suis choyée, il cuisine tellement bien! J'ai quand même fait le tour du monde avant de le débusquer au fin fond du Bas-Saint-Laurent.

En ce qui concerne ma vie sexuelle et le besoin de m'épancher, j'ai cru sage d'opter pour l'économie de vérité. Qui a besoin d'une vérité qui remet en cause notre sécurité, nos biens immobiliers, le bien-être de l'enfant et l'équilibre du couple? Pas moi, et encore moins mon cher époux.

Après quinze ans de vie commune, tous les deux dans la cinquantaine, nous savons que la vie à deux, malgré ses hauts et ses bas, est plus satisfaisante que la vie en solo. Roger et moi avons vécu toutes sortes d'expériences ensemble, et avons affronté plusieurs défis.

De la façon dont je perçois mon mari, avec son grand cœur, il sera sans doute capable de faire fi de mon ou de mes incartades. Bon, je ne pourrai sûrement pas éviter les explications et la colère. Mais j'imagine (je croise les doigts!) que le ciel ne nous tombera pas sur la tête, et qu'une fois l'orage passé, tout redeviendra bleu et ensoleillé. Et puis cela n'arrivera que s'il lit ce journal, ou que si quelqu'un, ne sachant tenir sa langue, lui en parle. Sinon, motus et bouche cousue. Non pas que je veuille camoufler à tout prix, mais tout est question de circonstances favorables. Quand et comment apprend-on à son mari que l'on a, ou que l'on a eu, un amant?

Jamais! conseillera Lili.

Moi aussi je trouve que ça se glisse un peu mal dans un souper en tête-à-tête, ou dans une conversation au lit. Genre: «À propos, chéri, est-ce que je t'ai parlé d'un tel?... C'est mon amant!» Ou: «Tu sais, l'autre jour, quand je t'ai dit que j'allais me faire épiler... eh bien, en fait, je suis allée me faire baiser (c'est plus agréable!).» Bref, un amant, ça se glisse mal partout, sauf au lit, dans un endroit secret.

Donc, même si je me suis égarée hors des sentiers battus du conjugal, je suis toujours demeurée loyale de cœur à mon homme. Je l'aime, mon Roger.

Et bien que j'aie louché du cœur, je suis demeurée une épouse aimante et une bonne maman. J'ai réussi à concilier ma double vie sans trop faire de vagues et nuire au bon roulement de la maison.

Bravo! une vraie chienne de vache! Y a d'la graine de gullivérienne dans ce comportement.

Et puis, non pour me justifier, mais tout de même digne d'intérêt, dans le *Nouveau Dictionnaire de sexologie*, il est écrit: «À l'âge critique (42-55), on observe un phénomène de déséquilibre instinctif qui marque le déclin de la vie sexuelle... Pendant cette période, la femme devient plus libre au point de vue sexuel et se croit prête à l'adultère et à l'extase plus qu'elle ne l'a jamais été. Pathétisme et romantisme sous toutes ses formes s'emparent d'elle.»

Pathétique?... Peut-être. Germaine Greer, elle, soutient: «La pulsion est provoquée par la dévaluation progressive du vagin [...] il en résulte un désir libidinal accru qui prolonge le désir d'être désirée et aimée, avec cette conséquence tragi-comique que, plus la femme vieillit et perd de son charme, plus elle éprouve le désir d'être aimée.»

Je pense en effet que plus une femme vieillit, plus on devrait l'aimer. Elle en a davantage besoin, car elle est aussi plus épanouie et expérimentée.

Au fond, ma Didi, tu es juste une femme en périménopause au narcissisme défaillant qui éprouve le besoin d'être rassurée par un amant compréhensif. Ne te casse pas la nénette, coquette, il y en a des milliers comme toi. Pense plutôt aux milliers d'hommes « andropausés » qui cherchent à se faire réconforter sur le Net, dans les salons de massage, dans les motels l'après-midi, à ceux qui s'émoustillent dans les bars de danseuses, ou encore à ceux qui s'en foutent et passent leurs loisirs au golf, à la chasse ou à la pêche, abandonnant ainsi une femme aimante à la maison. Non, ma belle, il n'y a vraiment pas de quoi fouetter une chatte.

Enfin, toujours dans le *Nouveau Dictionnaire de sexologie*, il est aussi écrit : « Avec le temps, l'apaisement ouvre le chemin à une vieillesse où, même en pleine déchéance organique, l'âge critique ne sera plus qu'un cauchemar. »

Comme quoi, dans la vie, tout passe.

J'ajouterai que, dans une histoire extraconjugale, on se doute bien que tôt ou tard, ça doit finir. C'est comme fumer en portant un timbre (*patch*), on s'intoxique à double dose. C'est bienfaisant sur le moment, mais ça finit par agir comme une petite bombe à retardement.

Alors, en réévaluant ma situation, en repensant à ma vie de couple, à notre famille, à l'environnement, aux amis, et en réfléchissant aux tristes répercussions qu'une effusion des sens aurait pu provoquer, je nie tout ! Moi, Diane, tromper mon mari, vous êtes fous, ça va pas la tête ! Poisson d'avril ! À l'âge respectable que j'ai, pensez-vous que j'ai envie de scandale ? Hé ho !, je ne m'appelle pas Lili Gulliver !

Oups! je me sens interpellée. Bon! Madame s'est rangée des voitures? Tu te soucies de l'impact des transgressions sexuelles sur la vie d'un couple? Tu vieillis, ma chérie. Tu oublies ce qu'un amant apporte comme piment, le goût de séduire et d'être séduite, les jeux et les joutes amoureuses, l'exploration de fantasmes insoupçonnés par le mari et, surtout... l'aventure, l'inédit. Un amant apporte du rêve au quotidien.

Comment veux-tu que j'évolue dans le cadre astreignant du mariage? Tu veux que je tombe en déliquescence avec toi?

Moi, je dis que le sexe, c'est la santé! Que l'aventure, même si ça entraîne des conséquences fâcheuses, demeure un moyen efficace de nous prouver à nous-mêmes que nous sommes encore vivantes et pétantes de désirs.

Pétantes de désirs! rouspétai-je. Pète de désirs tant que tu voudras, mais moi, j'ai des courses à faire, des repas à préparer, et une brassée de draps et de serviettes à plier. Sans oublier le repassage à faire. Alors laisse-moi tranquille. Il y a des limites à toujours vouloir s'envoyer en l'air.

 Cher journal,

Aujourd'hui, mon fils participe à une compétition de natation, et Roger est parti jouer au golf. Je devrais normalement pouvoir en profiter pour écrire et ensuite faire le ménage de mes garde-robes.

Comme de raison, Lili la ramène. Quand elle ne s'épuise pas à courir ou à fantasmer après le mâle, ou lorsqu'elle ne se raconte pas des pipes, et, surtout, quand elle est en manque d'attention, elle devient une terrible manipulatrice. Elle s'exclame: How exciting, darling! Une frotteuse. Voilà que je partage mon enveloppe corporelle avec une ménagère! Ton mari est parti jouer au golf et toi tu vas occuper ce précieux temps aux activités domestiques. Alors qu'il y aurait des activités beaucoup plus amusantes, beaucoup plus stimulantes à faire. Si tu empêches ta vraie nature et tes instincts de s'exprimer, tu vas devenir frustrée. Je ne veux pas cohabiter dans le corps d'une ménagère frotteuse dont les hormones sont au repos. Pense donc à toutes ces femmes enragées que l'on croise parce qu'elles sont «frues». Tu veux devenir comme elles? N'oublie pas que tu es sur ton *last call* hormonal.

Écoute-moi bien, espèce de sexologue, obsédée de mes fesses, que je lui rétorque: à 50 ans, j'apprécie les choses simples de la vie. Le repassage, tiens, est une activité très feng shui. Un pli est une tension du tissu. Relâcher cette tension en supprimant le pli permet d'améliorer le flux de *chi*. Ainsi puis-je adopter une attitude zen en repassant, et cela me détend.

Loin de moi l'idée de faire l'amour n'importe où, n'importe quand, et encore moins avec n'importe qui. J'ai un bon mari . Je préfère de loin la communication des corps et de l'âme, le rapport profond et amoureux, au sexe pour le sexe. L'acte sexuel doit être un moment d'amour partagé.

Moi je veux bien, mais ton amour partagé, on le partage avec qui aujourd'hui? Il n'y a pas d'homme à la maison. Et dire qu'il y a plein d'hommes dans les parages qui ne demanderaient que de partager des plaisirs d'amour avec toi.

T'occupe! Tu sais que tu me fatigues avec tes pensées lubriques. Tu devrais pourtant savoir que si je me suis engagée dans une relation à long terme avec mon homme, ce n'est pas pour sauter sur tout ce qui bouge autour en son absence. Finie, la bagatelle! Il faut être cohérente avec ses choix. J'aime mon mari et je peux très bien m'adapter à son rythme.

Moi, j'apprécie trop ma liberté pour faire ce genre de concession. La petite baise hebdomadaire et, entre-temps, je nettoie, très peu pour moi ! Mais si frotter et repasser te rassurent, vas-y ma vieille, frotte ! Moi je te dis juste que, quand les tâches ménagères nous intéressent plus que le sexe, on est devenue une vieille guenille.

Dis ce que tu voudras, à 50 ans je ne me sens pas vraiment vieille. Je ne suis pas une jeunesse non plus, mais j'ai acquis plus de sagesse et de maturité. Les Chinois disent que la cinquantaine, c'est le meilleur âge pour la femme. Ça ne paraît peut-être pas, mais j'éprouve du plaisir dans les joies simples. Cuisiner pour ma famille est un acte d'amour, tout comme faire le ménage, ranger et plier des vêtements. J'ai assez perdu mon temps dans ma jeunesse à t'accompagner dans de vaines poursuites romantico-sexuelles pour que maintenant, même si je joue du plumeau, de la lavette ou de la casserole, j'assume très bien mes choix et je ne m'en trouve pas malheureuse pour autant. Je préfère mille fois la tenue d'une maison propre et accueillante pour ma famille à la perspective d'ébats dans une chambre d'hôtel anonyme avec un étranger. La grosse baise n'est pas toujours nécessaire pour se démontrer de l'amour. Le simple fait d'être proche, la nuit, de pouvoir dormir blottie contre son homme, c'est merveilleux. Et puis la petite baise hebdomadaire n'est pas si petite que ça. Mon mari, meilleur que n'importe quel amant de passage, connaît mieux que quiconque les secrets de ma jouissance .

Ben voyons donc ! Qu'est-ce qu'il ne faut pas entendre ! La jouissance est une énergie qui se renouvelle tout le temps. Tiens, regarde par la fenêtre le fils du voisin qui fait la pelouse, torse nu, tu ne le trouves pas beau ? Regarde ces beaux pectoraux et cette peau douce. Tu n'as pas envie qu'on l'invite pour brouter notre petit gazon ? Imagine ses léchages sagaces et voraces sur ta vallée de plaisir ? Le labourage incessant de notre champ fertile, le tout propulsé par la fougue de la jeunesse. Ne viens pas me dire que comme sensations, ça ne doit pas être suave! À quand remonte ton dernier cunni? Penses-y. En prime, je crois que ce jeune étalon doit être monté comme un cheval, tu n'aimerais pas faire un galop d'essai?

Fiche-moi la paix, affamée sexuelle. Même si mon homme n'est pas *at home*, ce n'est pas une raison pour partir dans une chasse à l'homme. N'oublie pas que quand on se livre trop à nos pulsions, on peut devenir capricieuse et tyrannique. On voit que tu ne connais pas le sens des mots «engagement» et «amour».

Ton mari, tu crois qu'il le connaît, lui, le sens des mots? Il travaille toute la semaine et profite des belles journées pour fuir au golf. Comment un gars peut-il être assez con pour aller jouer au golf quand il a une femme comme toi à la maison? Il connaît ton côté bonne poire et il doit te savoir acquise, voire soumise. Si ça se trouve, il n'est peut-être même pas parti jouer au golf et s'amuse ailleurs avec son bâton.

Allez, Lili, fous-moi la paix, j'ai besoin d'ordre et toi, tu n'es bonne qu'à foutre le bordel!

Roger et moi avons établi une sorte de subtil pacte relationnel qui consiste un peu à jouer à l'autruche. Étant donné qu'on s'aime, on n'est pas pour passer le temps à s'épier, à se méfier l'un de l'autre. Donc, on se laisse vivre, et on n'exige pas la transparence à tout prix.

Possible qu'il ne soit pas parti au golf, mais quoi, je vais faire la détective et le traquer? C'est idiot à dire, mais s'il lui arrivait d'avoir une aventure, je sais que je préférerais fermer les yeux. La vérité serait sans doute trop déstabilisante à accepter, même si je me veux ouverte d'esprit. Il y a des choses que je préfère ne pas savoir, et il y a quelqu'un que je préfère ne pas partager. Mais, tout comme moi, il a droit à son jardin secret et à ses parties de golf ou autres. La vie, au fond, comme le dit philosophiquement mon golfeur, «c'est un *green* de golf avec plein de trous et de difficultés sur le parcours. Que l'on fasse du mieux que l'on peut, on finira toujours dans le trou.»

Justement, une très bonne raison pour en jouir au max, me balance-t-elle.

C'est reparti pour les petites représailles inutiles. En bonne Scorpionne, elle ne peut tenir trop longtemps sans relations sexuelles et, plus je lui refuse l'exutoire, plus elle devient obsédée à l'idée d'assouvir son envie.

Pour m'apaiser dans mes pensées, après cette discussion intimement inutile, je cesse mes travaux domestiques et entreprends une séance de yoga. Rien ne vaut quelques respirations yogiques pour m'aider à me recentrer.

Étendue sur le sol dans ma chambre, j'effectue quelques respirations ventrales dans le but de calmer mes chakras. Je ferme les yeux et me détends. Qu'est-ce qui apparaît dans mon imagerie mentale? Le beau grand fils du voisin penché sur moi, le torse nu en train de…? Mais non, quelle idée! Je vois un beau grand jeune homme, doté de bons pectoraux, mais c'est mon fils. Je l'imagine comme il sera à dix-sept ans. Dans ma vision, il tond des pelouses afin de payer ses études universitaires. Une mère a le droit de fantasmer.

* * *

Parlant fantasmes, Lili a profité de ce moment calme pour répondre à Tiger Wood, le célèbre champion golfeur, pour son «Courrier de la cuisse légère».

Chère Lili,

J'ai entendu parler récemment d'une façon révolutionnaire de faire l'amour, «la technique d'alignement coïtal».

Comme vous le savez sans doute, je réussis assez bien à aligner les balles de golf sur un parcours et, comme je suis assez doué pour les sports d'adresse et que j'aime relever de nouveaux défis, sur un parcours comme au lit, je me suis demandé, chère spécialiste, en quoi consistait cette technique. Vous qui semblez bien maîtriser le sport en chambre, pourriez-vous m'expliquer les grandes lignes de cette technique d'alignement ?

 Mon beau Tiger,

Vous avez de la chance, je connais en effet assez bien la technique d'alignement coïtal, ayant déjà été alignée et initiée moi-même à cette technique fort stimulante. Quoi que l'on dise, golfeurs are not lovers, il y a des exceptions qui confirment la règle, et je suis convaincue que vous en faites partie. Alors, cette technique particulière exige que l'on considère l'acte sexuel sous un angle nouveau. Tout comme vous le faites quand vous vous retrouvez sur un nouveau parcours. Le principe de base est en fait assez simple. Il s'agit d'exercer une pression rythmée sur le clitoris jusqu'à la jouissance de votre partenaire féminine. Vous devez, pour ce faire, cher Tiger, poser votre pubis en face de votre douce et, de façon adéquate, la pénétrer un peu plus vers l'avant que d'habitude. Il faut que la base de votre solide et malléable bâton (disons !) et que vos couilles charnues viennent s'appuyer délicatement contre le mont de Vénus de votre douce. En fait, votre pubis ne doit jamais être dessous. Pour vous faciliter la tâche, vous pouvez gentiment demander à votre compagne de jeu d'enrouler ses jambes autour de vos cuisses fermes, tout en l'encourageant à poser délicatement ses fines chevilles sur vos beaux mollets musclés. Par la suite, poussez votre grande tige rigide de haut en bas, perpendiculairement. Le but de cet exercice est de maintenir tous les deux le même rythme, et d'atteindre ainsi l'orgasme simultanément. Pour ce faire, vous favoriserez des jeux de pressions et de contre-pressions et non pas le classique mouvement de va-et-vient à la missionnaire. N'oubliez pas de ralentir le rythme plutôt que d'accélérer, comme le font souvent la plupart des mecs excités, tels des étalons sentant l'écurie lorsqu'ils approchent de l'orgasme. Si vous êtes bien aligné, mon beau Tigre félin, et si mes explications vous semblent couler de source, eh bien, finalement, cher grand virtuose, vous devriez, en pratiquant régulièrement, arriver à vous faire jouir naturellement tous les deux en stéréophonie.

Par contre, mon grand champion, comme je sais qu'apprendre des techniques sexuelles juste en lisant peut avoir un effet déconcertant (pour l'avoir expérimenté moi-même en me plongeant dans l'« Art de l'extase sexuelle »), je serais pour toi, mon beau grand Tigre, disposée à te faire une initiation et démonstration perso. Oui, il m'arrive parfois de donner des cours de « sexe au logis appliqué », quand j'estime que l'élève en vaut le coup, ce qui me semble ici le cas, si j'en juge par ton beau swing et ta force de frappe. Nous pourrions aussi, au gré de ta fantaisie, ajouter quelques variantes comme : la danse des Dieux, la spirale pelvienne, l'étirement au carré et le jeu du yin et du yang. Ma grande sensualité légendaire et mon grand art d'aimer sont mâtinés d'une volupté et d'une efficacité qui te mèneront tout droit à l'extase, mon gars, n'en doute même pas.

Je te laisse mon adresse : Chez Roger Bontemps, Montréal. Le patron, Roger, serait sûrement ravi de se retrouver sur les verts avec toi. Mais j'espère que tu préféreras te retrouver à l'envers avec moi. Au plaisir !

Lili Gulliver, sexploratrice

Cher journal,

Bordel ! Qu'est-ce que je fais là ? Me voilà dans de jolis draps, moi, Diane B., prise pour collaborer avec Lili G. pour faire des entrevues de vedettes à *La Semaine*, avec miss Mégalo. Cette grande cigale ne peut rien faire sans moi. Des vedettes ! Peux-tu bien me dire ce qu'elles ont tellement à nous dire, les vedettes, il me semble qu'on les voit et qu'on les entend partout.

Bon ! Madame Lili a toujours une petite envie de se la jouer *jet set* et de collaborer à *La Semaine*. On reviendra pas là-dessus ! Qu'est-ce qu'il ne faut pas faire pour l'occuper, cette hyperactive ! Je consulte le bottin de l'Union des Artistes, compose les numéros des vedettes assignées par le magazine.

Mission : rapporter avec style humoristique et gullivérien, c'est-à-dire personnalisé, ce que vont confier les merveilleuses gens du showbiz. Notre angle doit être différent de ce qu'on aura pu lire dans les autres magazines : *7 Jours, Châtelaine, Elle, Échos-Vedettes, Photo-Vedettes, Voir, Ici, Star Système, Reader's Digest*, etc.

Pas de doute, mes articles seront différents, puisque je dois réussir à faire parler nos bonnes vedettes de leur intimité. « On veut quelque chose de "punché", d'audacieux, d'irrévérencieux, de coquin », précise le rédacteur en chef. Et il se croit malin !

Lili, pas plus maligne, accepte de potiner, alors que moi, Diane, j'ai des réserves.

Oh! la galère! Évidemment, comme si tout le showbiz québécois n'attendait que ça, de faire une entrevue coquine et libertine avec Lili Gulliver, en ce bel après-midi d'été. Ouais! laquelle de nos célèbres vedettes québécoises aimerait livrer spontanément et sans chichi des confidences sur sa vie amoureuse, avec anecdotes gratinées et trucs techniques à l'appui? Tous les hommes de la planète ne rêvent-ils pas de s'entretenir avec Lili Gulliver? De la planète peut-être pas... mais de Montréal?

Premier appel : Patrick Huard. Je tombe sur son attaché de presse.

— J'aimerais parler à Patrick Huard, s'il vous plaît.

Attaché de presse, voix pincée :

— De la part de....

— Lili Gulliver.

— Lili qui?

— Gulliver.

— Lili? Vous l'écrivez comment, avec deux i ou un y.

— Deux i.

— Et Gulliver? Avec deux l?

— Oui, ça vole mieux. (Quel inculte! C'est mal parti.)

— C'est à quel sujet?

— J'aimerais faire une entrevue avec M. Huard pour le magazine *La Semaine*.

— Une entrevue? Je regrette, M. Huard n'accorde pas d'entrevues en ce moment.

— Ah bon? Merci, au revoir.

Je sais, je n'ai pas beaucoup insisté. Mais j'ai tout de même laissé notre numéro de téléphone, au cas où il aurait envie de s'épancher avec Lili et de confier s'il aime faire l'amour à six dans un jacuzzi ou autre fantaisie lubrique. On passe à un autre appel. **Dommage, j'aurais bien aimé jouer à *bad cop, good cop* avec lui. Je fournis même les menottes.**

— Allô!

— Oui, j'aimerais parler avec Marc Messier, s'il vous plaît.

Voix nasillarde de l'attaché de presse:

— De la part de qui?

— Lili Gulliver, du magazine *La Semaine*.

— Je regrette, M. Messier est à l'extérieur de la ville et il n'accorde pas d'entrevue en ce moment.

— Ah bon? **Auriez-vous l'amabilité de lui dire que Lili Gulliver, de Paris, a téléphoné, et laissez-lui mon numéro de téléphone à Montréal, au cas où il aimerait comme avant me causer en toute intimité.**

Là, Lili a joué l'intrigante.

Pour Marc Labrèche, Lili lui laisse un message accrocheur sur son répondeur: **Oui, c'est pour une entrevue, je dois absolument vous revoir, histoire de vérifier si vos yeux sont toujours aussi bleus. J'aimerais beaucoup faire l'humour avec vous.**

Nous pensons à James Hydman. Ouf! Lui, s'il accepte, ça va être difficile de tenir Lili en laisse. Il doit y avoir une façon plaisante de divertir ce monstre d'assurance. Mais le monstre aux belles babines alléchantes n'est pas disponible et, de toute façon, refuse les entrevues sur sa vie intime.

Et si on essayait Raymond Bouchard? C'est un coureur de jupons notoire, Raymond. Il change de gonzesse comme il change de voiture. Lili lui laisse un message sur son répondeur:

Allo! Raymond, ici Lili Gulliver. Tu te souviens, on avait bien rigolé et picolé à la terrasse du Cherrier, l'été

dernier. J'aimerais bien faire une entrevue coquine avec toi pour le magazine *La Semaine*. P.-S. – Je porterai une petite jupe de cuir dont l'odeur de peau te rappellera sans doute les banquettes de ta nouvelle voiture. Merci, tu peux me joindre au 521-Lili.

Au suivant !

Daniel Pinard... boîte vocale. Je laisse un message sur un ton gai.

Au suivant ! Je tombe sur le gérant de Boom Desjardins.

Boom Desjardins, l'idée n'est pas de nous, c'est le magazine qui insiste.

— Oui, monsieur le gérant ? Lili Gulliver à l'appareil, j'aimerais faire une entrevue avec Boom Desjardins pour le magazine *La Semaine*.

Le gérant :

— Heu, Boom, y peut pas, y vient d'accoucher.

— Surprise ! Accoucher d'un album ?

— Non, sa femme vient d'avoir un bébé.

— Ça lui a coupé la parole ?

— Non, mais il refuse les entrevues en ce moment.

— Ah bon ?

Bada Boom ! Je raccroche en me demandant ce qu'un nouveau papa aurait bien pu me confier d'irrévérencieux.

Pendant ce temps-là, il fait 25 degrés à l'ombre. Je suinte au bout du fil à essayer de trouver une vedette coopérative. Je pense à Daniel Lemire. Un petit gars de Drummondville qui a déjà fréquenté ma jeune sœur, à l'époque où il jouait dans une troupe de théâtre pour enfants.

Je compose son numéro.

Attaché de presse :

— Daniel est en tournage ces jours-ci.

— Pouvez-vous, je vous prie, lui demander de rappeler Diane B., de Drummondville.

Et je lui laisse le numéro de Montréal.

Ici c'est du sérieux. La Diane en moi a pris les choses en main.

Après plusieurs autres appels infructueux auprès d'êtres inaccessibles, en cette belle journée du mois d'août, je me risque du côté des femmes vedettes. Elles seront peut-être ravies de se confier à Lili Gulliver. Après tout, Lili a souvent eu du succès auprès des lectrices.

Je téléphone à Lynda Johnson, qui joue en ce moment dans « l'excellente comédie » *Rumeurs*. Je tombe sur l'attachée de presse de Mme Johnson. Devinez quoi? Mme Johnson est en tournage et n'accorde pas d'entrevues en ce moment.

Hé! Ho! madame l'attachée de presse, j'ai vu son large sourire et sa face sur la page couverture de *7 Jours* la semaine dernière.

— Votre entrevue portera sur quoi?

— Bien... J'aimerais faire une entrevue intime et coquine avec elle.

— Désolée, Mme Johnson ne se livre qu'aux entrevues de promotion pour son émission. Elle ne fait pas d'entrevue personnelle, et encore moins coquine.

Gna gna gna....

Au bout de deux heures de rejet, il me vient un flash. Tiens, téléphonons à Serge Chapleau. Après tout, Chapleau je le connais bien, puis il est *hot* en ce moment. Je me dis qu'il ne refusera pas une entrevue à une ancienne flamme. Je lui laisse un message à *La Presse*, confiante qu'il va me rappeler dans les plus brefs délais. Optimiste, je commence même à préparer mes questions, histoire de ne pas me laisser prendre les culottes baissées, comme on dit.

Pendant ce temps, mon téléphone reste muet. Je commence à devenir sérieusement frustrée. Je quitte mon bureau et décide d'aller faire le tour du quadrilatère avec mon chien. Marcher, s'aérer l'esprit, se délier les jambes et rendre un chien heureux, voilà des joies simples. Tandis que Gonzo s'enivre de tous les effluves canins sur tous les poteaux de téléphone du pâté de maisons, je réfléchis. Au retour, vérification de la boîte vocale, à savoir s'il n'y a pas des vedettes en manque d'amour et de confidences qui meurent d'envie de se faire interviewer.

La boîte vocale ne contient aucun message! Nos vedettes mâles sont occupées en pas pour rire. Même le démon de midi de Raymond Bouchard doit être endormi. Courage! Allez, un dernier coup de fil.

Christiane Charette répond elle-même à son téléphone! Je suis estomaquée. J'étais tellement convaincue de tomber sur sa boîte vocale ou sur une attachée de presse que, lorsque j'ai entendu sa belle voix calme au bout de l'appareil, j'ai failli raccrocher.

— Christiane Charette?

— Oui, c'est moi, glisse-t-elle de sa belle voix caramélisée.

— Oui... heu... Bonjour, ici Lili Gulliver.

— Lili ou Diane? demande-t-elle.

Démasquée!

— Heu... les deux, je lui réponds. En fait, c'est le magazine *La Semaine* qui a demandé à Lili Gulliver de faire des entrevues avec des vedettes et comme moi, Diane, je te trouve sympa, j'ai pensé à toi.

— Ah! c'est gentil, Lili ou Diane? Je ne sais pas comment vous voulez que je vous appelle, mais je n'accorde aucune entrevue aux journalistes en ce moment.

— Oui, je sais, mais...

Pas le temps de continuer qu'elle enchaîne, en bonne intervieweuse qu'elle est. C'est elle, maintenant, qui pose les questions.

— Mais toi, Diane, qu'est-ce que tu fais de bon?

— Moi, heu.. bien, tu sais, Christiane, j'ai eu 50 ans cette année et moi aussi j'ai pris une année sabbatique, histoire de faire le point.

— Écris-tu encore?

— Bien, il y a cette chronique que Lili vient d'accepter. Puis moi, je tiens un journal intime, mais...

— Tu devrais écrire sur la cinquantaine et la ménopause, Diane. Tu sais, on est beaucoup de femmes à avoir atteint le demi-siècle. Il n'y a pas beaucoup de femmes qui ont écrit là-dessus avec humour. Oui, tu devrais nous raconter comment on se sent à 50 ans. Comment se passe la ménopause.

— Heu, intéressant mais... je ne sais pas, Christiane, à la suite de la faillite et de l'échec marketing du dernier livre, j'ai abandonné la littérature. Les gens ne se précipitent pas sur les livres. Même pas moyen d'avoir une petite bourse du Conseil des Arts pour me motiver à écrire. Ce qui a l'air de marcher, par contre, ce sont les régimes de stars, les divorces de stars, les maladies de stars. Si j'écrivais sur les défaillances sexuelles et les perversions des vedettes, je ferais sûrement beaucoup d'argent. La preuve, tu vois, il y a le magazine *La Semaine* qui me commande des entrevues gullivériennes de style coquin. Et on va me payer pour soutirer des confidences intimes aux vedettes comme toi. Écoute, Christiane, si tu veux, on pourrait faire une entrevue «ménopause» dans laquelle tu pourrais me confier comment tu vis tes bouffées de chaleur et quel est ton truc pour contrôler tes humeurs. Confie-moi ce que ta chair ressent dans les plis les plus secrets de ton intimité. Allez, sois gentille, Christiane, accorde une entrevue à Lili. Raconte-nous une petite perversion, histoire que l'on boucle notre semaine à *La Semaine*.

— Mais non, Lili ou Diane, je suis vraiment désolée, mais je ne peux vraiment pas. Sérieusement, Diane, je te le dis, tu devrais écrire sur les femmes de notre génération. Savais-tu qu'en l'an 2015, 40 % de la population aura 50 ans.

— Je ne le savais pas, mais ça me donne du temps pour y réfléchir et pour trouver un éditeur. Écoute, Christiane, au fond, je voudrais bien écrire un livre sérieux sur les vraies affaires de la vie. J'y pense sérieusement, mais... je me sens un peu moins fonceuse, à 50 ans, privée de ma jeunesse et de mes attraits. Je doute de trouver un éditeur sensible à la ménopause ou la préménopause. J'ai déjà essuyé un revers en tentant d'intéresser l'éditeur Lanctôt aux joies de la maternité, lui, un père de famille si nombreuse. En passant : savais-tu que ce même Lanctôt, à 60 ans, vient de se marier avec une jeune Cubaine dans la vingtaine, couveuse de son huitième enfant ?

— Il doit bien assumer son andropause, lui !

— Ah ! Viagra aidant, sûrement ! Bientôt, on va voir surgir la génération des bébés Viagra. Imagine-toi, Christiane, si c'était toi qui avais décidé de convoler avec un jeune Cubain et de mettre au monde un enfant dans la cinquantaine, tout le monde aurait réagi fortement. Tous les journaux à potins de la province auraient rapporté l'histoire, les gens auraient aboyé leurs opinions dans les tribunes téléphoniques. Alors que l'histoire de Lanctôt a mérité un entrefilet, et a fait sourire et fantasmer tous ceux qui rêvent de se farcir une jeune poulette, comme Léo-Paul Lauzon et autres vieux coqs déplumés. Pourquoi trouve-t-on ça normal qu'un homme de 60 ans fasse un gamin à une jeune femme, alors que pour une jeune quinquagénaire comme toi, ce serait mal perçu ?

Alors, je pense qu'à moins d'écrire «Les aventures d'une femme mature ménopausée olé olé», il va être ardu de me trouver un éditeur. Même Michel Brûlé, qui a racheté Lanctôt et qui publie n'importe quoi, ne serait sans doute pas sensible à mon sujet. Sur ce coup-là, impossible de compter sur Lili Gulliver, puisque ma Lili refuse de vieillir et de collaborer à un livre qui parlerait de ménopause. Elle s'y oppose farouchement.

Remarque, elle n'a pas tort, parce qu'elle sait bien que, dans une culture entichée de jeunesse et plutôt indifférente à la femme en tant qu'être humain, être une héroïne toujours belle et partante pour de nouvelles aventures, c'est plus accrocheur, plus vendeur qu'une femme qui est «sur son retour d'âge». Elle a raison, de toute façon c'est encore le sexe qui intéresse.

Le sexe, la foufoune, les potins, la futilité.

Les gens veulent savoir si Christiane Charette est fétichiste. S'il est vrai que Caroline Néron roule en moto sans petite culotte. Si Infoman est infidèle. Si Patrick Huard est obsédé sexuel. Si Marc Labrèche fantasme sur les poupées gonflables. Si Anne Dorval s'est fait refaire les seins. Si le mari de Denise Bombardier est échangiste. Des trucs du genre. Des choses «irrévérencieuses», comme me réclame mon rédacteur en chef.

— En tout cas, me réplique Christiane, je n'ai rien «d'irrévérencieux» à vous raconter, Lili ou Diane, désolée.

— Tu peux nous appeler Lidia, si tu veux, c'est la contraction pour Lili et Diane! Bien voyons! Christiane, à ton âge respectable, tu pourrais nous révéler qu'est-ce qui t'érotise?

— Wo! Lilidia, tu ne me feras pas embarquer là-dedans!

Elle rit. Me souhaite bonne chance et me laisse suspendue au bout du fil.

En y repensant, elle n'a pas tort, Christiane. Il manque d'écrivains féminins pour s'exprimer sur le tournant de l'âge. J'ai lu *La peur de l'âge* d'Erica Jong, dans lequel celle-ci s'attaque, avec ironie, à l'idéologie officielle qui fait de «la femme de 50 ans» une victime quasi expiatoire de la modernité. Puis, dans *Every woman's book of health*, une certaine Maxine Davis s'enthousiasme à propos de la ménopause, qu'elle décrit comme «un événement qu'une femme peut anticiper avec la hâte joyeuse d'un enfant qui attend le père Noël». Ho! Ho! Ho! Moi qui ne crois plus au gros bonhomme rouge, je ne partage pas son enthousiasme délirant. Par contre, dans *Le Passage*, la belle Germaine ménopausée a l'ambitieux projet de nous aider à assumer cette épreuve afin de s'en sortir plus forte. Elle y entame même une croisade pour que les femmes profitent enfin de leur existence de ménopausées et de post-ménopausées. De manière plus intime, George Sand, à l'aube de ses 50 ans, confiait à son éditeur : «Je suis aussi bien que l'on puisse être, compte tenu de la crise de mon âge. Jusqu'à présent, les choses se sont passées sans problèmes importants, mais avec des sueurs que je trouvais insurmontables et qui sont risibles parce qu'elles sont imaginaires.» (*sic*)

Je partage ce sentiment. Je suis aussi bien que cela puisse être, compte tenu de ma jeune cinquantaine. J'ai à peine expérimenté quelques petites sueurs, mais là, je suis en proie à l'impatience. Je sens que je vais bientôt péter une coche si personne ne se livre à notre entrevue coquine. Attention, femme en préménopause au bord de la crise de nerfs !

Et Chapleau qui ne rappelle toujours pas

Qu'est-ce que je fais ? Qu'est-ce que je fais ?... J'arrête ou je continue ? Stop ou encore ?

Trois heures de l'après-midi. Après avoir consacré mon avant-midi et quelques heures de mon précieux temps à la course aux étoiles filantes, ça suffit. Lili et moi, en concordance de phase, prenons une pause méritée. Quoi de plus agréable que de feuilleter un magazine en sirotant une limonade ? Roger, mon époux merveilleux et compréhensif, a justement acheté *La Semaine*.

Honnêtement, avant d'accepter d'y collaborer avec Lili, j'ignorais ce magazine. Même chez mon coiffeur, je préférais glaner *Châtelaine* à *La Semaine*. Dans quelle ignorance je vivais jusqu'alors. *La Semaine*, sac à pain!, il y a tout là-dedans. Y a pas un petit espace de perdu, c'est écrit dans tous les sens, sur toutes les lignes, sur la couverture, dans les interlignes, en diagonale et même à l'envers. Tu te lèves le matin n'ayant pas la moindre idée de qui est l'ami secret d'André Boisclair, et tu la termines en le sachant pas trop et en apprenant ce qu'est le polythène d'Amérique... et combien il y a d'espèces de crustacés sur la terre (30 000 comprenant les cloportes, les crabes, les crevettes, les homards, les langoustes et les écrevisses)!

Il y a de tout là-dedans, un mélange étrange d'articles traitant des invertébrés et des vedettes, du ver de terre aux étoiles. Il ne manque que de l'irrévérencieux! Du moins pour l'instant. Enfin, pour toutes ces femmes comme Christiane et moi qui nous intéressons à la ménopause, on y lira que «la boisson de soya, en plus d'avoir des effets bénéfiques pour la santé cardiovasculaire, peut contrer les effets de la ménopause».

Je cours à l'épicerie m'en acheter.

 Cher journal,

La nuit porte conseil. J'ai bien réfléchi. Il est hors de question que je retéléphone à une vedette de plus. Une femme a sa fierté et la Lili, étant une star elle-même, ne voit pas pourquoi elle se livrerait à la course aux étoiles filantes.

Par contre, Lili propose des entrevues fictives et coquines avec des vedettes.

Ouais...! les entrevues fictives et coquines de Lili Gulliver... C'est dans la fiction que Lili excelle le mieux, elle a tellement d'imagination.

Tout ce qu'on aurait aimé savoir de Serge Chapleau,
s'il avait osé rencontrer Lili Gulliver.

Mon cher Serge,

Je vous ai laissé deux ou trois petits messages sur votre répondeur vous invitant à me rencontrer. Hélas ! les aléas de votre vie mouvementée semblent avoir parasité votre galanterie. Je ne «le prendrai pas personnel». Dommage, je me faisais une si grande joie d'aller boire un verre ou deux ou trois... sur une terrasse, pour m'amuser à vous tirer les vers du nez. Comme vous et moi avons partagé une «certaine intimité» disons, à l'époque où nous étions jeunes et fous, je me suis dit qu'il serait agréable de vous revoir la binette en personne après toutes ces années. Bourrée d'enthousiasme et fantasmant à l'idée de notre rencontre, j'ai couru chez mon masseur, mon coiffeur et mon esthéticienne afin de me préparer à cette entrevue-choc avec vous, grand fou !

Puis réalisant que vous êtes maintenant «un vieux renard des médias» et moi encore une «néophyte de l'entrevue vedette», sans même douter de votre coopération, de notre belle complicité, je me suis préparée à vous poser des questions inédites et hors du commun qu'il plairait sans doute à toutes ces lectrices curieuses de savoir. De quel bois se chauffe ce grand Serge Chapleau ? D'ailleurs cette chronique s'intitule : «Entrevue coquine avec Lili Gulliver». Quoi de mieux que d'avoir un grand coquin sous la main pour débuter. Et coquin, ciel que vous pouvez l'être !

Vous souvenez-vous, Serge, quand vous jouiez de l'harmonica sur l'album de Plume *Le vieux chausson sale*. Vous étiez si beau, si jeune, si grand, si chétif, c'est à cette époque que nos épidermes se sont frottés sur une piste de danse. Moi, j'étais comme toujours si svelte, si spirituelle, si groupie, si irrésistible que vous fûtes séduit au moment même où je craquai simultanément pour votre merveilleux sens de l'humour... et votre belle mèche frontale. Vous étiez si beau parleur, et votre humour, si singulier, si grinçant, si... grisant...(ou était-ce le vin?) me chavirait. Bref, vous savez ce qu'on dit: «Faites-la rire et elle tombe dans votre lit.» Chui tombée. Hi! Hi! Puis je me suis relevée et, depuis, il est tombé beaucoup de pluie et nous avons vu neiger, n'est-ce pas, mon grand?

C'est pourquoi je me demandais, en préparant mon questionnaire, si, comme avant, il vous arrive encore de boire à la coupe de la volupté en écoutant la télé?

Et si vous êtes d'accord pour dire que, chez la plupart des hommes, la sexualité n'a pas nécessairement à voir avec les sentiments, alors que chez la femme tout se tient?

D'après vous, Serge, la monogamie est une institution stupide, qui témoigne de l'étroitesse d'esprit des Occidentaux, ou un manque de curiosité, ou un système à maintenir le mieux possible?

Ah! comme nous aurions aimé, les lecteurs et moi, connaître l'évolution de votre esprit. Une chose est certaine, après vous avoir vu, à couette tirée, en entrevue avec Raël, je ne vous demanderai pas si vous croyez à l'amour avec les extraterrestres!

Moi, j'y crois, parce que je l'ai fait, mais ça c'est une longue histoire. (Lire *Lili chez les extraterrestres*, que je me ferai un plaisir de vous lilicacer en échange d'un de vos merveilleux livres de caricatures.)

Nul doute que vous n'avez pas chômé ces dernières années, et j'imagine que la venue de Gérard D. Laflaque au petit écran vous occupe à plein temps. Ce qui explique sans doute notre rendez-vous manqué. Les absents ont toujours tort.

N'empêche, mes patrons à *La Semaine* auraient été bien contents d'avoir de vos nouvelles, sans oublier tous nos chers lecteurs qui, sans doute, auraient été curieux de connaître votre couleur préférée, votre animal favori. Et, bien entendu, votre point de vue sur le port du string dans les écoles.

Dans un autre registre, sérieusement, Serge : quel homme ou femme aimeriez-vous dessiner sur un billet de 20 $, 50 $, 100 $?

Que pensez-vous du problème de l'onanisme chez les nains priapiques ?

Curiosité féminine : mise à part moi, quelles sont les femmes que vous trouvez les plus drôles ?

Ah ! puis, tiens ! si tu le permets on se tutoie, Serge. J'en suis à mon deuxième verre de vin, trêve de vouvoiement. Je voulais aussi te demander, tant qu'à faire, si tu te souviens de la fois où tu as eu l'air le plus fou.

Parce que moi je me souviens d'une fois à la campagne où tu étais tout nu sur ta moto, sur ton terrain à Sainte-Mélanie. Nous nous étions fait surprendre par les voisins cultivateurs, Théodore et sa femme, dans nos costumes d'Adam et Ève. Là, toi, d'ordinaire d'un naturel si arrogant, je t'ai vu tout timide. Je te revois, flambant nu comme un grand flamant rose au jour de sa création, avec tes souliers dans les pieds, tentant de remettre calmement ta moto sur sa béquille, devant le regard ébahi de nos voisins. Sentant ton trouble, et même si je gloussais comme une dinde, j'ai couru à la maison te chercher une serviette pour couvrir ton embarras... et ta virilité. Ahlalalala! *Queue* de souvenirs!

Enfin, mon cher Serge, j'espère que tu ne m'en voudras pas d'avoir livré ces confidences de jeunesse. Mais, que veux-tu, «in vinasse vérités»!!!Hic!!!

Et... j'ai une date de tombée, tu sais ce que c'est. On ne s'est pas revus mais c'est tout comme. Je te remercie, mon grand, de m'avoir inspiré ces confidences inédites.

Dommage que j'aie un espace limité, parce que je crois bien que j'aurais pu écrire ta biographie, autorisée... ou pas. J'attends le coup de fil pour l'autorisation.

Et, comme le chantait si bien notre ami Plume: «On est bien ouvert à vos commentaires si vous payez le cognac gnac.»

Dernière question, Serge: aurais-tu peur de te faire manipuler par les médias? Enfin, mon vieux chéri, toi qui connais bien Gérard D. Laflaque, crois-tu qu'il serait libre pour une entrevue en tête-à-tête avec moi? Parce que je dois te confier que j'aime beaucoup son sens de l'humour et sa façon de bouger. Et tu sais ce qu'on dit: «Faites-la rire...» Au plaisir!

P.-S. – Si tu veux de mes nouvelles, je travaille à *La Semaine*... pour le moment... mais la semaine prochaine, on verra. Ça passe ou ça casse.

Touroulou.

Avec humour. Lili Gulliver

Décidément, la garce se permet tout. Moi, Diane, qui connais bien Serge, je n'aurais jamais osé revenir sur cette aventure campagnarde; Serge est un artiste sensible qui n'apprécie pas qu'on se moque de lui. J'y serais allée de questions plus pensées, moins irrévérencieuses. C'est quoi l'amour pour un homme? Comment vit-il ses tiraillements intérieurs? Comment a-t-il réussi à survivre à ses peines d'amour? Je me demande tout de même pourquoi il ne m'a pas rappelée, Serge. Il me trouve peut-être trop vieille. J'espère qu'il n'a pas conservé cette crotte sur le cœur concernant une vieille rumeur, que je tiens à rectifier une fois pour toutes: NON! JE N'AI JAMAIS FAIT L'AMOUR AVEC PIERRE FOGLIA! Ni avec lui, ni avec aucun membre de sa famille. Y a qu'à demander à Pierre, ou Manuel, ils se feront un plaisir de confirmer mes dires. Alors, si jamais un jour, par hasard, ce journal est publié, j'espère que cela fera taire les langues sales qui se sont empressées de colporter ces ragots, et d'imaginer des choses salaces entre Foglia et moi. Non, je le jure sur ma tête et sur les cuisses de Lili. Pierre et moi, on était colocs, tout simplement. C'était pas comme dans *Le Loft*, ou *Occupation double*, vraiment rien à voir. Même Lili Gulliver, qui a une réputation volage, ne s'est jamais commise avec les Foglia. C'est fou ce qu'on peut raconter sur les gens. Et moi qui déteste les ragots...

Enfin, pour faire taire les commères du village, je n'ai jamais fait non plus l'amour, ou la bête à deux dos, ou autres fantaisies, avec Victor-Lévy Beaulieu, l'éditeur de Trois-Pistoles. Pas même de petite pipe fumée en cachette. Ce n'est pas parce que je le visitais à l'occasion, et que j'ai eu le loisir de le voir dans son simple costume de création, que j'ai abusé de son bon corps corpulent pour autant. Bon! oui, Lili la voyeuse a maté. Puis moi, c'est pas parce que je suis mariée que je suis devenue aveugle. Victor, étant un adepte du nudisme et quelque peu exhibitionniste, ne s'offusque pas pour si peu. Comme il lui arrive, tout comme Adam par beau temps au paradis, de jardiner nu comme un ver chez lui dans son jardin, il est fréquent qu'il soit interrompu au débotté par la venue de visiteurs imprévus. Notre bonhomme se fait alors poigner les culottes baissées (et pas poigner les culottes pour les baisser, nuance!). Mais cela ne le traumatise pas pour autant. Victor-Lévy est le seul homme que j'ai connu qui maîtrise l'art du striptease à l'envers. Enfilant délicatement un par un ses bas de coton, il se glisse langoureusement dans son short en molleton, puis sensuellement, en se contorsionnant légèrement, il remet sa camisole blanche par-dessus la tête en parlant naturellement. Il pousse même la perversion jusqu'à se couvrir le chef de son chapeau pour faire plus sérieux. Ensuite, tout habillé, nous bavardions de choses et d'autres. Cet homme volubile et cultivé peut divertir pendant des heures. Il en connaît des tonnes sur les hommes et les animaux,

Y a-t-il une différence, d'ailleurs?

Demandez-lui quel bruit font les moutons quand ils atteignent l'orgasme, il vous l'imitera. Impressionnant! Ha, ha, ha! c'est une farce que Lili lui a faite un jour dans un salon du livre. À Victor, qui élève des moutons, Lili demanda s'il pouvait lui reproduire le bruit que font les brebis quand elles font l'amour. L'air étonné, Victor naïvement s'est mis à faire bê bê bê bê. Il bêlait avec une telle naïveté que c'en était touchant. Puis, demandant pourquoi cette question, Lili de partir à rire et de lui dire : «Victor, je ne pensais jamais que tu me le dirais, c'est trop personnel...» Sous-entendant que...

Surpris par l'audacieuse, il a beaucoup ri.

C'est pour ça qu'il est mon ami. Il est aussi naïf que moi, parfois. Il peut se laisser piéger par des questions stupides. Bref, on peut philosopher, rire avec lui et aussi parler écriture. Il dit : «Ce qu'il y a de bon à ne rien écrire de définitif et à se laisser porter par le langage de celui qu'on lit, c'est qu'on se sent devenir pareil à une outre, se laisser emplir jusqu'à ce que ça déborde de soi-même, rien que par un trop-plein de mémoire.» Pour qui a la

chance de l'écouter, on se rend compte que lui, c'est une encyclopédie vivante.

Avant de partir, généreusement Victor m'offrait un pot de
confiture qu'il avait faite la veille, avec les petits fruits de son jardin. Un homme robuste et délicat, ce Victor.

Voyons, comme si, à nos âges, on ne pouvait pas avoir de relations avec des gens sans nécessairement coucher avec eux. Surtout quand les relations sont intellectuelles et amicales. Même si
maintenant je possède une maison à Petite-Rivière-Saint-François,
et s'il m'arrive d'y recevoir des amis, hommes ou femmes, qui
souvent y passent la nuit, ça ne veut pas pour autant dire qu'il y
a frotti-frotta.

Voilà Lili qui intervient: Mais qu'est-ce qu'on en a à foutre
de ce que les gens pensent? Que les gens racontent que tu
as baisé avec Foglia, père, fils et fille, Victor-Lévy Beaulieu
ou Dany Laferrière? Toujours ce besoin de rectitude, tu
veux te refaire une virginité de ménopausée. Si tu savais le
nombre de bonshommes qui se vantent d'avoir fait la chose
avec moi et que je ne connais même pas! Même dans les
milieux politiques, il paraît qu'on parle de moi... Pis, ça me
glisse dessus comme du sperme sur le dos d'une baleine.

Moi, je me dis, si ça les fait rêver, ce n'est pas moi qui
vais crever leur nuage. Les gens aiment savoir qui couche
avec qui, y a même Régine, la cabaretière de France, qui a
couché dans un livre le nom de ses amants parmi lesquels
figurent un tas d'acteurs et de chanteurs célèbres: Warren
Beatty, Charles Aznavour...

Thierry Ardisson confie avoir baisé avec l'ex-femme du
shah d'Iran... Tu le sais, dans les magazines *people*, les éditeurs vendraient leurs sœurs pour savoir ce qui se passe
dans le popotin mondain. Il n'y a qu'à lire les ragots sur la
famille de Monaco. Moi, quand je serai vieille, un soir à la

chandelle, je m'amuserai à faire gambader mon esprit dans les prés verts de mon passé glorieux et, telle une bergère comptant ses moutons, j'évoquerai les noms de tous mes amants célèbres (et moins connus), avec qui j'ai fait des choses amusantes. Puis, après avoir alléché les éditeurs, et moyennant bonne rétribution, je confierai mes histoires d'alcôves aux plus offrants. J'espère seulement ne pas offenser ou me mettre à dos leurs épouses (Hillary, Madonna, Mme Ardisson...); quant à Sharon Stone (je ne crois pas qu'elle soit jalouse de mon aventure avec Depardieu), tout comme pour elle, Gérard n'était qu'une aventure, sur mon cœur, une égratignure. Enfin...

T'aimes ça toi, Lili, potiner. D'ailleurs, ne t'es-tu pas vantée, dans *Cocktails que me concoctaient mes amants*, d'avoir fait la chose avec Warren Beatty, Serge Gainsbourg, Bernard Pivot... et autres amants moins célèbres? Tu veux remettre le couvert? Je te préviens, ne compte pas sur moi pour collaborer.

Ah oui ! C'est vrai, toi, quand tu vas être vieille, tu vas sans doute tricoter, parler recettes et te mettre au golf.

Oui, c'est très tendance chez les *baby-boomers*, le tricot, une maille à l'endroit, une maille à l'envers. Et *swigne* la laine ! J'aimerais bien tricoter des chaussettes de laine.

Coudon, achète-toi de la laine comestible, après, tu pourras manger tes bas !

Ha ! Ha ! Ha ! très drôle. Enfin, pour moi, finis les potinages et les confidences d'alcôves.

Je ne potine pas, je popote une bonne soupe. J'ai une famille à nourrir, moi !

De retour de l'école, mon fils, qui voue une admiration sans borne aux caricatures de Serge Chapleau et à Gérard D. Laflaque, me demande de lui lire ce que Lili a écrit sur Chapleau. Je lui lis l'entrevue fictive et lui explique que cette histoire est comme une caricature littéraire et que, bien entendu, il n'y a (presque) rien de vrai dans cette histoire.

Il commence à être curieux, mon fils. À 13 ans, les choses de la vie commencent à le turlupiner. J'espère qu'il aura la chance de s'épanouir à son rythme et que personne ne viendra lui voler son innocence.

Mère d'un garçon, pour l'instant je me contente de le mettre en garde contre le danger qui rôde. Pas que je sois parano, mais élever un enfant au centre-ville demande de la vigilance. À la vitesse où les choses évoluent, je peux imaginer, quand Félix aura 20 ans, pour lui qui a grandi dans le quartier gai et qui tenait un petit stand à limonade pendant les Outgames, comment sera sa vie.

Pour lui, l'hétérosexualité lui semblera sans doute comme une limite restrictive des genres. Lui qui voit, depuis qu'il est tout petit, des hommes se tenir par la main, par la taille, s'embrasser, se papouiller dans la rue, il doit commencer à trouver que c'est la norme. Depuis des années que l'on dénonce l'homophobie à l'école, dans le Village, et partout autour, on peut être porté à croire que, sans être de tendance homosexuelle, mon fils sera probablement plus ouvert aux possibilités épidermiques que sa génération aura à offrir. Je pense que, dans moins d'une décennie, les frontières sexuelles seront abolies et qu'il n'en tiendra plus qu'à ses goûts et humeurs du jour pour trouver satisfaction, seul, en groupe, en hétéro, bi, transgenre ou genre va savoir! Est-ce qu'il sera atteint, comme Lili, de boulimie sexuelle? Sera-t-il un nono sexuel? Métrosexuel? Parasexuel? Transsexuel? Fréquentera-t-il les hauts lieux du sexe collectif. Qui sait?

Mon fils si innocent, qui rougit encore quand je veux aborder la sexualité avec lui, sera-t-il fécond?

Non! mais tu nous lâches avec ton chiard, ce n'est pas aux mères à gérer la vie sexuelle de leur fils. Ton fils, avec la bonne éducation et le beau modèle *straight* que ton mari et toi lui avez inculqués, je ne suis pas inquiète de ses choix, mais plutôt de sa capacité réelle à vivre intensément sa sexualité.

Bonne éducation, bonne éducation, bon, oui, je lui ai acheté *Le Guide du zizi sexuel* de Titeuf et *Full Sexuel* de la sexologue Jocelyne Robert. Mais il n'a pas encore lu *Pour une éthique urbaine* de Maxime-Olivier Moutier.

Et il ne sait pas encore comment s'y prendre avec les filles. Il ne sait pas que les filles ne sont pas toujours faciles à décoder. Il ne sait pas que si le garçon va trop vite, la fille va penser qu'il veut profiter d'elle. Et que, s'il prend trop de temps, elle va penser qu'il ne la trouve pas à son goût. Ce qui peut être vrai... Il ne se doute même pas que «la fille a toujours des idées de plus en plus pendables quand vient le temps d'embrasser». Dans ce marasme, le petit garçon, écrit Maxime-Olivier Moutier, est bien obligé de devenir intelligent. Enfin, j'espère qu'il se débrouillera. Félix a accès à Internet, et à tous les livres de ma bibliothèque pour parfaire son éducation, mais comme je le disais, il y a l'environnement.

Je me souviens, Félix était haut comme trois pommes lorsqu'il a assisté à son premier défilé de la fierté gaie. C'était l'été, il faisait chaud et il y avait foule et de la musique rue Sainte-Catherine. Dans la rue, il y avait des *gogo boys* qui se déhanchaient en bobettes, des *drag queens* qui s'exhibaient en se trémoussant les lolos, des sadomasos qui agitaient menottes et anneaux, des cuirettes qui se promenaient avec des pantalons de cuir fendus sur les fesses. Félix a regardé de ses beaux yeux étonnés deux colosses en cuir avec casquettes, vestes sans manches, laisse et collier, et il s'est exclamé: «Regarde, maman, pareil comme dans les bandes dessinées.» Me parlait-il des bandes dessinées de Tom of Finland? Toujours est-il que j'ai souri et, ensuite, j'ai dû lui expliquer que la dame avec de grandes jambes poilues, c'est un homme, et... le jeune au crâne rasé... eh bien, c'est une fille.

— Pourquoi elle a des tatouages sur le ventre et des tiges métalliques dans le nez? demanda-t-il.

— Je ne sais pas, elle doit venir d'une autre tribu.

— Pourquoi les messieurs portent des robes?

— Heu... parce qu'ils sont fiers d'être des femmes. C'est la fête de la fierté gaie.

À quatre ans, je lui ai expliqué que la fierté gaie représente une fête joyeuse. Avec ça comme éducation, peut-être qu'il va tout banaliser... Félix, qui a côtoyé des gais toute sa jeunesse, pourrait peut-être se sentir bienvenu dans ce milieu. Les gais aiment bien intégrer des jeunes à leur communauté.

Lili ironise: **Tu veux dire élargir le cercle de leurs amis?**

Je veux dire qu'élevés dans un environnement propice au multigenre et dans un climat d'hypermixité et de permissivité, probablement qu'un jour, la mode sera de dire aux jeunes qu'aimer un seul sexe est un comportement sectaire et discriminatoire. Et peut-être que nos jeunes vont croire ça. Un jour, ils vont peut-être dire: «Si t'es pas aux deux, t'es sexiste!»

Oui, pourquoi pas, à deux c'est bien, mais à trois, c'est extra!

Dans la revue *Les Inrockuptibles*, on peut lire que «le concept homme femme n'est en réalité qu'une construction psycho-physio totalitaire». Je pense qu'avec le nouveau discours gai, l'hétérosexualité sera perçue comme une ancienne coutume. Déjà que les gais nous surnomment «les reproducteurs». Félix sera le fruit d'un couple hétéro-fasciste *straight*, des parents (re)productifs, avec boulot et un chien.

Ben voyons, ton fils est issu d'un milieu normatif petit-bourgeois comme beaucoup d'autres *kids* de sa génération. T'en fais pas, ton trophée Félix a déjà les yeux d'un tombeur de filles, t'as vu comme il les regarde. Non, crois-moi,

ma poulette, tu nous as pondu un vrai petit macho viril comme son père. Tu es drôle, toi, tu es d'accord pour que ton fils développe sa vie sexuelle sur ses propres bases mais, en réalité, avoue que tu aimerais bien le voir fonder sa propre petite famille nucléaire. Je suis certaine que tu t'imagines déjà grand-mère. C'est trognon comme tout, mamie ! Si tu veux, je prends en charge son éducation et, l'année prochaine, pour ses quatorze ans, on lui présente une gentille fille de joie.

Pas question que tu te mêles de l'éducation de mon fils. Dans *Le défi de l'amour*, John Bradshaw explique : « Quelles que soient nos connaissances sur l'éducation des enfants, nous devons avoir conscience de notre vrai moi, si nous voulons établir une saine relation avec nos enfants. » Alors surtout, Lili, laisse-moi le contrôle. On ne présentera pas de gentille fille de joie à fiston. Il faut qu'il fasse ses expériences par lui-même. L'acte sexuel ne s'adresse pas qu'au corps, il parle aussi aux émotions. Il est important que Félix sache que ce qui compte en amour, c'est ce qu'on y met dedans et autour. Les gentillesses, les caresses, la tendresse. Un jeunot qui lime et se laisse aller trop vite, ça sert à quoi ! En amour, il faut mettre les formes. C'est ça qu'il faut leur expliquer, aux jeunes, ça pis les figures amoureuses des préliminaires.

Louis, le parrain de mon fils et père d'un adolescent, m'a dit qu'il était bien qu'une mère transmette son expérience à son fils, qu'elle le guide et qu'elle l'encourage à prendre le risque de déclarer sa flamme à la fille qu'il épie en douce, qu'il n'a rien à perdre à se déclarer, à lui manifester de l'attention, ou à lui écrire un petit billet. Sceptique, je lui ai demandé : « Tu crois que ça marche ? Il ne va pas se faire rejeter ? Les jeunes filles d'aujourd'hui sont assez impulsives. » Peut-être que ça ne marchera pas, mais au moins il aura risqué le coup, il faut toujours se lancer pour avoir une femme, alors tôt ou tard... Oui, mais 13 ans, quand même... je crois qu'il peut attendre d'avoir le nombril sec.

Les nombrils sèchent plus vite de nos jours. J'ai ouï dire que, dans certaines écoles secondaires, en activité parascolaire, on organise des championnats de fellation pour trouver la meilleure pipeuse du mois. La jeunesse est précoce!

Ouais, il faut qu'il sache que c'est pas très malin. Sans amour, tout ça, c'est du pipeau.

C'est une méthode orthodoxe. Depuis que le doc Mailloux m'a dit dans un salon du livre, en reluquant mon décolleté, qu'il n'était pas sain qu'une mère prenne son fils sur ses genoux, parce qu'il pouvait sentir les seins maternels dans son dos et que cela érotisait les garçons, moi qui l'ai tant bercé et habitué à la petite colle du matin, je me demande s'il va se développer normalement. J'espère ne pas avoir fait de lui un obsédé sexuel. La psychanalyste Isi Beller écrit: «Les Don Juan sont souvent des hommes qui ont été séduits très tôt par une mère qui les a trop aimés, trop cajolés.»

Ils ont cette caresse tendre, puissante et profonde qui aide le respir...

Mince! Je crois que Félix n'y échappera pas. Il m'a confié l'autre jour avoir été élu «Monsieur Séducteur» par les filles de sa classe. *Mea culpa*, est-ce donc toujours la faute des mères?

Ah! si tu écoutes toutes les conneries de psy, il y a de quoi virer zinzin! Je doute que ton fils se gratte le dos en pensant à tes seins. L'important dans la vie, c'est que ton rejeton, peu importe qu'il soit hétéro, homo ou aux petits animaux, il soit heureux et bien dans sa peau. Au moins, ton gamin ne restera pas pris dans un garde-robe. Relaxe ton mental avec ton fiston. Beaucoup de mères adorent leurs fils et ils ne tournent pas tous Don Juan. En fait, plusieurs sont plutôt gauches et mal assumés avec les femmes, et d'autres peuvent être très gais et heureux de l'être, et leurs mamans les aiment tout autant.

Au fait, parlant gai, laisse-moi te lire l'entrevue fictive et coquine que m'a inspirée Daniel Pinard.

Tout ce que j'aurais pu savoir de vous si vous aviez osé rencontrer Lili Gulliver

Alors là, Monsieur Pinard, je suis estomaquée, vous ne me rappelez pas. Mais diantre ! Je sens l'ail ou quoi ?

Vous ne voulez pas faire une entrevue coquine avec moi ? Vous m'en voyez vexée. J'ai beau avoir une réputation de mangeuse d'hommes et être gourmande à mes heures, n'ayez crainte, je ne vous mangerai pas. Mon but n'est pas de mettre à nu les aspects les plus intimes de votre personnalité. Mais non ! je voulais tout simplement m'entretenir des plaisirs de la vie avec vous. Vous qui êtes de nature épicurienne et porté sur les plaisirs de la chair et de la table, je me suis dit qu'il serait plaisant de bavarder avec vous autour de la fraîcheur d'un beau jeunot nouveau, scusez, je veux dire d'un beaujolais nouveau.

Bref, c'est pas ma semaine, faut croire. Mine de rien, vous me fourrez dans le pétrin, Monsieur Pinard. Ce n'est pas avec vous que je vais faire mes choux gras de potins gratinés pour *La Semaine*. Dommage, parce que je suis certaine que cette entrevue vous aurait plu. Je vous aurais laissé parler de vous, je vous aurais laissé rire de vous, de vos propos, rire de vous-même, rire, rire, rire. Rahrahrah ! Comme vous aimez rire, petit coquin Pinard ! Je vous entends rire de ce bon rire gras, de ce franc rire coquin quand vous nous assaisonnez de vos joyeux calembours et contrepèteries de tout acabit et de vos petits jeux de mots épicés. « Tu la sens bien, ma carotte, rahrahrah... Il est gros, mon poireau ! » Ho! Ho! Ho! Ha! Ha! Ha! C'est fou ce qu'on aurait pu rigoler ensemble. Moi aussi, j'aime bien passer à la casserole de temps en temps et, tout comme vous, j'affectionne l'asperge, le poireau et la carotte, pour ne pas parler de concombre, de zucchini et autres fruits pénétrants de nos délectations bacchiques. Au fond, vous êtes un peu comme moi, Daniel, toujours ce besoin pathologique de rire chaque jour. Imaginez toutes ces anecdotes que nous aurions pu échanger.

Entre autres, j'aurais tellement aimé savoir si vous appréciez les œufs de lump.

Parce que moi, les petits œufs noirs, franchement, je trouve que ça roule et on s'en fout partout, ça tombe dans le décolleté et, des fois, ça reste même coincé entre les dents de devant. J'aime mieux le caviar, ça roule plus vite et c'est plus chic. C'est comme le beurre ou la margarine, c'est sûr que je vais opter pour le beurre, et je suis certaine que tout comme feu Marlon Brando (auquel vous ressemblez un tantinet), vous abondez. Que des vrais plaisirs !

Puis, on aurait pu parler de choses de la vie. Je vais vous confier qu'au dernier lancement de la programmation, à Radio-Canada, où je suis allée et où je vous ai aperçu, je voulais vous aborder mais... je me suis étouffée avec un bout de cornichon, qui est passé de travers. Je me suis retrouvée à l'urgence et, à mon retour, vous n'étiez plus là. Vous pour qui la bouffe semble être une véritable passion, avez-vous déjà vécu ce genre d'incident, un empoisonnement alimentaire, un truc anecdotique genre dégueu qui vous serait arrivé ? Est-ce qu'ils sont véritablement bons, les petits plats de Josée Di Stasio ? Allez, entre nous...

Ah ! Monsieur Pinard, vous qui en connaissez tant sur les confitures de la vie.

Le marquis de Sade disait : « Il n'y a aucune raison pour trouver une fantaisie de table moins extraordinaire qu'une fantaisie de lit. » Mon intuition me dit qu'en tant que bon vivant, vous partagez cet avis, est-ce que je me trompe? Je sens que vous êtes aussi d'accord pour affirmer: «Tout comme la cuisine, le sexe est une création que l'on peut répéter à volonté si on sait bien s'y prendre.» C'est fou comme nous sommes connectés.

Je vous sens bien, Monsieur Pinard, pas contrariant pour deux sous. Vous êtes sans doute d'accord avec cette pensée d'Émile Roussel: «La vraie cuisine est celle dont on ne se fatigue jamais. Après un repas parfait, on a l'impression qu'on est prêt à recommencer. C'est comme après l'amour.» Comme digestif, êtes-vous d'accord pour dire que le *french kiss* est un ingrédient essentiel de la gastronomie érotique? Vous opinez du bonnet? Moi aussi.

Ouf! Voyez, l'entrevue est presque déjà terminée. Vous savez, il n'est pas toujours facile de deviner les gens, mais vous, vous me semblez assez transparent. J'espère que vous avez apprécié la recherche, la subtilité et l'analogie sexe-cuisine. Allez, Monsieur Pinard, je me tape un bon pinard à votre santé. Et je vous quitte en chantant: «J'aime les mains d'un homme dans la farine.»

P.-S. – Pour l'instant, on peut me joindre à *La Semaine*, la semaine prochaine, on verra! Aux plaisirs.

Lili Gulliver

✉ Monsieur Pinard,

Si c'était moi, Diane, qui avais mené cette entrevue, j'aurais commencé par vous remercier de m'avoir fait découvrir le « poulet crapaudine ».

Vos « Pinardises » m'ont vraiment servi d'inspiration certains soirs, à table. Tout comme certains plats de Josée

Di Stasio! Des classiques, chez nous. Merci et bonne continuité pour vos nouveaux projets. Je ne sais pas si vous prévoyez un jour vous remettre « les pieds dans les plats » mais, depuis que je m'intéresse à la ménopause, et surtout à comment bien vivre ce passage, j'ai relevé plein de recettes à base de soya, de tofu et d'herbes santé ayant une action bienfaisante contre les effets perfides de la méno, qu'il me ferait plaisir de partager. Si jamais il vous arrivait de replonger derrière les chaudrons, je pourrais volontiers vous assister dans un nouveau concept d'émission : « La cuisine d'âge doré... » Beaucoup moins ricaneuse que Lili, vous apprécieriez sûrement mon sens de la mesure.

Comme vous le savez sans doute, cher Monsieur Pinard, avec l'âge, il faut prendre soin de son alimentation, réduire la quantité d'aliments riches en cholestérol et calculer le nombre de calories. Grâce à un régime intelligent et bien équilibré, une femme peut avoir des concentrations sanguines adéquates de substances œstrogéniques. Bien consommer les végétaux, c'est comme suivre une hormonothérapie naturelle. Il est bon de manger des légumes, des fruits, des noix et autres graines, sans négliger les aromates, riches en stérols, mais il est aussi intéressant d'introduire la fève de soya et le tofu.

Alors, l'idée d'utiliser le tofu dans les recettes aide à réduire le taux de cholestérol et augmente la qualité de protéines et rend les femmes ménopausées japonaises plus à l'aise. On pourrait donc en inclure ici aussi.

Ainsi, il me fera plaisir, un jour, si on accepte mon projet télé, de vous inviter à mon émission et de vous préparer : ma salade de crabe au tofu, ma salade de pommes de terre au tofu, ma salade de poulet au tofu, ma salade de jambon au tofu, sans oublier ma salade de tofu aux légumes. Je peux aussi m'exécuter dans la préparation des desserts au tofu, tels des carrés aux dattes au tofu, des gâteaux au fromage et au tofu, des puddings exotiques au tofu, de la tarte au chocolat au tofu, de la tarte aux fraises au tofu et de la tarte à la citrouille au tofu. Et vous, cher grand fou, vous pourriez faire plein de jeux de mots avec tofu.

Tatoutfouça? Bref, on élaborera...

P.-S. – En ce qui concerne Lili Gulliver, je la soupçonne de souffrir d'une carence en acide folique, ce qui provoque perte de mémoire, fausseté de jugement, absence d'autocritique, orgueil démesuré.

 Cher journal,

J'ai donc fait parvenir ma lettre à M. Pinard et les entrevues coquines et fictives de Lili au magazine *La Semaine* en précisant qu'à mon avis les entrevues fictives seraient beaucoup plus originales et innovatrices que les véritables entrevues.

Entre-temps, en repensant à ma conversation avec Christiane Charette, je me dis qu'elle a raison, Christiane, il y a tellement de femmes en ce moment qui franchissent le cap de la cinquantaine qu'un livre sur le sujet pourrait effectivement susciter l'intérêt.

Mais l'autre en moi commente et ironise.

Bien oui, ma Diane, livre-nous donc tous les symptômes psychologiques et physiologiques qui t'habitent. Je vois ça d'ici: Cher journal, aujourd'hui j'étais dans un état d'une irritabilité inhabituelle quand Roger m'a dit qu'il allait encore jouer au golf. J'ai claqué la porte de la maison, puis je suis allée magasiner. J'ai acheté plein de trucs inutiles et j'ai payé avec sa carte de crédit... tiens toc! Ou: Cher journal, aujourd'hui j'ai les hormones au plafond et je me sens dépressive, j'ai de la difficulté à me concentrer et comme ma mémoire est défectueuse, je ne me souviens plus très bien de ce que je voulais écrire.

À moins, ma chère Diane, que tu veuilles aussi nous confier tes symptômes physiques.

 Cher journal,

J'ai les seins gonflés et je me sens raide, ayant comme des douleurs musculaires au dos. Parfois, en descendant l'escalier, j'entends un drôle de bruit du côté de mon genou gauche: crack scrack. Je suis souvent fatiguée à cause du changement de la qualité de mon sommeil provoqué par de petites bouffées de chaleur sournoises qui m'envahissent en pleine nuit, alors je ne sais plus trop où j'en suis dans ma tête. Je crois que je vais être ménopausée bientôt... En tout cas, j'ai des symptômes, quoique je suis peut-être en syndrome prémenstruel vu que je «menstrue» encore sur une base plus ou moins régulière. À moins que je ne sois victime d'hémorragie anovulatoire et non de véritables menstruations?

Je t'en supplie, ma vieille complice, épargne-toi le ridicule. Tu crois que les lectrices vont se reconnaître, s'identifier et compatir avec toi? Tu penses tenir un filon et enflammer le marché avec tes méno-causeries? Écoute- moi donc, chère tarte, si tu ne veux pas parler de sexe, lance-toi dans l'horreur, avec du sang, beaucoup de sang, mais épargne-nous le sang menstruel. Je préfère encore notre «schizophrénie» à tes trucs de vieille méno machin.

Au fond, il faut savoir pourquoi on écrit. Connaître nos motivations profondes du pourquoi.

Pour devenir millionnaire comme la maman d'Harry Potter ?

Pour avoir ta photo et être interviewée dans *7 Jours*, *Star Système*, *Châtelaine*, *Voir*, *La Presse*, *La Semaine*... ?

Pour te soigner, l'écriture étant une forme de thérapie en soi ? Dans ce cas, inutile de chercher un éditeur et de publier, tu n'en trouveras pas.

Pour avoir un bâton pour soutenir ta vieillesse ? Mais tu as déjà un mari.

Pour être reconnue et aimée de tous ? Organise des *partys* et paye la traite.

Mais si tu écris pour partager ta condition de ménopausée, inscris-toi à un groupe de soutien, fais du bénévolat, occupe-toi et lâche-nous le pompon.

Dieu, qu'elle m'épuise, cette Lili !

Toujours aux prises avec cette dualité qui me bloque dans mes élans créatifs. J'aime pas ça quand j'entends sa petite voix finfinaude de Ti-Jo Connaissant. À propos, je n'ai jamais dit que je ne parlerai pas de sexe.

À 50 ans et plus, on a encore une vie sexuelle. La mienne est satisfaisante, merci.

Je la connais, tu sais.

La sexualité chez les aînés, qui va en parler si Lili se refuse de vieillir ? À la ménopause, bien sûr, il y a des changements hormonaux. Le désir sexuel peut être affecté et il peut y avoir des ratés mais, justement, voilà une bonne raison d'en parler.

C'est pourquoi je me dois, en bonne moitié responsable, de maintenir ce désir au plus haut niveau.

Il est rare qu'on aborde la chose avec sensibilité, avec honnêteté.

La sexualité chez les aînés est un sujet tabou. Je vais briser ce tabou. Les hésitations, les ratés, les gestes un peu gauches dépassent parfois en pouvoir émotionnel le parfait contrôle ou la grande maîtrise de l'art. En vieillissant, on devient plus tolérant.

Ataboy! Si tu parles de sexe, ma chérie, alors là, tu vas peut-être réussir à te trouver un éditeur. J'ai hâte de lire ça. Tu pourrais l'intituler: «Comment faire l'amour à une ménopausée sans la faire suer». J'imagine que ça pourrait ressembler à quelque chose comme:

«Cher journal,

L'autre soir, j'étais au lit avec mon mari, nous étions *in the mood for love* et les préliminaires allaient bon train quand, tout à coup, me poigne une de ces bouffées de chaleur, me voilà toute en sueur, trempée comme une éponge. Je me lève en vitesse, histoire de ne pas mouiller le lit et de m'aérer. Pendant ce temps, le bel oiseau de mon mari réintègre son nid, tout doux tout mou, l'oiseau. Ma température – tout comme son érection – dégringole. Après quelques manipulations attentives, et quelques petits coups de langue sur zizi, l'oiseau reprend son envol. Voilà mon Roger prêt à me prendre à la missionnaire. Mission impossible! J'ai omis mon lubrifiant. Attends! que je le supplie... maugréant intérieurement mon état de sécheresse. Je m'étire le bras pour prendre la crème lubrifiante dans le tiroir de la table de chevet, je ne trouve pas le tube, je cherche, il sèche. Le tube est sous le lit, je me penche, je tombe du lit. Ouch! Je me recouche, puckée, et réalise que l'oiseau a regagné son nid. Deux érections de perdues! Je me lubrifie, je le crème et on s'essaie pour une troisième envolée... mais l'homme doit aller faire pipi, prostate oblige. À son retour du petit coin, on se couche, on se colle, et on s'endort. »

Voilà comment on swigne la bacaisse chez les aînés. Hi! Hi! Hi!

Là, c'est trop, chienne de vache! Tu me poursuis jusque dans ma chambre. Quelle renifleuse et quel manque de sensibilité! C'est vraiment pas toi qui as inventé le romantisme et la discrétion. Tu es beaucoup trop envahissante, irrespectueuse.

Voyons! tu as de ces raisonnements typiquement préménopausiques, pas le moindre sens de l'humour. Je déconnais, voyons. Laisse-moi te dire que toi aussi tu m'irrites, parce que tu me tiens toujours en laisse. Comme je n'ai pas le choix, je dois cohabiter avec toi et vice-versa. Va falloir composer avec. Tu devrais cependant savoir qu'il y a plein de gens qui seraient ravis de me lire. Tu connais ma notoriété. Tiens! Pas plus tard qu'hier, justement, j'ai eu droit à un *standing ovation* à mon *meeting* de sexooliques anonymes.

Bon, je suis heureuse pour toi, m'entends-je lui dire, j'espère que tu leur as raconté ta soif exagérée d'être toujours le centre d'attraction, ton envie irrésistible et incontrôlée de contact physique, et comment tu t'abandonnes au plaisir sans discernement.

Non, pas vraiment, je leur ai simplement raconté mon kidnapping par des extraterrestres. Comme on le sait, en bonne sexploratrice, j'ai consacré une grande partie de ma vie à l'observation et à l'utilisation de l'appareil génital humain, et les extraterrestres étaient fascinés par mon expertise. Comme j'avais expérimenté toutes les positions acrobatiques du Kama-sutra, ils désiraient que je leur enseigne mon savoir-faire...

Ensuite, j'ai expliqué à ma bande d'obsédés sexooliques en thérapie que c'est parce que les extraterrestres projettent de venir fusionner (physiquement) avec nous qu'ils voulaient me posséder. Cela fait des années qu'ils nous espionnent, nous observent, et ils sont bien décidés à procréer avec nous. Ils veulent le faire pour de vrai, sans clonage désuet. Alors, comme ils m'avaient déjà vue à la télé, et qu'ils ont étonnamment lu tous mes livres, ils m'ont suppliée de bien vouloir collaborer avec eux pour leur expliquer notre mode d'emploi délicat. Ce que j'ai fait finalement, de façon assez professionnelle.

Dans le fond de mon string, j'étais tout de même assez excitée et flattée d'être sur Éros, choisie pour participer à une grande épopée cosmique et érotique. Mes kidnappeurs ont fait une sélection éclairée en me choisissant puisque, tout comme eux, je crois aux vertus innombrables de l'art érotique pour les initiés. Et puis, l'aventure était fascinante. Moi qui ai connu des orgasmes himalayesques, niagaresques et... STMesques en transport en commun hors du commun, j'étais en partance pour des orgasmes cosmiques. Je n'ai pas été déçue. Malgré ce que colportent les films de science-fiction, les extraterrestres sont des gens civilisés. Ce n'est pas parce qu'ils ont six bras, des tubercules et des pustules que les petits *zobs* verts ne sont pas charmants pour autant. Pour certains, c'est nous qui sommes laides parce que nous n'avons que deux seins... Enfin...

J'ai été plutôt fière de participer à cette convention fantastique sur Éros. Là-bas, on peut vraiment s'envoyer en l'air. J'ai pu à loisir m'en donner à corps joie, en explorant leurs techniques de plaisirs sensoriels. Sur Éros, j'ai vibré et survolté au-delà de mes limites corporelles et psychiques. Du vrai sexe friction!

Je me suis bien acquittée de ma mission. J'ai réussi à leur enseigner les choses de l'amour, de l'art de dégrafer un soutien-gorge à celui de l'enfilage d'un condom dans le bon

sens, sur le doigt majeur d'E.T. (qui a bien grandi d'ailleurs).
Et puis, je n'ai pas pu m'empêcher de leur mimer quelques
positions du Kama-sutra. Pour ce qui est du clonage et de la
reproduction, j'ai cependant négligé de leur dire que je pre-
nais la pilule. L'expérience est demeurée stérile.

Alors voilà, j'ai partagé cette histoire hors du commun
avec mon groupe de thérapie, et je ne sais pas trop pourquoi, on m'a chaleureusement applaudie. Certains de mes
copains voulaient me voir en particulier après la séance,
afin que je leur montre comment je fais la cravate russe, la
brouette japonaise, le tirekassis grek, ou que je leur enseigne
les positions du Kama-sutra, mais le thérapeute a cru bon
d'abréger mon témoignage.

Après un fragile retour au calme, on a écouté d'autres
témoignages, mais il n'y avait rien d'aussi enlevant que
mon récit. Quelques histoires de sadomasos mal dans leur
peau, des récits de pédophiles repentis, puis un type un peu
marrant qui nous a raconté sa fixation fétiche de type cuniculaire.

Cuniculaire? Oui, qui aime vêtir les femmes en lapin,
t'imagines. Je me suis portée volontaire.

À la fin de la rencontre, le thérapeute m'a prise à part et
m'a dit que, d'après lui, je fabulais. Il m'a demandé le nom
de mon *pusher*. Il m'a même traitée de mythomane. Il m'a
dit : « Votre réel intérieur se perd dans le flou. Votre imaginaire risque de se transformer en tragiques hallucinations
qui peuvent, sans retour possible, vous projeter dans le
monde des extraterrestres. »

Ah! la tête du thérapeute! M'est avis qu'il en fume
aussi du bon. Il ne doit pas avoir beaucoup de sexe dans sa
vie pour sortir des inepties pareilles.

Il ne sait pas que la jouissance est bonne pour l'esprit et, comme le dit si bien mon maître à penser, André Moreau, le jovialiste : « Jouir est une thérapie qui nous guérit du mal d'exister. »

Moi, je crois aussi que plus une personne jouit, plus elle est compréhensive, parce que le plaisir rend indulgent et souriant. Je pense également que le plaisir donne une ouverture que la douleur ne permet pas. Mais ça, il y a peu de gens qui le comprennent. Alors le monde se pogne le beigne et a toutes sortes d'idées tordues. Je vous jure que dans le cosmos, c'est beaucoup plus ouvert !

À mon retour de thérapie, j'ai trouvé dans ma boîte aux lettres une missive du pape Benoît XVI. S'il y a une personne terre-à-terre, sur cette terre, ça doit bien être le pape ! Ça m'a *groundée* de savoir que mon avis avait de l'importance pour lui.

Très chère Lili,

Tout comme le faisait mon prédécesseur Jean-Paul, je lis toujours ton édifiante chronique dans « Corps et âmes ». Elle me réjouit l'âme ! Après tout, l'Église se doit de demeurer moderne. Savais-tu, charmante Lili, que sous les voûtes du Vatican se cache la plus grande collection au monde de littérature érotique ? Je t'invite au Vatican pour la consulter, si tu veux. Enfin, une chose me turlupine pas mal ces temps-ci et j'aimerais bien avoir ton opinion là-dessus. Que penses-tu du scandale de la pédophilie chez les prêtres ? Et du mariage chez les homosexuels ? Un nouveau lecteur.

Benoît XVI

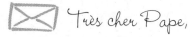 Très cher Pape,

Quel émoi ! Je ne me doutais pas que vous lisiez mon courrier de la cuisse légère, je suis assez intimidée. Je suis toujours étonnée du nombre de gens importants et célèbres qui me lisent ces derniers temps. Enfin, je vous remercie de l'intérêt que vous me portez.

Pour en revenir à votre question, mon très cher Pape, je ne voudrais pas être dans vos caleçons, ces jours-ci avec votre bourde islamique. Les choses étant ce caleçon ! Remarquez que je ne voudrais pas non plus être dans les boxer-shorts du dessinateur danois qui a fait la caricature de Mahomet. Ah ! les histoires de religion ! Vous vous êtes bien empêtré.

Je crains que ce que je vais écrire n'aidera pas à vous remonter le moral, mais vous me demandez mon opinion et je serai franche avec vous. En ce qui concerne le scandale de sexe qui éclabousse votre Église, mon Benoît, je pense qu'il était temps qu'il éclate enfin en plein jour. Écoutez, entre nous, papy, je dois vous avouer que je n'ai jamais pu comprendre votre sacré vœu de chasteté ! Pour moi, savoir que des hommes et des femmes renoncent à tout jamais à faire l'amour, ou à l'acte de chair, cela dépasse l'entendement... Faut être maso ou quoi ? Vous et vos amis du clergé ne savez donc pas à quel point le sexe est bon pour le moral, la santé... le fun ! Pour faire un vœu pareil, il me semble qu'il faut être déconnecté quelque part ! Ou alors, certains de vos membres connaissent le sexe, mais luttent contre leurs pulsions naturelles. Pour moi, l'abstinence, c'est encore pire que l'enfer ! J'ai déjà tenté l'expérience, juste pour voir. J'ai tenu trois semaines. L'enfer, je vous dis ! Imaginons une vie... Enfin, moi, je ne peux vraiment pas concevoir une vie sans. « No way » ! (Ou une vie juste à embrasser des sols, de la poussière et du gravier, comme le faisait votre prédécesseur feu Jean-Paul.) Non merci ! Le sexe, c'est naturel, c'est le meilleur moyen de communication entre les gens, et tout le monde doit savoir que le sexe c'est plus fort que la police et que la Sainte Église ! Vous avez eu beau menacer de surdité et de l'enfer les adeptes de la masturbation, cela n'a jamais empêché les gens et vos prêtres branleurs de pratiquer... certains avec des jeunes non consentants...

Quand je pense que, depuis environ le XVe siècle, on a laissé des puceaux masturbateurs et des pédérastes (avoués et pincés) régenter les rapports érotiques entre les sexes, je trouve ça dément ! Oui, après tout, c'est le clergé qui a fait du code des mœurs sa principale obsession ! Pensez-y donc, nous sommes en l'an 2007 et vous-même, Votre Chapeauté, vous refusez encore le droit à l'avortement en cas de viol de guerre, trouvez pas que vous exagérez ? Pouvez-vous imaginer le cauchemar et l'embarras que ça représente pour une femme, une grossesse non désirée, issue de la violence et des armes ?

Quand on sait que des abus sexuels ont été perpétrés par certains membres du clergé ! Et certains ont même été féconds ! Oui, des enfants de curé, d'archevêque et de cardinal, ça existe, et vous le savez. Vous connaissez « La Fille du Cardinal » (publié chez V.L.B) ? Les cas sont plus rares parce qu'il ne faut pas oublier que, misogyne comme l'est votre institution, vous préférez de loin les petits garçons ! Et j'ai ouï dire que vous êtes contre l'homosexualité. Tout contre ?

C'est maintenant qu'on réalise à quel point les jeunes garçons ont servi d'exutoire sexuel à votre bande de pervers, cardinaux, archevêques, évêques, prêtres et frères des écoles catholiques et chrétiennes. Le bon peuple croyant, naïf et bien endoctriné, en toute confiance, vous confie encore l'éducation des siens. C'est étrange, non ?

Quelle aberration ! Que vous veniez confisquer la morale de tout le monde en édictant des règles, en interdisant ceci et cela et que vous en profitiez pour abuser des jeunes au passage, c'est vraiment pas très catholique, papy !

N'étant pas moi-même une de vos fidèles adeptes, comment pourrais-je adhérer à une religion qui considère le sexe féminin comme les portes de l'enfer et l'utérus comme une marmite à démon ? Je n'ai pas à encaisser vos sermons, pas plus à faire des confessions intimes au grand désarroi de vos prêtres branleurs. Je me porte plutôt bien, merci, et je préfère les groupes de thérapie. Écoutez-moi benoîtement, Benoît, il y a plusieurs patentes qui déconnent dans votre organisation. Hé ! Ho ! Papy ! Je regrette, mais ça, je trouve ça immoral. Si je peux vous donner un conseil, changez plutôt votre philosophie... et votre garde-robe. Cessez donc d'être contre le sexe, contre ses plaisirs. On dit que vous êtes encore plus conservateur que votre prédécesseur, il serait grand temps de changer vos vieux principes moraux. Pensez plutôt à célébrer la grande joie fleurie de la chair et à glorifier l'amour. Encouragez les rapports harmonieux et amoureux entre les gens. Raccourcissez vos robes et enlevez le bonnet de Jean-Paul, il ne vous va pas du tout.

En ce qui concerne le mariage entre gais, moi, vous savez, je ne suis pas très mariage et institution, quoique j'adore faire la noce! Ce que je trouve cocasse avec le mariage gai cependant, c'est de voir qu'ils tiennent à perpétuer le modèle désuet du mariage traditionnel. Pourquoi veulent-ils se marier maintenant, eux qui se moquaient du plan cocon hétéro? Eux, les champions de la sexualité débridée veulent convoler en monogamie? Pourquoi ne font-ils pas preuve d'originalité en inventant une nouvelle sorte de mariage ou d'engagement plus libre?

Alors que les couples mariés se lancent dans l'échangisme, il me semble qu'ils pourraient innover et trouver une formule plus audacieuse pour sceller leur union que le mariage à l'église. Les temps sont fous, papy, non?

Mais c'est pas moi qui vais les empêcher de vivre comme ils l'entendent, et s'ils désirent convoler... laissez-les libres. Idem pour le spectacle de Madonna. Ayez donc plus d'ouverture. Priez le Saint-Esprit de vous allumer.

Enfin, cher Benoît, j'aurais une petite faveur à vous demander: pourriez-vous me faire parvenir votre slip Éminence, non pas que je sois fétichiste, mais j'aimerais m'en servir un jour comme relique, que je refilerais à ma bonne femme de ménage Sylvie, qui est si pieuse et bien frotteuse.

Au plaisir et peace and love.
Lili Gulliver

 Cher journal,

En lisant la réplique de Lili au pape, j'avoue que, sur ce coup-là, elle n'y va pas avec le dos de la cuillère. Elle a du chien, la petite chienne! Dans le fond, c'est tout de même elle qui me permet d'être raisonnable et folle, audacieuse et traditionnelle, extravagante et terre-à-terre, réfléchie et spontanée, drôle et sérieuse.

En y repensant, j'aurais sans doute avantage à partager les pages d'un journal avec elle, ne dit-on pas que l'union fait la force?

Une compétition créatrice constructive devrait permettre aux lecteurs de nous découvrir mutuellement. Pour moi, Diane, ce serait l'occasion de développer mes capacités et de prouver que j'ai des choses personnelles à raconter. Le nom de Lili Gulliver pourrait même servir à racoler un éditeur, qui penserait avoir trouvé sa «vache à lait». Nous nous engagerions ainsi dans la voie de l'harmonisation et de l'intégration de notre personnalité. Ensemble, nous cheminerions sur la piste de la créativité et, tant que faire se peut, nous y trouverions chacune notre compte. Ensuite, selon les critiques, nous fiant aux courriers des lecteurs, nous pourrions enfin véritablement savoir laquelle de nos deux faces retient l'attention. Quoique j'imagine que l'on pourra aisément trouver du charme et de l'intérêt aux deux. Dans ce cas, le lecteur se sentira doublement comblé et privilégié. C'est un pensez-y bien.

Pense-bête: il te faudra aussi combler ta Lili intérieure, n'oublie pas. Sinon, je vais la prendre où, mon inspiration?

Ouais, d'un autre côté, si je veux être honnête avec moi, je dois confesser que je suis prête à n'importe quel compromis afin de ne pas me retrouver toute seule dans ces pages. La preuve, vous avez vu tout l'espace qu'elle peut me squatter sans que je m'y oppose vraiment? C'est qu'elle a beaucoup plus d'assurance et d'arrogance, la garce! À moi de faire mes preuves. Sur ce, la nuit porte conseil. Bonne nuit.

 Cher journal,

Ce matin, pour me rassurer, je suis allée voir Roxanne pour lui parler de mon projet de journal intime... d'une femme en méno-pause. Non, heu! disons «en cessation de fonction menstruelle».

Quand j'aurai terminé ce journal, j'en aurai peut-être fini avec mes règles, mais bon...

La grande Roxanne, je la connais depuis près de sept ans. Je l'ai rencontrée au lancement du livre *1001 bonnes raisons de prendre un amant* de miss Lili Gulliver. Fidèle lectrice et fan de Lili, Roxanne venait de se séparer d'un long mariage et, pour se remettre d'aplomb sur le marché «du célibat», elle s'était pro-curé les «1001 bonnes raisons à la con», espérant y trouver des trucs et la motivation nécessaire pour passer à l'acte, et prendre un amant. Je me souviens, elle avait acheté plusieurs exemplaires du fameux livre pour offrir à ses sœurs. Ensuite, elle insista pour rencontrer l'auteure en tête-à-tête, dans un resto, par curiosité d'abord et, évidemment, pour obtenir des dédicaces.

La Lili, toujours partante quand il s'agit d'une invitation au restaurant pour entendre vanter sa plume, accepta de rencon-trer sa nouvelle fan, aux Beaux Jeudis, un jeudi soir.

C'est ainsi que je me retrouvai en compagnie d'une belle grande femme intéressante et émouvante qui sut aussi capter ma curiosité. Unanimes, nous nous accordâmes, Lili et moi, à trou-ver Roxanne fort sympathique. Sa franchise désarmante et sa joie de vivre étaient comme une bouffée de fraîcheur. Le hasard voulut que, quelque temps après notre rencontre, elle aména-gea dans un condo juste en face de chez moi, et devint ainsi ma voisine et grande copine.

Ce qui me plaît chez Roxanne, outre sa simplicité, sa géné-rosité et son franc-parler, c'est que je peux toujours compter sur elle pour avoir l'heure juste. C'est pourquoi je voulais savoir ce qu'elle pensait du projet d'un livre qui parle de notre vécu de femme dans la cinquantaine et sur les «méno-causeries» que cela occasionne. Je lui ai aussi annoncé que j'envisageais de laisser Lili collaborer au projet, en lui allouant de l'espace afin d'inclure ses chroniques fictives et son «Courrier de la cuisse légère». J'ai précisé que je ne le faisais pas de gaieté de cœur, mais pour une bonne cause... la mienne!

Spontanément, Roxanne approuva l'idée: «En effet, pourquoi faire simple quand on peut faire double! Bien oui, pourquoi ne pas exploiter ta double personnalité, plutôt que de la reléguer aux oubliettes, dit-elle en ajoutant: Lili est quand même plus populaire que toi.»

Et vlan!

Merci de me le rappeler, lui dis-je, j'hésite, vois-tu, parce que justement je tiens à ce que ce soit moi, Diane B., qui dirige. Je veux que ce soit mon moi véritable qui prenne plus de place. Je veux sortir de la guêpière de Lili, comprends-tu? J'aimerais, comme me le suggérait Christiane Charette, parler de la réalité des femmes au tournant de l'âge et des choses qui nous concernent vraiment. Mais, comme je suis consciente que mon sujet n'est pas vraiment *hot*, bien que j'aie pensé intituler le livre «Bouffée de chaleurs», je me résigne à contrecœur à laisser Lili écrire ses délires dans mes pages.

Sauteries d'humeurs, ma chère.

Même si je sais qu'elle a, jadis, tout de même joui d'une certaine notoriété, je ne tiens pas à ce qu'elle me bouffe tout mon espace avec ses histoires de sauteries. Il y a des choses plus importantes à traiter dans la vie. Plus ça va, plus je suis convaincue qu'il y a un tas de femmes qui vont être intéressées à lire sérieusement un livre qui parle du vécu d'une femme dans la cinquantaine. Je veux faire ce livre pour moi et pour celles qui désirent en savoir plus long sur leur condition, sur comment on peut bien passer à travers la phase d'atrésie ovarienne progressive.

Passer à travers quoi?

La ménopause, chose!

Même qu'en y repensant, si je me trouvais un véritable éditeur sérieux, ou une éditrice sensible, je me demande si Lili ne serait pas plutôt une nuisance; peut-être a-t-on assez parlé de sexe de façon superficielle chez les *baby-boomers*, il serait temps de passer aux vraies affaires. Enfin, je m'interroge. Je vais peser le pour et le contre et je te reviendrai là-dessus, dis-je à Roxanne, avant de la quitter. Elle rajouta: «Creuse-toi pas trop la cervelle, moi je vous aime toutes les deux, et je suis certaine que les gens auront du plaisir à vous découvrir.»

Bien entendu que les gens seraient ravis de me lire, putain! me faire passer pour une nuisance, alors que c'est moi qu'on réclame, tu mériterais que je te laisse te débrouiller toute seule avec tes méno-causeries. Si tu penses que tu vas intéresser un éditeur avec tes états hormonaux, tu es plus folle que moi, ma Didi.

Voyez, nous deux, on n'arrête pas de discourir. Mais normalement on le fait quand on est sûres que personne ne peut nous entendre. Parfois, avec Roxanne, c'est différent parce qu'on sent qu'elle nous aime bien toutes les deux, on est en confiance. Mais d'habitude, on prend nos précautions pour ne pas passer pour plus folles qu'on peut l'être. Alors, normalement, nous nous parlons mentalement et, si j'ai une idée et Lili une autre, nous nous disputons.

Roxanne, témoin de ce combat intérieur entre nous deux formulé à voix haute, s'exclama: «Wow! Ça va être délirant de pouvoir vous lire toutes les deux.»

 Cher journal,

Je te dis que ça gamberge dans ma tête, même si Roxanne croit dur comme fer qu'une collaboration Lili et Diane serait *winner*, comme elle dit, je me tâte pour savoir si je ne devrais pas plutôt faire cavalière seule.

Entre nous, il me semble que du Lili Gulliver, c'est du déjà-vu. Il y a bien d'autres auteures érotiques qui ont pris la relève depuis. Elles sont franchement plus jeunes, plus audacieuses et... plus chaudes du réchaud. Que l'on se réfère à Catherine M., Nelly Arcan, William St-Hilaire, Dominique Chénier. Pour preuve, je me souviens de quelques critiques pas trop élogieuses envers Lili. Il y en avait même une qui disait : « Lili Gulliver peut aller se rhabiller. »

Lili, qui jusque-là se la coulait tranquille, se sent piquée au vif et s'exclame : Qu'ouïs-je, Lili Gulliver peut aller se rhabiller ?

Non mais, comme si j'étais une va-toute-nue ! Qui est ce journaliste à la mords-moi le nœud, comment s'appelle ce petit gland pendouillant, ce mal léché pour compte qui a écrit des inepties pareilles ? Pense-t-on me faire réagir et me rendre jalouse de la relève érotique ? Il mériterait une petite fessée, façon panpan culcul. Aller me rhabiller, moi, Lili Gulliver, dont on a célébré les mérites d'un athlétique à l'autre, par-dessus les océans et au plus profond du plus chaud des déserts. Moi qui fus recommandée par les plus grands psys de ce monde pour remonter le moral des troupes, sans toucher, s'il vous plaît. Moi, dont il n'y a pas si long-temps encore on vantait les exploits, les prouesses, les charmes et l'humour, pense-t-on que je vais aller me rha-biller comme ça ? Non ! Non ! Je vous le dis, Lili Gulliver n'ira pas se rhabiller, ni se déshabiller, d'ailleurs, plus qu'à l'habitude.

Je vais juste continuer à raconter mes aventures telles qu'elles se présentent et telles qu'elles m'amusent, et voilà. Si l'on pense me mettre la pression parce que Catherine M. se fait sodomiser les fesses sorties d'une camionnette par de pauvres caves. Si on s'imagine que j'ai à me couvrir devant une *Folle* qui fait aussi *Putain* ou devant une William St-Hilaire aux babines aspirantes qui suce et qui suce jusqu'à se pomper un éditeur. Non mais voyons donc! Je me mouille, moi, à écrire, si je puis m'exprimer ainsi et, par conséquent, symboliquement, j'ai le droit de faire ou de ne pas faire ce que je veux.

Je la reconnais bien là, ma Lili.

Et c'est pas parce que d'autres auteures érotiques se la prennent en stéréo ou en jumbo à se faire rougir debout, que d'autres le font dans la souffrance ou en cadence..., que je me sens obligée de surenchérir.

Ouf!

À chacune sa libido et je dis bravo! Que d'autres auteures aient le goût de partager leurs pensées intimes, leurs fantasmes, leurs exploits sans se censurer, tant mieux, cela me plaît. Je pourrais peut-être, en y pensant bien, me joindre aux festivités, toujours heureuse d'apprendre ou de vivre des expériences nouvelles. Alors, avant que Lili Gulliver aille se rhabiller ou tire sa révérence, les cochons auront des ailes.

Non mais, vraiment, les critiques, faut en prendre et en lécher. Par contre, j'aimerais bien lécher le beau Franco Nuovo lorsqu'il écrit: «Sa littérature, c'est un truc à mi-chemin entre un Bob Morane en jupon et un Jules Verne qui avant de plonger dans 2000 lieues sous les mers ferait un détour du côté de chez Madame Claude. À côté d'elle, San Antonio peut remballer sa brouette lyonnaise et son petit catéchisme.» Il y a celle-ci aussi qui n'est pas mal:

« Jamais eu de bourse d'études, jamais eu d'encouragements de ses collègues, non plus que de ses proches, Lili
Gulliver aurait sans doute mérité un meilleur sort, elle dont
le style et la faconde ont donné des romans hilarants drôles
à souhait et écrits avec une désinvolture et un style qui la
rangent parmi les excellents auteurs québécois. (Jean-Paul
Sylvain, *Journal de Montréal*)

Bon, d'accord, tu peux te péter les bretelles avec ton *Journal
de Montréal*, mais Jean-Roch Boivin n'a-t-il pas écrit dans la sérieuse revue *Lettres québécoises* : « Si l'univers Gulliver est bien
installé sur la liste des best-sellers, c'est que les produits "légers"
ont la cote ces jours-ci. »

Les caresses que l'on n'a pas sont encore plus légères,
mal baisée !

Sans oublier Christiane Laforge de Chicoutimi qui a écrit, en
parlant de toi : « Une naine au pays des géants. »

Une naine, moi ? Qu'on vienne me dire ça dans le blanc
des yeux.

Par ailleurs, tiens, il y a cette sympathique journaliste,
Sylvie Moisan, dans *Nuit blanche*, qui a dit : « C'est qu'elle
est baveuse, la Lili, et son humour parfois caustique, sa
courageuse truculence, son impudeur forcent l'admiration
lorsqu'on sait à quel point il peut être difficile pour une
femme de parler sexe sans se voir frappée d'anathème. »

Et la même journaliste d'ajouter : « Je partirais volontiers en voyage avec Lili, histoire de m'amuser avant d'atteindre l'inaccessible étoile. » Tiens, moi aussi je partirais
bien en voyage avec elle, si elle le désire. Je serais bien partante pour un trekking à la découverte des gorilles puis-
sants d'Afrique. Ou encore prête pour une chasse aux grands
caïmans aux yeux bleus sur le fleuve Maroni, tout comme

je serais heureuse de partir en croisière sur un transatlantique avec 400 membres d'équipage mâles pour me servir. C'est pas les destinations sensations fortes qui manquent. Alors, si tu crois que Lili Gulliver va aller se rhabiller ou tirer sa révérence, tu te trompes.

As-tu oublié tous ces thérapeutes et sexologues qui recommandent la lecture de mes livres à leurs patientes, histoire de les déculpabiliser d'avoir du plaisir?

Tu oublies, ma chère Lili, de dire qu'ils te recommandaient il y a quelques années avant ton enlèvement et tes aventures spatiales avec les extraterrestres. Maintenant, les psys te recommandent vivement de suivre une thérapie.

Ha! Ha! Ha! Mais tout le monde est fou, ma chérie.

 Cher journal,

Je viens de recevoir un coup de fil de Roxanne qui me reparle de mon projet de livre. Elle me dit: «En abordant la ménopause, n'oublie pas d'écrire sur les bonshommes avec leur problème d'andropause. Il n'y a pas que les femmes qui subissent des transformations, les hommes aussi.»

Je dis: Oui oui, t'inquiète pas.

Lili, pour sa part, tient à préciser qu'elle abordera sans doute le sexe, mais pas chez les aînés.

Elle est un peu comme Roxanne là-dessus, depuis quelque temps, ces «chiennes en chaleur» préfèrent les hommes plus jeunes. Elles en sont venues à la conclusion que les hommes au-dessus de 50 ans sont meilleurs pour les siestas que pour la fiesta des sens, plus siesteurs que baiseurs.

C'est pour cela qu'elles préfèrent des amants plus jeunes et fougueux.

En se référant au *Nouveau Dictionnaire de sexologie*, on pourra comprendre qu'à «l'âge critique» selon les spécialistes, il arrive que : «Certaines femmes d'un naturel fermé aux attirances passionnelles éprouvent simplement une tendresse universelle, comme un besoin de chérir plus électif qui les fait prendre en affection un être jeune de l'autre sexe envers lequel elles manifestent une sorte d'inclination maternelle.» Précédemment, est-il spécifié dans le dictionnaire : «On attribuait ces crises à des causes purement organiques, bien que ces symptômes se produisent souvent quatre à dix ans avant la ménopause et même pendant.» Voilà qui peut jeter un éclairage différent sur les intrigues amoureuses féminines. Je pense à ce qu'a vécu Catherine la Grande. Déçue par ses deux fils, elle a reporté sur Lankoï son amour maternel exacerbé et son besoin de façonner un être jeune à son école. On raconte qu'elle chérissait son Lankoï comme une mère. Henri Troyat écrit : «Il est à la fois son amant et son fils. Délicieux mélange où l'âme et le corps trouvent également leur compte, où la frontière entre les générations s'efface, où le plaisir d'enseigner un enfant s'achève par la volupté de céder à un homme.»

Roxanne, à qui je viens de lire ce passage, balance : «Ça confirme ma théorie.»

Quelle théorie ?

«Moi je dis que la femme, à l'époque ancienne, a été créée pour procréer. À l'époque, une femme pouvait avoir jusqu'à vingt enfants, ce qui fait qu'elle a un cœur très grand et énormément d'amour à donner. Comme aujourd'hui elle n'a plus beaucoup d'enfants et beaucoup de temps, elle peut aimer plusieurs hommes à la fois. Tout comme une mère peut aimer plusieurs enfants. C'est logique, il est dans la nature des femmes d'être généreuses et aimantes.

C'est pourquoi un homme ne devrait pas trop s'inquiéter outre mesure si sa femme le trompe, cela est dû à son besoin de materner. Tu vois, moi, je sens que mon être entier irradie de l'amour dans toutes les directions. Plus je donne et plus j'exprime d'amour, plus je peux en offrir. La quantité est infinie. Je me sens bien quand j'exprime cet amour qui reflète ma joie intérieure envers mes amants. Je m'aime, j'aime aussi mon corps et le corps chaud de mes amants. Je m'aime, donc je me comporte de telle façon que l'amour que je donne me revienne plus fort encore. Tu comprends. »

Intéressant, vachement songé !

Fascinant, renchérit Lili, faudrait donner des conférences ensemble, ma Roxanne, sur la bonté des femmes amoureuses.

Sacrée Roxanne, elle est géniale lorsqu'elle s'enflamme dans ses théories nouvelles avec son air de squaw. On croirait une grande chamane se lançant dans les révélations de l'au-delà.

Elle ajoute que, pour elle, sa relation avec ses jeunes amants est forte du désir qu'ils lui expriment... et du fait qu'ils soient assez vigoureux pour lui prouver combien. Elle conclut : «J'aime le pouvoir que j'ai sur eux et j'en profite parce que je sais qu'il ne me reste que quelques bonnes années. Dans dix ans, ça va sans doute être une autre chanson. »

En fait, il faut comprendre le cheminement de Roxanne. Mon amie a été mariée pendant plus de deux décennies avec un homme de vingt ans son aîné. Dans la jeune quarantaine, elle fut confrontée à un partenaire infidèle qui, pour compenser son andropause et contrebalancer son pouvoir de séduction déclinant, avait des maîtresses.

What else is new ?

Elle a découvert le pot aux roses quand son ex-mari a fait une attaque cardiaque causée par le Viagra avec une nouvelle flamme.

Comme jusque-là elle avait été fidèle comme une oie, et comme elle avait encore envie de jouir de la vie et de jouir tout court, elle s'est séparée de l'infidèle et impuissant mari qui, comme elle le dira avec son franc-parler, était un bien beau parleur mais mal emmanché pour veiller tard.

Depuis qu'elle a lu dans une revue que «La femme vieillit moins vite que l'homme sur le plan de la satisfaction sexuelle», elle ne veut fréquenter que de jeunes amants (ce qui est sûrement attribuable à son besoin de chérir et à sa peur inconsciente de vieillir).

Par ailleurs, un an après sa séparation d'avec son sexagénaire de mari, lors d'un voyage au Chili, elle rencontra un jeune Chilien guitariste qui la «sérénada» si bien que, peu de temps après, elle convola en justes noces avec ce beau Chilien basané de vingt ans son cadet. Juste retour du balancier de la vie. Mais pour des raisons personnelles et culturelles, ça n'a pas tenu la route plus de deux ans, le temps d'une passion.

Quelques mois plus tard, Aldo, son Chilien, après avoir été rayé du plan matrimonial de Roxanne, fut réhabilité à la rubrique «bon gars dans le fond» et «nounours de secours» parce que poilu, doux à caresser et agréable à chérir... Enfin, disons qu'après la rupture, l'ancien jeune époux est devenu *fuck friend*, comme le dit Roxanne. Depuis qu'elle sait qu'elle ne fera plus sa vie avec lui, elle le trouve fin, dans le fond. Elle aime parfois le retrouver entre deux draps parce qu'il lui fait bien l'amour et lui procure la tendresse et l'affection dont elle a besoin, évidemment, mais qu'elle aime surtout prodiguer. Une vraie mère Teresa de l'amour!

Moi, l'épouse raisonnable, j'ai fait remarquer à Roxanne qu'il n'y a pas que les ex pour assouvir un besoin de tendresse. Je lui conseille : achète-toi un chien, c'est toujours content de te voir, puis ça branle la queue d'émotion quand tu le caresses.

Tu vois, Roxanne, ce qu'elle peut être bête, la mémé. Moi, je peux comprendre qu'une femme aime se remettre en jambe en terrain connu.

Non mais, sérieusement ma belle, ton ex, tu veux repartir avec lui sur d'autres bases ou repartir sans lui vers d'autres baises ? Faudrait savoir.

Elle me répond : « Disons que pour l'instant, je profite de ce que la vie m'offre. Et je trouve que la vie a beaucoup à m'offrir. »

En fait, à 47 ans, Roxanne est la grand-mère ménopausée la plus sexy et la plus active sexuellement que je connaisse. C'est pas elle qui viendra se plaindre de sécheresse vaginale, elle a trois tubes de lubrifiant planqués sous son lit et son préféré est à base de chanvre. Depuis qu'elle est propriétaire d'un spa-salon d'esthétique dans un gym, elle s'est fait tout un plan de remise en forme. Cela inclut quelques culbutes avec des culturistes. Elle dit que les *push-ups* à deux, c'est ce qu'il y a de mieux pour se maintenir au top. Avec elle, c'est *top shape* et *top shake* !

Disons qu'elle a un petit faible fort pour les beaux mecs.

Mais à la différence de celles qui se contentent d'en rêver, elle, elle les cherche, les trouve... et sait comment les emballer !

Ce n'est pas pour faire ma commère, mais, juste cette semaine, elle a « tripé » sur deux amants, en fait trois si on inclut une nuit avec son ex pour une pause tendresse.

Il faut spécifier que mon amie mère-grand a des cuisses et un cul d'enfer et des seins (refaits)... à faire damner les saints Innocents. Comme elle possède un spa dans un gym prisé des athlétiques, elle n'a qu'à afficher un beau sourire, soulever sa camisole et montrer ses abdos bien fermes pour cueillir les culturistes amateurs. Elle peut aussi leur proposer un massage, et là, ils s'abandonnent à ses belles mains douces !

Pour le moment, elle préfère se coller à ses pairs, les « body buildés ». Elle les aime avec le ventre tablette de chocolat, le torse et les cuisses musclés, le trapèze large et les fesses rebondies.

Ses dernières découvertes et conquêtes sont des athlètes noirs. Elle qui pendant plus de vingt ans fut fidèle comme une oie ou une chienne à un mari pure laine – capitaine au long cours au souffle court –, met les bouchées doubles et rattrape le temps et les orgasmes perdus sur fond d'exotisme.

Mais comment gérer l'ingérable ? Parfois, elle a peur que ces beaux « body builders » se croisent au gym où ils s'entraînent tous les deux. Gaffe aux embouteillages !

Espérons qu'ils ne soient pas jaloux, parce que, de force et de stature équivalente, s'ils se décident à cogner, ça va saigner ! Mais pour l'instant, tout est sous contrôle, et chacun de ses amants se croit seul pourvoyeur du plaisir de madame mon amie. Pour ajouter au suspense, un soir, comme aucun des deux n'était disponible, elle a invité son dernier ex-mari, le « nounours », histoire de ne pas dormir seule.

J'apprécie toujours le sens pratique des femmes débrouillardes, réplique Lili, admirative. À ce rythme, ma chérie, tu es certaine de ne pas engraisser, les nouvelles armes anti-kilo qui fonctionnent sont le sexe, le sport et le stress.

Avec tout ce qu'elle vit ces jours-ci, elle va tenir la forme. Je me dis que, si j'avais tenu le carnet de bord des galères de Roxanne ces derniers temps, j'aurais pu faire un livre sur les aventures d'une douce ménopausée olé olé ! J'aurais sûrement trouvé preneur.

Même si elle m'amuse avec ses péripéties, on ne peut pas dire que ses hormones se soient calmées. En parlant de ses deux amants noirs, elle me dit : « Je ne sais pas quoi faire, Roméo, je l'ai dans la peau, et Rodrigo aussi. J'ai jamais vécu ça. Je les aime en stéréo différée. Avant, c'était le grand vide, là c'est le trop-plein. »

Comme le sexe n'a pas de cervelle, donc pas de mémoire, elle ne sait pas trop lequel lui convient le mieux. Les deux sont de très bons amants.

Parfois, elle devient toute mêlée avec ses histoires d'hommes qui baisent comme des dieux... mais qui ne sont pas très disponibles pour des projets à deux...

Devrait-elle aller en analyse?

Ça, c'est la dualité amour-amant, désir ardent, absence de temps. J'ai connu ça, ma chérie, ça fait partie du jeu. Puis, ma grande, il n'y a rien de mal à «baiser au noir» pour assurer la maintenance du système glandulaire.

Pas nécessairement, je lui dis, il faut que jeunesse se passe, après tout ne compare-t-on pas la ménopause à une deuxième adolescence?

Ne t'inquiète pas, t'es pas nympho, juste disons «hédoniste».

Puis s'adressant à Lili, l'auteure du guide de la baise internationale, Roxanne confie: «Les Noirs sont tout de même les amants les plus performants que peuvent rencontrer les femmes qui aiment le sexe. Au moins, avec eux dans un lit, il se passe plein de choses. Je n'ai jamais connu de si bons amants de ma vie. C'est bon grave, hein! Lili!»

Comme de raison, la Lili, qui en a vu de toutes les couleuvres, ne peut qu'opiner du chef. En général, c'est bon avec eux parce qu'ils prennent leur temps, beaucoup de temps. Sont pas toujours à courir contre la montre. Dans le rythme effréné de notre société matérialiste, on croirait qu'il ne reste plus de temps pour le sexe, et son accomplissement dans le calme et la volupté. Le sexe, c'est l'abandon de soi. Et il est difficile de se laisser aller à l'abandon en quinze minutes. Le sexe est le contraire de l'avidité matérielle. Les amants noirs ne semblent pas trop stressés par toutes ces folies qui font galoper les Occidentaux. Ils savent mettre leur valeur à la bonne place.

Mais il serait sans doute sexiste de dire qu'ils sont tous champions.

Comme voisine, ayant eu le loisir d'apercevoir par ma fenêtre les spécimens qu'elle ramène chez elle, je suis assez impressionnée. Dans le village gai où nous habitons, on ne voit pas souvent des mecs aussi costauds ni aussi virils. Enfin, il ne faut pas croire que mon amie n'est qu'une obsédée. Elle a juste décidé de s'amuser un peu avant de rencontrer le bon candidat. Même si elle s'amuse à dire qu'elle n'aime «le sexe *que* pour le sexe», je la connais, et je ne la crois pas. Je sais qu'elle fanfaronne, je connais son cœur, grand comme une roue de secours, et je sais bien que, dans le fond, c'est une sentimentale romantique. Pour preuve, les chansons qu'elle écoute – Brel : *Ne me quitte pas*... Patricia Kass : *Mon homme à moi*... Francis Cabrel : *Je l'aime à mourir*... Elle a même tous les disques de Diane Tell, de Cat Stevens et de Leonard Cohen.

Elle joue les «machettes», mais c'est une petite fleur bleue, je connais le genre.

Cependant, elle sait qu'il y a anguille sous couette. À savoir, quand un homme baise vraiment bien, c'est là que nous, les femmes, nous pouvons tomber facilement accros. Surtout, dit-elle, quand tu commences à baiser trois fois par jour trois ou quatre fois par semaine, après une période de disette où tu suppliais ton mari de bien vouloir te faire un gros câlin le samedi soir après le film. Tu réalises que ta vie était drabe... avant de mettre de la couleur dans ton lit !

«Des fois, je regrette que Roméo et Rodrigo soient de si bons amants, ça *fucke* mon jugement», confie Roxanne.

Je te comprends, c'est incroyable... Ah ! les sacrées hormones.

Moi, son amie responsable, je l'incite à clarifier sa situation avec tous ses amants. Trop, c'est comme pas assez! Je trouve qu'elle en mène large et marche sur des œufs de coucou. Elle couche avec des amants coups de vent qui jouent sur un fantasme né de la frustration. Ils la baisent à fond et... touroulou! on se revoit un de ces quatre. Comme ça, ils n'éprouvent pas trop le besoin de donner d'explications et de s'investir à fond.

Lorsqu'elle réalisera, au bout de quelque temps, qu'elle n'obtiendra pas beaucoup plus d'eux que ce qu'elle obtient déjà, c'est-à-dire du sexe, elle finira par les remplacer. Parce qu'elle a beau dire, mais je sais bien qu'elle recherche l'amour, le vrai! Et son Haïtien, sa sculpture d'ébène, son véritable casse-sommier – dont elle est si fière physiquement – veut bien lui prodiguer de l'amour à grands coups de bambou, mais ce que le grand colosse souhaiterait en échange, c'est d'être nourri logé aux frais de la princesse. Comme Roxanne a déjà investi pas mal pour soutenir financièrement son ex-mari sud-américain dans son court mariage précédent, et même si très généreuse de nature, ce coup-ci, elle n'entend pas jouer les *sugar mamys* auprès de ce beau gigolo rigolo. Et puis, comme l'autre, le beau musicien noir, est souvent en tournée et qu'il a beaucoup de petites amies groupies, il demeure insaisissable pour le long terme. Je ne sais pas si je peux dire ça sans causer de préjudice, mais... il me semble que les hommes noirs, comme les Latinos, échappent plus facilement aux attachements exclusifs.

En attendant son prince, Lili lui conseille tout de même de profiter de ces copulations frénétiques, parce qu'elles ne durent qu'un temps.

Même la meilleure bite d'acier ramollit avec le quotidien. Au bout de... disons six mois, tu vas voir tes amants marteaux-piqueurs piquer du nez, et avoir besoin de stimulation extrême pour reprendre du service. Ce qui les excite au début, c'est la nouveauté.

Évidemment, je n'aurais pas formulé ça comme ça, mais je suis plutôt d'accord avec la spécialiste ès bites.

Bon, ce sera tout pour aujourd'hui, Félix revient de l'école... et il a faim !

Cher journal,

Je reprends un peu le fil de ma réflexion sur les hommes.

En ce qui concerne les performances des meilleurs amants, je ne crois pas vraiment qu'un homme, qu'il soit noir, blanc ou jaune, et qui baise comme un dieu, trois ou quatre fois par jour – au début –, puisse réussir cet exploit pendant des années en baisant la même femme.

À un moment donné, je suis convaincue qu'il ne pourra – ou ne voudra pas – tenir le rythme. Pour l'avoir vécu, je sais bien qu'il y a des hommes avec lesquels on jouit follement physiquement, et il y a ceux avec lesquels on fait l'amour tout simplement, tout sensuellement. Et puis il y a des hommes mûrs qui sont doués pour faire l'amour avec tendresse et qui savent vraiment faire plaisir aux femmes. Certains hommes – comme mon mari – sont comme le vin et se bonifient avec l'âge. Enfin, l'acte sexuel n'a pas besoin de durer des heures pour être agréable. Il y a des amours de début et des amours plus matures, et ça ne peut qu'être différent.

Oui, parce qu'au lit avec un quinqua à l'état naturel, la panne d'énergie est plus fréquente que le survoltage.

La différence entre les hommes et les femmes de notre génération, c'est que les hommes peuvent encore désirer sans être désirés, alors qu'une femme a besoin de se sentir désirée pour désirer un homme. Sacrées femmes, on a besoin du regard de l'homme et de son attention pour se sentir femelle, et ça, même si on prétend parfois le contraire. Le problème avec nous, les femmes, ce n'est pas de résoudre nos contradictions, c'est de vivre avec elles.

Au fond, c'est comme si notre goût de l'autre était plus orienté vers la fusion et la communication, alors que les hommes privilégient la défense de leur liberté et la satisfaction de leurs désirs physiques.

Quoique femmes échaudées et hommes désabusés aient le désir, dans la cinquantaine, parfois chambranlant. Les femmes comme mon amie expérimentent de plus une autre contradiction : bien qu'elles refusent leur dépendance affective envers les hommes, elles leur soumettent leurs corps assez docilement et pas mal rapidement. Les hommes n'ont plus le temps de languir et de désirer... que ça leur tombe tout cuit dans le bec. Drôle d'époque !

Mais de quoi tu causes, mamie ! Si on en a envie, pourquoi on ne se servirait pas et on n'en profiterait pas. Les hommes sont comme des petits choux pour moi, et c'est moi qui les cueille quand j'en ai envie. Si ça coïncide avec leur désir, tant mieux ! J'adore les hommes faciles et pas compliqués qui aiment donner du plaisir aux femmes.

Mais, bon sang, ils sont compliqués, les hommes ! Aussi compliqués que les femmes. Certains machos ne veulent pas tant donner du plaisir qu'en prendre, surtout.

Pour avoir tenu une agence de rencontre (avec Lili) pendant des années, je sais bien que la chasse aux bons candidats, pour les femmes de plus de quarante ans, n'est pas évidente. Les hommes sont soit mariés *et* inaccessibles, soit mariés *et trop* accessibles, ou alors célibataires et trop intéressés par le sexe et l'aventure. À moins qu'ils ne soient plus intéressés par le sexe, parce que malades, désabusés et trouvant les femmes trop exigeantes. Sans parler des homos qui s'ignorent et de ceux qu'on ne peut ignorer. Bref, le choix devient de plus en plus limité et difficile avec l'âge. Oui, il peut arriver que l'une trouvera un bon divorcé avec enfants en garde partagée, un veuf avec un chien et de grands enfants, ou un vieux garçon qui vient de réaliser qu'il ne voulait pas finir ses jours tout seul, mais le choix demeure limité.

En fait, dans la vie d'une «célibattante» à l'âge critique, il y a des hauts et des bas, des scénarios rocambolesques avec moult rebondissements, des aventures plutôt scabreuses... et des galères pires qu'à l'adolescence! Il faut savoir tenir le cap et bien ramer. Lorsque j'écoute les histoires de Roxanne et d'autres amies qui vivent seules, je me réconforte en me disant que le confort douillet auprès d'un mari sécurisant, c'est pas si pire! Je suis contente de pouvoir dire «je t'aime» toujours au même homme, et d'avoir à mener une vie plutôt stable, même si parfois ça peut devenir routinier.

Lili s'exaspère: Bon, nous revoilà avec la femme mariée heureuse qui peut se contenter d'un seul homme. Cette femme qui a tant de choses importantes à nous apprendre sur la vraie vie. Tu pourrais nous pondre un livre genre «L'amour au temps de la ménopause»!

Oui, pourquoi pas. Il y a des amours qui deviennent plus solides et profondes lorsqu'on devient mature, et il n'y a pas d'âge pour aimer.

Et puis, ma chère immature Lili, ça ne me déplaît pas trop que le sujet ne t'intéresse pas. Tu vas pouvoir me laisser travailler tranquille et cesser de me distraire quand je me concentre pour écrire des choses essentielles et personnelles.

Oui, mais je peux toujours t'alimenter pour ce qui est du sexe. C'est important, le sexe, tout de même!

Oui, mais il n'y a pas que ça! Évolue donc un peu. Les choses de l'âme et de l'esprit t'intéressent donc si peu?

Cher journal,

Me voilà bien motivée. Plus j'y pense, et plus je vois du potentiel dans mon projet de livre sur la mi-temps de la vie et comment nous l'expérimentons, nous, les *baby-boomeuses*.

J'ai l'intention de me constituer un dossier et d'aller voir toutes mes amies pour leur demander comment elles se sentent à 50 ans, et comment elles pensent s'y prendre pour traverser cette période tumultueuse de changements hormonaux. J'aimerais en savoir plus sur celles qui prennent des hormones ; pourquoi elles les prennent. Parler avec celles qui ne veulent rien savoir des hormones, et pourquoi. Puis m'informer auprès de celles qui ont pesé le pour et le contre, en connaissance de cause, avant de faire leur choix. Je pense à Coucoune, Loulou, Lucie et même Roxanne avec sa formation en homéopathie. Toutes mes amies vont être mises à contribution et chacune pourra me dire comment elle mène sa barque et gère son climatère.

Alors, pour être franche, oui, je suis mitigée face à ma collaboration avec Lili. Je trouve qu'elle m'interrompt trop souvent. Je ne crois pas qu'elle puisse vraiment trouver sa place dans un projet d'envergure aussi sérieux.

Bon, d'accord, je pourrais sans doute me montrer plus réceptive à ses «Courriers de la cuisse légère», si elle ne coupait pas sans cesse le fil laborieux de mes pensées profondes. *Because*, comme je le spécifiais, je veux que ce soit moi, la patronne, la tête dirigeante ! Parce que je sais qu'elle aura de la difficulté à s'adapter à un mode de vie aux antipodes mêmes de son existence ; elle, toujours fourrée dans le plaisir et la variété, il va falloir qu'elle se résigne à me suivre et à s'adapter à un rythme plus lent, plus sain.

À 50 chandelles, j'ai décidé de prendre ma place et de donner l'exemple.

Ben voyons donc! T'es à pic aujourd'hui, tu dois être à la veille de voir les rouges!

Je peux comprendre, ma chère Lili, que tu t'interroges et te demandes comment quelqu'un comme toi, qui a vécu jusqu'à présent cul par-dessus tête dans la ronde des plaisirs et de mille jouissances, tu pourras t'adapter au régime santé d'une femme ménopausée.

Je crois que c'est plus difficile pour les grandes cigales qui ont festoyé toute leur jeunesse de devenir sages en vieillissant, mais heureusement, tu m'as! L'âge mûr occasionne plus de maux, plus de soins à prendre et toi, ma chère Lili, comme tu es dans le déni, tu veux que la fête continue et que ta vie soit toujours saturée de plaisir et de volupté. Tu ne veux pas que ça cesse, donc, tu fais l'autruche. Tôt ou tard, ma cocotte, faudra faire face à la musique parce que la vie nous rattrape. Il faut cesser les folies. Laisse-moi donc prendre le contrôle, être ta guide de cordée. On ne peut plus faire la fiesta toute la nuit, abuser de vin et d'alcool, faire l'amour au gré de sa fantaisie, être toujours dans l'excès et penser qu'on va s'en sortir indemne.

Non, ma pitoune, il faut désormais adopter un mode de vie plus sain. Même si c'est déjà un peu tard, à la cinquantaine, c'est le temps de s'y mettre.

Tu sais, on peut ainsi prédire par l'histoire médicale et le style de vie qu'a vécu une femme, la tournure que prendra sa ménopause.

Tu draines mes énergies positives avec tes histoires de bonnes femmes. Quelle époque on vit! Maintenant, quand on choisit de vivre, de boire et de se défoncer, on est taxée d'alcoolisme, de nymphomanie, de dépression nerveuse... Les jours de picole et de fun sont donc révolus? Moi, je crois que le plaisir est sagesse, et qu'il n'y a surtout pas d'âge pour arrêter d'en avoir. Bientôt, la science va nous fournir toutes sortes de traitements et de petites granules pour traverser cette période délicate sans encombre, et on va facilement vivre jusqu'à cent ans. Alors, cesse donc tes mises en garde et éclatons-nous, au lieu de nous crêper le chignon. Parce que la pire chose qui puisse nous arriver, ce ne sont pas la cessation de notre cycle et le manque d'hormones, c'est le manque d'imagination de penser qu'il puisse en être autrement. C'est dans la tête et le cœur qu'on est jeune. Et c'est dans mon esprit ludique et lubrique que je me maintiens au top!

Ouf! belle prise de tête.

Non mais, tu me gonfles tellement avec ta méno. Pas facile de vivre la dualité. Moi, je suis branchée sur nos sens et sur tout ce qui exalte la sexualité, et toi, tu es sur le déclin mental et physique. Tu n'y crois plus, tu te résignes.

Je ne peux pas te quitter, tu ne le réalises pas mais tu as trop besoin de moi, de ma vitalité, de ma joie de vivre, de ma folie...

Imagine! c'est ton premier livre, toi, Diane B., une illustre inconnue du monde littéraire... et du monde en général. Tu penses sincèrement pouvoir te pointer le museau, toute en sueur, dans une maison d'édition, avec tes « Bouffées de chaleur de *baby-boomeuse* ménopausée » sous le bras et susciter l'intérêt? Je vois d'ici la tête de l'éditeur. Il va te regarder au-dessus de ses lunettes, se demander, perplexe, si cette femme est bien normale... Puis je l'entends déjà te dire: « Madame Diane, vous avez des "bouffées de chaleur"? Voyez, la porte est là, profitez-en, il fait frais dehors... »

Et toi, Lili guili, ma très chaude du réchaud, tu te penses encore bien *hot* mais qui dit que les éditeurs sérieux ne te trouveraient pas plutôt... réchauffée? Tes carottes sont cuites. Bon, arrêtons-nous là, Roger va bientôt revenir du golf, Félix de l'école et je n'ai pas encore eu le temps de faire les courses pour le souper.

 Cher journal,

Aujourd'hui j'ai pris une grande décision : je vais au moins changer de look, trouver un style plus adapté à mon âge. Première étape : prendre rendez vous avec mon coiffeur pour une nouvelle coloration et une coupe. J'en ai assez du roux et des repousses repoussantes qu'il faut camoufler aux trois semaines, je vais opter pour des mèches blondes, et progressivement revenir à ma couleur naturelle.

T'es pas sérieuse ! me lance Lili, furieuse. C'est reparti pour la prise de tête.

Personne ne va toucher à ma volumineuse et sensuelle coiffure, surtout pas pour atténuer ma rousseur flamboyante. Faudra me passer sur le corps ! Miss Lili Gulliver est une rousse incendiaire, et rousse elle demeurera !

Méchant dilemme, mais je reste ferme et j'explique à Lili :

Désolée, ma carotte, mais il faudra te faire à l'idée, maintenant que j'ai décidé de devenir plus authentique, il va falloir assumer. J'ai envie de changer de coiffure, je *vais* changer de coiffure ! Tu sauras, chère rouquine, qu'aux alentours de la cinquantaine, beaucoup de femmes se font couper les cheveux, cessent de se faire des couleurs, et certaines commencent même à délaisser le maquillage parce que ça devient de plus en plus difficile à appliquer, à cause de la presbytie.

Bon ! la belle affaire ! On a connu toute la gamme des dégradés de roux et rendu un tas de mecs fous raides. Pas question de nous transformer ! Les rousses sont des femmes rayonnantes, chaleureuses, voire allumeuses, qui ne passent pas inaperçues. Elles sont recommandées chaudement pour qui broie du noir, car elles apportent un éclat revigorant. Tu ne vas pas nous enlever cet éclat, ce feu qui nous anime et les allume? Voyons, allume, allumette!

Ma décision est prise et j'ai pris rendez-vous.

Après le coup de fil, comme de raison, Lili revient à la charge.

D'abord, c'étaient les lunettes, et là on va progressivement passer au gris, c'est ça! Mais qu'est-ce qui te prend, je n'arrête pas de me plier à tes quatre volontés. J'ai fait de sacrés compromis avec tes lunettes. Tu crois que j'aime ça, me promener avec ce truc de mémère sur le bout du nez?

Je n'aime pas plus que toi porter des lunettes, mais j'en avais marre de demander le nom des rues, ou de supplier les vendeurs et les gens autour de moi pour qu'ils me lisent les étiquettes et les modes d'emploi.

Mais tu es vraiment nulle. C'était pourtant une excellente façon de rencontrer du monde. Tu te souviens de la tête du monsieur, quand tu lui as demandé de te lire la posologie derrière une bouteille d'Exotica, le fortifiant pour homme? Je suis certaine qu'on aurait pu se le ramener à la maison facilement, celui-là. Ç'aurait été si simple de lui faire une proposition délicieusement malhonnête. À sa façon de nous dévorer des yeux, c'était du tout cuit. Genre: «Il paraît que ça fait beaucoup d'effet...» Suivi d'un regard complice. Facile, facile.

En effet, je me souviens vaguement de son visage, mais entre le grand flou et le choix de tomber sur un grand fou, je préfère porter des lunettes. J'en avais assez de confondre les gens. J'en avais marre aussi de me mettre de la crème démaquillante sur les cuisses et de me démaquiller avec ma crème pour le corps. Sans oublier que j'aurais pu empoisonner ma famille. Je ne pouvais plus lire les dates de péremption sur les produits et ne voyais plus les traces de moisissures dans le yaourt.

Tu le sais, Lili, pour te faire plaisir et par coquetterie, j'ai résisté longtemps avant de m'afficher avec des lunettes progressives. Quand on sortait au resto, Roxanne s'en souvient, j'avais appris la carte par cœur pour ne pas exhiber aux serveurs et à l'entourage notre presbytie. Mais là, impossible de frimer et de toujours se la jouer jeune, faut assumer! En plus, j'ai pas envie d'être connue pour ramasser tous les ploucs à la traîne. Des lunettes, ça presse.

Si ça peut te rassurer, on n'est pas les seules à plisser des yeux. Chaque jour, des millions de femmes tombent elles aussi dans les pièges de la presbytie.

Vers la cinquantaine, la capsule cristalline n'a plus que 50 % d'élasticité et ça va en diminuant. On peut se consoler en se disant que 50 %, c'est mieux que les 15 % d'élasticité qu'il nous restera dans 30 ans.

Lili réfléchit: Chacune se console du mieux qu'elle peut... Pour faire joyeux, moi je me dis: femme à lunettes, femme à quéquette!

Comme je suis «non négociable», elle devra se faire à l'idée, la rouquine. Parce qu'on va passer de rousse incendiaire à blonde cendrée avec quelques mèches naturelles. Finies pour moi les red hot mama!

Je la sens qui boude.

Méchant fade out, prochaine étape... gris poussière, blanc neige, puis après ça... les cendres? À moins qu'il ne te prenne la fantaisie de te la jouer vieille mamie excentrique, avec des tons de rose ou de mauve?

J'ai mis mon plan à exécution, et me voilà blond cendré, avec des mèches naturelles plus foncées. J'aime l'effet, le blond ça adoucit les traits, une victoire sur Lili, un pas vers mon indépendance et mon leadership.

J'ai demandé à mon chéri ce qu'il en pensait. Songeur, il m'a regardé, il a hésité, pour enfin me dire : « Ça te change ! » Oui, ça je le sais, répliquai-je, mais ça te plaît ou pas ? « Heu !... Oui !... disons que c'est plus... classique, ça t'adoucit, tu as l'air d'une belle femme de ton âge. »

Une belle femme... de mon âge ?

Un amant, lui, ne dit jamais ça !

J'ai tiqué. Je ne sais pas si j'aime ça, avoir l'air d'une belle femme de mon âge. Ça veux-tu dire que je parais vieille ? lui demandai-je, inquiète. « Non, ça veut juste dire : une belle femme qui assume son âge. » Oui, mais tu aimes ou tu n'aimes pas ? « Moi, ma chérie, c'est toi que j'aime, peu m'importe la couleur, tu me surprends toujours. »

On se rattrape comme on peut...

Pour me réconforter, j'ai demandé à mon fils. Il a délaissé son jeu vidéo deux minutes, a levé ses grands yeux bruns, m'a zieutée, puis, se replongeant le nez dans l'écran, le verdict est tombé : « J'aimais mieux rouge, mais c'est correct, t'as juste l'air un peu plus vieille. »

Plus vieille ? Ah non !

Et l'autre qui la ramène : **Tu vois, j'avais raison !**

J'ai couru chez Roxanne, en face, pour avoir son avis. Elle a trouvé ça très réussi. « Tu me fais penser à Martha Stewart. »

Martha Stewart ! « Oui, un petit peu, tu fais très classe. »

Ah bon ?

Classe aînés, oui, tu veux pas ta carte avec ça ?

Cher journal,

La meilleure chose à faire aujourd'hui, c'est d'aller à la Grande Bibliothèque consulter quelques livres sur la ménopause. Quoi qu'en pense ma consœur.

Excellente idée que de venir dans ce haut lieu du savoir. Je suis allée consulter le catalogue, ai tapé le mot «ménopause» et une liste interminable de titres est instantanément apparue. J'ai choisi quelques livres sérieux écrits par des professionnels de la santé et quelques écrivaines et, bien installée à une table de travail, je me suis mise à traquer les informations utiles à la rédaction de mon futur livre.

Je ne sais pas si l'on peut croire tout ce qu'on lit mais, sur un sujet aussi chaud que la ménopause, les opinions sont incroyablement variées et souvent contradictoires. Il y a ceux qui recommandent la prise d'hormones, ceux qui disent qu'il vaut mieux s'en passer, ceux qui exagèrent les symptômes, ceux qui les minimisent. Et puis il y a moi, au milieu de tout ça, tentant de me dépatouiller avec toutes ces informations paradoxales.

Par exemple, dans *La ménopause: une autre approche*, Danièle Starenkyj est formelle: «Non, non et non! La ménopause n'est pas synonyme de décrépitude sexuelle.»

Ah bon! cause toujours, tu m'intéresses!

«Elle est plutôt le signal libérateur d'un nouvel âge de la femme plein de vigueur, *et ce n'est que justice*, destiné à préserver ou à exploiter la plénitude de ses forces physiques et mentales.»

Physiques et mentales, tu vois!

Selon le docteur Borner, dans *L'encyclopédie d'obstétrique et de gynécologie*: «La ménopause est un sujet intéressant pour le médecin et surtout pour le gynécologue exerçant sa profession. Les manifestations se produisant à cette période de la vie sont si nombreuses et si variables qu'il faut au médecin une grande expérience pour savoir les observer et les évaluer. Les frontières entre le physiologique et le pathologique sont si ténues dans le domaine qu'il est dans le plus grand intérêt de nos malades de faire la lumière sur la question. »

Il confirme, une bonne part est dans la tête.

Moi, je trouve que la ménopause est un sujet intéressant *pour la femme*, et surtout *pour l'écrivaine* exerçant sa profession. Je pense ici à Simone de Beauvoir qui, à l'âge de 44 ans, était farouchement obsédée par le spectre du vieillissement.

Dans *Le Deuxième Sexe*, Simone imagine quelle sera sa condition de femme ménopausée. Elle s'exprime comme suit : « Bien avant la mutilation ultime, la femme est hantée par l'horreur de son vieillissement. Elle a beaucoup plus investi que l'homme dans les valeurs sexuelles qu'elle possède ; pour retenir son mari et s'assurer sa protection, elle doit le séduire, lui plaire. Que deviendra-t-elle quand elle n'aura aucun pouvoir sur lui ? C'est ce qu'elle se demande en regardant la dégénérescence de cet objet de chair auquel elle s'identifie. »

My ! My ! Simone, *get a life !* Elle n'avait pas de copine avec qui partager, Momone ? Elle n'avait pas de philosophie de vie ? La ménopause a le dos large, mais pas tant que ça. Voyons ! l'écrivaine George Sand, qui était une autre femme de tempérament, voyait les choses tout autrement. George, devenue femme mûre, se prend d'affection maternelle pour le fils d'Alexandre Dumas fils, de vingt ans son cadet. Elle lui dit : « À votre âge, j'étais tourmentée et plus malade que vous au moral et au physique. » Mais un beau matin, voyant les choses autrement, elle s'est dit : « Tout cela m'est égal. L'Univers est grand et beau. Tout ce que nous croyons plein d'importance est si fugitif que ce n'est pas la peine d'y penser. » Et à plus de 50 ans, George devint la maîtresse d'un ami de Dumas fils, plus jeune de plusieurs années. *Idem* pour Dominique Rolin qui avait 24 ans de plus que Philippe Sollers lorsqu'il devint son amant.

Ça c'est de la philosophie appliquée, me souligne Lili par-dessus l'épaule.

Je prends une gorgée d'eau et poursuis mes lectures. Dans *Ménopause : faits importants, histoires inspirantes*, Susan Hendrix, pour sa part, attaque en affirmant « que la ménopause est un moment de changements positifs [...] il s'agit plutôt d'un recommencement, d'un saut libérateur vers de nouveaux débuts, accompagnés de nouvelles possibilités et de nouveaux espoirs ». Et elle ajoute : « C'est une destination qu'il vaut la peine de célébrer. »

I drink to that !

Simone, évidemment, n'a jamais eu le loisir de consulter Susan Hendrix, directrice de la Women's Health Initiative. Elle souffrait peut-être juste d'un petit débalancement hormonal... Un petit timbre en hormonothérapie et hop ! c'était reparti pour la lubrification et des pensées plus positives, pensai-je. Elle n'a pas non plus profité du sage avis du docteur Tilt qui, en 1857, estimait qu'il était préférable de calmer une femme vieillissante avec de l'opium et du cannabis, plutôt que de la laisser s'exciter encore plus avec de l'alcool et devenir bruyante et indécente. Le docteur Tilt était convaincu qu'il y avait une connexion nerveuse entre les ovaires et le cerveau.

Très « tilté », ton docteur Tilt. Dommage qu'on ne puisse pas griller un petit joint ici, soupire Lili. Psitt ! Psitt ! relève doucement la tête et regarde en face de nous. N'est-il pas charmant cet homme qui vient de poser son séant sur la chaise juste devant ? Jeune quarantaine, tempes grisonnantes, un brin intello. Regarde, il dépose des livres sur l'architecture. On n'a pas une cuisine à rénover ? On pourrait faire un brin de causette...

Qui sait? Il donne envie de faire des plans, non? À moins que tu ne préfères le jeune étudiant africain assis en diagonale. Regarde, il s'apprête à lire *Histoires à faire rougir* de Mary Gray. Il rougirait sans doute plus s'il lisait du Lili Gulliver, le pauvre chéri. Il ne sait pas ce qu'il manque!

Sacrée Lili, elle a le don de scanner les hommes en quelques dixièmes de seconde. Son ordinateur central a déjà enregistré un maximum d'informations. Une fois le diagnostic établi, elle commence à s'imaginer la suite des événements. Il faut toujours qu'elle se demande si le type est baisable. C'est une question que se pose le corps, pas ma tête et mon cœur.

Je ne veux pas me laisser distraire, ni par le lecteur en face ni par celui en diagonale... et encore moins par la petite voix de l'ineffable chasseresse qui me poursuit.

Je reconnais bien là, la Diane pure et chaste.

Pour revenir à Simone de Beauvoir, je suis étonnée d'apprendre que la maîtresse de Jean-Paul Sartre se trouvait autant démunie face à l'âge. Elle aurait dû faire comme moi, Simone, et éviter de se regarder de profil dans le miroir, afin de ne pas voir tout ce qui tombe en même temps. Pour une intellectuelle, elle manquait d'humour, la Simone. C'est fou de penser que Simone capotait à l'idée de perdre son pouvoir de séduction. Révoltée devant ce que lui renvoie son image, elle écrit: «Souvent je m'arrête, éberluée devant cette chose incroyable qui me sert de visage. Je comprends la Castiglione qui avait brisé tous les miroirs. Tant que j'ai pu regarder ma figure sans déplaisir, je l'oubliais, elle allait de soi. Je déteste mon image.»

Ensuite, Simone se plaint de ses poches sous les yeux, de ses rides autour de la bouche et elle rajoute: «Je vois mon ancienne tête où une vérole s'est mise dont je ne guérirai pas.» De la façon dont elle se dénigre, je me dis qu'à notre époque, Simone se serait précipitée chez un chirurgien esthétique, fait enlever ses «couilles de loup» sous les yeux et ravaler vite fait la façade.

Ou encore, elle aurait opté pour la dernière technique beauté très tendance – la mésothérapie –, et le médecin lui aurait injecté superficiellement des cocktails vitaminiques super concentrés. Et oups! sur le piton Momone avec une mine radieuse.

Mais moi, je sais aussi qu'un regard aimant peut remplacer n'importe quelle chirurgie esthétique.

C'est reparti.

Quand tu perds ce regard, j'imagine que la tentation de *lifting* est plus grande. Quoique pour le conserver aussi... un petit coup de bistouri par-ci, par-là... Mais il faut croire à l'amour, à ce regard d'amour et à ses vertus magiques qui défient le temps.

Regarde Janette, elle a rencontré son amoureux de 20 ans son cadet dans la cinquantaine, et leur union tient la route. Octogénaire, elle a l'air tout épanouie, Janette. Elle s'est fait faire quelques retouches, mais, à quatre-vingts ans, c'est admirable d'être encore aussi coquette et d'avoir toujours envie de plaire. Il y a aussi Andrée Boucher qui raconte dans un magazine people (*La Semaine* ou *7 Jours*) comment sa chirurgie plastique lui a réussi.

Simone, qui avait (presque) tout ce qu'une femme de 50 ans peut demander – santé, carrière, indépendance, célébrité, des amis (mais pas d'enfants... aurait ajouté un politicien homophobe d'ici) –, était comme tourmentée par sa phobie narcissique de n'avoir jamais été belle, et encore moins dans la cinquantaine. Germaine Greer écrit dans *Le Passage*, en faisant allusion au comportement irrationnel de Simone: «S'il fallait trouver un mot décrivant son état, ce serait celui "d'anaphobie", c'est-à-dire peur irrationnelle de la vieille femme. Les femmes souffrant de ce genre d'insécurité ont sans arrêt besoin des hommes pour se sentir valorisées.» Tiens, quel hasard, j'en connais quelques-unes comme ça. Comme de fait, j'entends:

Psitt ! ma grande, lâche ton bouquin et regarde le monsieur d'en face, il zieute par ici. Enlève tes lunettes, accroche un sourire à ton visage... Bon sang ! qu'on s'amuse un peu ! Lâche-nous avec ta Simone et ta Germaine et pose ton doux regard sur notre vis-à-vis.

Je lève la tête, excédée, replace mes lunettes et, feignant de me délier les muscles du cou, jette un coup d'œil *scanner* de 360 degrés. Effectivement, lorsque le monsieur d'en face est dans mon champ de mire, je crois percevoir qu'il me fixe. Sans sourciller, je replonge dans mes bouquins, l'air absorbé :

La Lili, sur le qui-vive, est convaincue que nous avons une touche.

Impassible et incorruptible, je me répète que les femmes qui souffrent de la peur de vieillir ont toujours envie d'être entourées d'hommes pour se sentir valorisées. L'irréductible Lili devrait savoir que mon équilibre n'est pas basé sur une érotisation permanente des rapports.

Lili, suivant le fil de ma pensée, commente : *Être entourée d'hommes, ça je veux bien, mais c'est pas d'hier la veille. Ce n'est pas la peur de vieillir qui me motive, c'est l'envie de m'amuser, encore et toujours. Diane, je te dis, le type d'en face te regarde fasciné, tel un serpent devant une souris.*

J'étire la main sur la table, prends un autre livre, ignore la perfide tentatrice et le monsieur. Je suis venue ici pour travailler et, telle une nonne bouddhiste, j'essaie de me concentrer sur ma tâche.

Lili revient à la charge : *Je veux bien croire que la ménopause s'accompagne parfois d'une régression des caractères sexuels et même, parfois, de troubles psychiques, mais il me semble qu'on n'en est pas encore là. Ce n'est pas une raison pour paraître aussi froide et étrange. On te croirait* devenue aussi pète-sec que Mme Bissonnette dans ses mauvais jours. Tu devrais pourtant comprendre que le désir est ma manière de vivre. Pas de désir, plus de vie, *exit* Lili. Ne ressens-tu pas la moindre petite palpitation vulvaire à l'idée de pouvoir à nouveau emballer un homme d'au moins dix ans ton cadet? Tu n'aurais qu'à lui sourire, je te dis, je le sens disponible et disposé.

Allez! étire le pied et fais tourner ton orteil autour de sa braguette.

À moins que tu ne préfères le faire tourner autour du bel Africain aux longues mains? Au fait, te souviens-tu, toi, comment faire rougir un Africain? Moi, je n'ai jamais réussi à faire l'amour avec un Noir sans le fatiguer. Je ne sais pas pourquoi. Allez! bouge un peu qu'on s'amuse.

Elle me fatigue, la tentatrice. Imperturbable, je continue ma lecture, déterminée à m'informer le plus complètement possible sur les fluctuations ovariennes. S'il fallait que je prête toujours une oreille complaisante au cri du ventre de mon affamée intérieure, on ne s'en sortirait pas. En lisant, voici que je tombe sur ce passage: «En prenant de l'âge, normalement, on doit s'assagir. À la fin du XVIIIe siècle et au début du XIXe siècle, les médecins, exaspérés par le délabrement de la santé des femmes aristocratiques, ont offert aux femmes libertines un programme de prévention primaire qui aurait pu se résumer ainsi: mesdames, changez de style de vie. Renoncez aux plaisirs de l'amour et des jouissances stériles et mangez santé. » Je prends bien soin de recopier ce passage dans mon carnet de notes.

Puritanisme sexiste!

Pendant que j'écris, mon vis-à-vis s'est levé. Part-il enfin? Il laisse sa pile de livres devant lui, sa veste sur le siège et me demande poliment de jeter un œil sur ses affaires.

Lili trépigne : Il va revenir, youppiii ! Tu me juges frivole, mais sais-tu pourquoi il y a des gens qui compensent par le sexe en vieillissant ? Pourquoi certaines femmes sont attirées par des amants plus jeunes alors que d'autres se donnent du plaisir dans des aventures extraconjugales ? Parce *queue* la sexualité, ma chérie, c'est la vie ! Voilà ! En faisant l'amour, on se sent plus jeune. Se mamourer, c'est encore ce qu'on a inventé de mieux pour se sentir vivant, plein de pep, enfin ! moi je trouve. Je peux t'affirmer que le désir sexuel qui naît entre deux nouvelles peaux est bien plus efficace pour la circulation sanguine qu'une potion de tonique vitaminé, une boîte de ginseng ou des capsules de glucosamine. Et même manger une botte de carottes ne calmera pas cet appétit de joie.

Je l'entends bien, mais balaie ses arguments du revers de la main. Depuis le temps que nous cohabitons, s'il fallait que je cède à tous ses caprices et tentations... Avec elle, c'est tous les fantasmes qui sont envisageables. Cependant, le fantasme de l'étranger et celui de faire l'amour dans un lieu public sont ses plus récurrents.

Ces fantasmes sont des scénarios précis qu'elle aimerait bien mettre en scène. Comme de raison, je m'y oppose farouchement. Voir si je suis assez folle pour faire grimper mes orteils sur le pantalon d'un étranger ou faire tomber un livre sous la table pour aller le bricoler gentiment... dans un lieu public... pas question ! Mais où va-t-elle donc chercher toutes ces idées, cette dévoreuse ?

Je poursuis mes recherches et apprends encore, dans un nouveau livre, que : « Les femmes heureusement mariées qui ont une vie sexuelle épanouie avec leur mari ont une santé vaginale de beaucoup supérieure aux femmes du même âge qui n'ont pas eu ce privilège. » Cela serait dû notamment aux prostaglandines du sperme qui ont un effet stimulant et calmant, et sont responsables, entre autres, des contractions puis de la relaxation de l'utérus (*Sexuals issues of menopause*, Annals of New York Academy of Sciences). J'ai aussi appris que plusieurs études occidentales ont démontré que le maintien des relations sexuelles régulières, une à deux fois par mois, étaient probablement le meilleur préventif de la sécheresse et de l'atrophie vaginale.

Une à deux fois par mois ? Qu'est-ce qu'il ne faut pas lire comme connerie !

Imagine sa main d'homme qui remonte sur ta cuisse jusqu'au petit slip qu'il écarte subtilement pour y laisser glisser des doigts experts... Ça, c'est très préventif de l'assèchement ! Ne sens-tu pas une douce moiteur ?

Concentration, con-cen-tra-tion ! Je replonge dans un nouveau bouquin et lis que les femmes mariées seraient ménopausées plus tardivement que les célibataires. De même, celles qui travaillent chez elles, comparées à celles qui travaillent à l'extérieur. Enfin, les non-fumeuses connaîtraient des ménopauses plus tardives que les fumeuses. Donc, *according to the book*, je devrais avoir une ménopause tardive. Par contre, de par ma maternité tardive, du fait d'avoir mis au monde un gros bébé pesant plus de neuf livres... d'avoir déjà avorté et pris des hormones dans un but contraceptif pendant des années – sans oublier un mode de vie actif avec alcool, cigarettes (sociales), amants (si peu nombreux) et rock and roll –, oups ! je remplis quand même toutes les conditions pour me retrouver avec un cancer du sein. Je panique en me disant que si je ne veux pas aggraver mon cas, je ferais mieux d'éviter les hormones de substitution, puisque les autorités sanitaires révèlent qu'un millier de cancers du sein seraient imputables aux traitements hormonaux substitutifs.

À quel sein se vouer ?

Enfin, la lecture d'un article, coécrit par des médecins australiens, ne fait rien pour me rassurer. J'y découvre que les femmes peuvent expérimenter un large éventail de symptômes pendant leur ménopause tels : bouffées de chaleur, irrégularité du cycle menstruel, dépression, inconfort vaginal, sécheresse, irritation, palpitations, seins sensibles, perte de libido et de désirs sexuels, insomnie, instabilité émotive, perte d'urine, gain de poids, fragilité des os, baisse d'énergie, fatigue, gencives saignantes, odeur corporelle, cheveux et ongles cassants, perte de mémoire, sentiment d'anxiété et d'appréhension, perte de cheveux, maux de tête, pilosité accrue, peau sèche, etc. Je relève la tête, découragée, en proie à un léger malaise et remarque que mon vis-à-vis a changé de lecture et s'apprête à lire *L'amant de lady Chatterley*.

Ça chauffe ! Je sens ma chatte se réveiller et mon clito s'humidifier... pas toi ?

Juste au moment où je m'apprête à reprendre le fil de ma lecture, nos regards se croisent et je sens qu'il me dévisage. Ouf ! Soudainement, mes glandes sudoripares se mettent à surfonctionner. Je sens une vague de chaleur m'envahir le visage et la poitrine, une sensation de brûlure. Certes, j'ai des palpitations... mais elles ne sont pas vulvaires. Les hormones qui me chamboulent sont très différentes de celles qui déclenchent l'excitation sexuelle.

À cet instant, je réalise que j'expérimente ma première bouffée de chaleur en public. Tout d'un coup, je me sens devenir écarlate. J'ai chaud, j'étouffe ! Vite je retire mon pull pour me retrouver en petit *body* noir. Sous le regard concupiscent du lecteur de l'amant de lady machin et devant le jeune black qui ne rougit pas, lui. J'éprouve mes premières bouffées de chaleur et je me sens embarrassée comme une jeune vierge offensée. Comment gérer le comportement erratique de mon thermostat interne ? Confuse, je laisse en vitesse mes livres et mes effets personnels sur ma chaise, demande au monsieur d'y jeter un coup d'œil et me précipite aux toilettes pour me rafraîchir. À mon retour, le monsieur aux tempes grisonnantes me regarde d'une façon particulière.

Je pars vaquer dans les rayons, histoire de me remettre de mes émotions. Il se lève, vient dans ma direction, puis se penche sur moi et me dit: «Excusez-moi, mais il y a quelque chose dans votre visage qui me déconcentre depuis tout à l'heure.» Étonnée, je rougis. «Vous permettez?» Et tout de go, il prend mon menton d'une main, m'examine et, de l'autre main, d'un geste sec et brusque, m'enlève un poil au menton.

Je me suis évanouie.

Morale de cette histoire: «Femmes aux changements hormonaux, méfiez-vous de ces poils qui apparaissent sans crier gare et vous transforment en vilaine sorcière.»

$$* * *$$

Après avoir repris mes sens, j'ai enfourché mon balai et suis rentrée chez moi. Mon mari, qui m'attendait, me demande: «Ça va, ma chérie, il me semble que tu as une drôle de tête!» «Ça va, pile-poil», soupirai-je.

«As-tu appris des choses intéressantes sur la ménopause, aujourd'hui, ma chérie?»

«Heu! oui, entre autres j'ai appris qu'un niveau relativement élevé d'hormones mâles favorise la croissance de poils sur le visage... et parfois ailleurs.

Ah! oui, à propos, mon chéri, savais-tu que l'Organisation mondiale de la santé reconnaît formellement l'existence de l'andropause? Le climatère masculin survient chez les hommes de 38 à 60 ans.»

De mémoire, je lui explique que le véritable climatère est la cessation physiologique de la fonction testiculaire et qu'il s'accompagne de symptômes vasomoteurs, neurologiques et psychosomatiques. L'andropausé, tout comme la ménopausée, peut subir des changements d'humeur. Il peut devenir irritable, épuisé, hésitant et moins actif sexuellement.

« Mais voyons, ma chérie, ma fonction gonadique va très bien et tu n'as qu'à m'"actionner" sexuellement pour que je te le prouve sur-le-champ. »

Maintenant, je comprends Simone de Beauvoir quand elle dit que la cinquantaine, c'est l'âge dangereux. Sans même avoir trop pris le temps d'élaborer, je me suis retrouvée toute de cuir dévêtue dans le salon. Pas trop andropausé et pas du tout ankylosé, mon Roger.

* * *

 Cher journal,

Aujourd'hui, à la suite de l'incident d'hier, j'ai pris rendez-vous au spa de Roxanne pour une épilation, une manucure, une pédicure et un facial complet.

Y a pas de mal à se faire du bien.

Nassima, la jeune et efficace esthéticienne, est une perfectionniste, une maniaque de l'électrolyse et de la chasse aux poils. Après l'aventure d'hier que je lui ai racontée, elle m'examine à la loupe. Un peu obsédée du poil, elle ne peut faire un nettoyage de peau que si les sourcils ne sont pas au poil, parfaits. Elle m'apprend – tout en m'arrachant sadiquement les poils – que ces jours-ci, il existe deux tendances dans le sourcil. Il y a des femmes qui préfèrent les sourcils spermatozoïdes (épais devant et très fins à l'extrémité) quand d'autres préfèrent le têtard (épais tout du long).

Lili, bien entendu, trouve le spermato plus sexy, et je sourcille, pensant que le têtard me conviendrait mieux... Mais comme je ne peux pas toujours contrarier miss Lili, j'opte finalement pour le spermato. Avec ça, notre surdouée du Kama-sutra, pourra se sentir un peu plus sexy lors de son prochain *meeting* de sexooliques anonymes. Même si elle s'y pointe en blonde cendrée.

Œil pour œil, poil pour poil.

Cela dit, avec son refus de vieillir, cette belle garce a réussi à me faire dépenser un max de fric en crème. Tant que je fais mes devoirs «beauté jeunesse», elle me laisse relativement en paix. Elle a beau avoir le moral, elle y tient à notre enveloppe extérieure. Elle me coûte la peau des fesses, mais au moins j'achète la paix. Heureusement que Roxanne peut m'avoir des prix réduits sur l'arsenal anti-vieille : crème de jour vitaminée antirides, crème de nuit régénérescente, sérum lissant, masques restructurants, et que je peux bénéficier de soins intensifs S.O.S peaux, sinon je serais ruinée. Ça coûte cher en «sale» de renoncer à vieillir.

J'avoue que, pendant longtemps, j'ai été l'esclave consentante de notre image de marque. Même si j'ai réussi à m'imposer sur certains plans, il n'en demeure pas moins que je cède encore aux caprices-beauté de miss Narcissique. Je sais bien qu'à 50 ans, il est important de bien prendre soin de soi. Le visage demande en particulier beaucoup d'attention. Je ne peux pas me vanter d'avoir réussi à éviter tous les irréparables outrages du temps, mais je me bats en me maintenant en forme et en menant une vie saine. Bien que déjà sur mes mains des taches apparaissent et que des rides se dessinent sur mon visage ovale, je compose du mieux possible avec mes 50 années de bagages. Comme l'a écrit Choderlos de Laclos : «La figure attire, mais c'est le corps qui retient. L'une est le filet, l'autre est la cage.»

Alors, je crème le filet et je brasse régulièrement ma cage.

Si tu le voulais, on pourrait même la brasser davantage, la cage !

Pour crémer le filet, le masque dermo fluide facial désincrustant hydro apaisant tenseur régénérateur fait pas mal la job.

Je ne suis pas dans le déni de l'âge, comme Lili, mais... disons que je fais de la résistance active. Je suis prête à utiliser les techniques et outils mis à notre disposition pour contrer les effets du temps. Mais pas à tout prix. Et ne me parlez pas de chirurgie. Même si Lili et Roxanne tentent de me convertir aux injections de Botox, d'Artecol ou de Restylane et d'investir dans un *lifting*, pour l'instant je résiste encore, et préfère plutôt les méthodes douces : vitamines, pilules de collagène et autres crèmes antirides et anti-vieillissement ou disons plutôt… rajeunissantes. Quant au corps, je le garde souple grâce à quelques postures de yoga. Ainsi, j'excelle dans l'arbre, la chandelle, la position du chien – un étirement du corps entier qui tonifie le corps, miraculeux en cas d'épuisement. Mais ma préférée demeure le shavasana, ou posture du cadavre. J'y éprouve un calme presque éternel. Lili se donne à fond dans la « sauterelle » et se distingue particulièrement dans le « chameau » qui intensifie l'étirement arrière de la colonne. Ma bagarreuse intérieure m'entraîne aussi de gré ou de force au *kick boxing*. Ce qui fait qu'à 50 ans, malgré quelques stigmates corporels impossibles à camoufler, je suis en forme et, comme le dit mon chéri, j'ai l'air d'une belle femme de mon âge… Mon ami Pierre Foglia, que j'ai croisé l'autre jour lors d'un anniversaire, a dit à mon mari que, vraiment, je ne faisais pas mon âge… Il me donnait cinq bonnes années de moins. Venant de lui, ça m'a vraiment fait chaud au cœur. Je ne sais si c'est parce que chaque matin, depuis un mois, j'utilise le fond de teint qui rajeunit visiblement (*dixit* Susan Sarandon qui en fait la promo), mais c'est vrai que bien maquillée, j'ai l'air un peu plus jeune.

Si tu te faisais « lifter », tu aurais l'air au moins dix ans plus jeune.

Arrière tentatrice !

Enfin, je me rassure en pensant à des femmes comme Christiane Charette, Mireille Deyglun, Sylvie Boucher, Miou-Miou, Isabelle Huppert… des belles femmes désirables sans nécessairement avoir une image hyper sexuée. J'aime ces femmes qui plaisent par leur naturel, assument leur âge et semblent être bien dans leur peau… « bien hydratée », cela va de soi.

On a beau traiter les *baby-boomers* d'adolescents attardés qui refusent de vieillir, je trouve qu'il y a quelque chose d'amusant et même de rassurant à ne pas baisser les bras. Je préfère les vieux jeunes vieux, que les vieux vieux! Ou pire, les jeunes vieux dans leur tête. Je n'ai rien non plus contre les vieilles qui se la jouent jeunes... quoique... En fait, c'est la vie et l'énergie qui émanent de chacun qui font sa beauté. Plus je prends de l'âge et plus je suis convaincue que, pour plaire, on a besoin de vitalité, d'esprit, de sagesse et... d'humour.

Quand une femme est trop jolie, on ne fait pas attention à ce qui se passe à l'intérieur, son enveloppe suffit pour faire rêver. Quand elle est intelligente, elle ne fait pas rêver, elle fait réfléchir... Et quand elle est drôle... intelligente... et... pas trop moche, elle peut séduire qui lui plaît.

Oui, même à 50 ans, ma biche, les femmes sont encore sexy et excitantes. Normalement, les femmes qui aiment le sexe aiment la vie, et cette attitude est séduisante pour l'environnement immédiat. Je crois que lorsqu'on a des passions, de la joie de vivre, l'œil aiguisé et le sourire gourmand, on attire. La vie, finalement, c'est comme le vit: il ne faut pas se contenter de le saisir à deux mains, il faut en jouir de partout.

Être désirable est un état d'esprit.

Et le désir est vie, et le désir est énergie, ma chérie, ne l'oublie pas.

Dans mon auto, au retour, à la radio, Jamil s'époumone:

Y a les manucures, les pédicures
Les teintures, les coiffures
Le yoga et la gymnastique
Jane Fonda et l'aérobic
Le ballet jazz, la danse moderne
Enfin tout c'qu'y faut

Pour un cul bien ferme
Mais y a les choux à la crème
Les choux à la crème
Pitié pour les femmes !

 Cher journal,

Aye ! la gueule de bois. Ouch ! Je n'aurais pas dû tant festoyer. Je n'ai plus l'âge pour de pareilles folies. Je paye les lendemains de... Mais, quelle soirée animée ! Je ne dois pas être la seule de ma joyeuse bande de commères sur le carreau, ce matin. Roxanne me paraissait bien pompinette. Elle, quand elle se monte, il n'y a plus moyen de la décrinquer. Lorsqu'elle commence à soulever son chandail et montre ses abdos à tout le monde, c'est parti, elle est sur la go ! Aline, elle, avant de partir avait le hoquet. Elle nous suppliait d'arrêter de la faire rire parce que, souffrant d'incontinence urinaire, lorsqu'elle rit... elle fuit. Alors, bien entendu, nous, les copines comiques sadiques, on en remettait, juste pour la voir se précipiter aux toilettes. On est chienne de vache ou on ne l'est pas !

Surtout que la belle grande vache de Roxanne avait commencé à raconter à notre groupe – « les chiennes de vaches » –, alors qu'on avait bu pas mal de Brouilly et... qu'elle avait les idées un peu brouillées, sa nouvelle grande passion pour les pinots noirs. Les vins ? Croyez-vous ! Non ! les « pines aux noirs », en trois mots, lance-t-elle devant un serveur métissé fort amusé de nos propos.

Mais tout d'abord, juste un mot pour expliquer qui sont ces « chiennes de vaches ».

« Les chiennes de vaches » sont mes vieilles copines de toujours. Le soir de mes 50 ans, mes meilleures grandes chums, bien inspirées par mon anniversaire, se sont associées pour me faire un «bien cuit». Pour l'occasion, ces belles grandes chiennes (?) ou vaches (?) m'avaient composé un pot-pourri, *vraiment* pourri... Des chansons moqueuses et diffamatoires qu'elles osèrent chanter devant la cinquantaine d'amis réunis.

Quand j'ai entendu le fruit tordu de leur labeur, tout de suite le nom du groupe a surgi dans mon esprit: «les chiennes de vaches».

Cette appellation non contrôlée se veut affectueuse. Car si en chaque homme sommeille un cochon, en chaque femme il y a une vache qui broute et s'émerveille et, non loin derrière, une chienne qui veut contrôler.

Heureusement que mon grand ami Marc a relevé le niveau des délires de mes copines par un texte touchant, relatant les faits saillants de ma vie mouvementée! Et que, par la suite, «les moutons tremblants», mes ex-amants et amis masculins, accompagnés de mon charmant mari à la batterie et de mon fils à la guitare électrique, sont venus chanter (bêler!) mes louanges.

Parce que «les chiennes de vaches», elles, voulaient juste rire de bon cœur, et surtout s'amuser à mes dépens. Je venais de franchir la cinquantaine et, pour elles, au-delà de cette limite mon ticket séduction n'était plus valable. Elles me chantaient: «Oui, c'est toi la Sugar Mamy...», assumant que, d'ores et déjà, je devais me préparer à payer mes consommations. Soulignant «qu'avant j'étais transportante et que *maintenant*... je devenais transparente»... Elles me chantaient en chœur: «Que reste-t-il de ta jeunesse, que reste-t-il de tes atours?». Bref les joies du vieillissement physique célébrées avec l'autodérision de vieilles copines (en décrépitude, elles aussi.) Hi! Hi! Hi!

Depuis mon anniversaire, selon l'humeur du jour, du soir... et du degré d'ébriété, nous avons peaufiné le concept du groupe «chiennes de vaches» en les subdivisant en groupuscules. Une fille peut ainsi se retrouver dans une ou plusieurs catégories à la fois. J'explique.

La chienne est une brave bête. Elle peut même être fidèle et, pourquoi pas, la meilleure amie de l'homme. Mais la vraie chienne est une chienne qui attire les mâles… Plutôt *bitch*, elle refuse de se soumettre. L'injure devient compliment quand nous l'accompagnons d'un adjectif, genre belle grande chienne.

La chienne enragée est frustrée et manque de sexe. Souvent, on l'entendra japper après ceux qui en ont trop à son goût. La chienne enragée, en colère, ronge son os. On a beau lui dire qu'il serait bon pour elle de se faire « dégorger la glandaille » (copuler), elle rechigne à l'idée. Elle ne trouve pas de gros chien à sa mesure.

La caniche est divertissante. Elle se pomponne trop et a souvent tendance à frétiller du pompon, avec le constant désir de plaire. On l'imagine assise sur ses pattes arrière, faisant la belle et tirant la langue dès qu'un joli mâle pointe le museau.

La chienne sauvage – qui peut être aussi chienne en chaleur – aime errer sans foi ni loi. Solitaire, elle a du nez pour flairer le bon gibier, qu'elle consommera sans permission sur place si l'envie lui en prend. C'est une bête instinctive.

La chienne de garde est protectrice. Elle n'aime pas qu'on se moque des femmes, ou que l'on parle en mal d'elles. Avec raison !

Les vaches…

La petite vache est fainéante. Son niveau intellectuel est au ras des pâquerettes. Elle aime ruminer ses pensées et rêve de gros bœufs, ou de jolis taureaux, pour faire la corrida.

La belle grande vache possède de beaux grands yeux. Elle aime brouter l'herbe de son voisin ou jouer dans les plates-bandes de sa voisine. On peut se méfier d'elle, trop belle et trop vache pour être digne de confiance.

La vache folle, en plus d'être vraiment tarée, rendra fou son entourage, parlant souvent à travers son chapeau pour dire des âneries.

La vraie vache ressemble à une sale vache avec sa gueule de ruminante. C'est la vache des vaches, prête à dire les pires comme les meilleures vacheries. On l'apprécie pour son humour à manger du foin et sa lascivité.

La grosse vache est grosse, gourmande, bonne vivante, mais difficile à faire bouger ou changer d'idée. Elle aime s'évacher. Mais on l'aime bien, à cause de son art de vacher et de cuisiner parfois.

La grosse vache sale, c'est celle que les chiennes aiment « bitcher » parce qu'elle fait des vacheries qui puent au nez des autres. Ne font pas partie de notre troupeau distingué les truies de montagnes ou les salopes cochonnes, que l'on prend justement plaisir à « bitcher » de temps à autre.

La chienne de vache contient tous ces éléments et jouit d'une personnalité complexe, tantôt chienne dominante aux abois, tantôt vache relaxant au pré. Elle a un front de bœuf hérité de son géniteur, doublé d'un caractère de chienne. Drôle de bête, totalement imprévisible, dont nous apprécions les contradictions.

Si certaines chiennes peuvent avoir des allures de vaches, la vache, elle, n'aura jamais l'air d'une chienne. Elle ne s'habille surtout pas comme la chienne à Jacques.

Alors, il ne faudra pas se vexer ou s'étonner si parfois j'utilise ces qualificatifs en parlant de mes copines. Elles sont dans le coup, « les chiennes de vaches ». Elles m'ont même aidée à définir ces catégories, s'identifiant elles-mêmes à certaines. Après tout, ces « chiennes de vaches » ont vu passer les trains. Elles ont vu neiger avant aujourd'hui. Et elles sont, malgré leur âge respectable, encore capables des meilleures comme des pires vacheries.

Ainsi, les «pines aux blancs», soutenait notre belle grande vache de Roxanne en faisant son show de vache chaude (vache en état d'ébriété), ne valent pas les «pines aux noirs». Ces dernières, affirmait-elle, ont du tonus et un bouquet garni qui pèse plus lourd en main que les «pines aux blancs»! Et puis, ajoutait-elle, en arrondissant la bouche, «je ne parlerai pas de la longueur en bouche».

Ouf! tant mieux.

En œnologue amatrice, elle continuait son exposé en offrant une bouche gourmande et décochant une œillade tellement aguicheuse au serveur que cela frisait la salacité.

On aurait dit qu'il gonflait sur place.

Ah, la vache! Quand elle lance son regard de chambre à coucher, elle peut allonger n'importe quel garçon de table. Ce ne serait pas la première fois qu'elle étirerait le service d'un des employés du resto. Le métis, complètement médusé par la belle grand-mère «presque cinquantenaire», réussit néanmoins à nous servir une nouvelle bouteille de pinot noir. Et voilà alors notre belle vache alanguie qui ajoute à qui veut l'entendre: «Je vous le dis, mes amies – en tenant la bouteille dans les airs et en séparant bien les mots –, les pines aux noirs, c'est ce qu'on trouve de mieux sur le marché. Parce que les pines aux blancs ont comme un petit bout de gland qui ne vaut pas tout à fait les pines aux noirs et leur bon bouquet banane-chocolat.»

Une autre copine vache prend le relais: «Il fut un temps où j'avais mon lot d'hommes. Un seul battement de cils pouvait les allonger... Maintenant, avec ma presbytie, sous mes verres progressifs, mes succès sont plus lents», ajoute Monique, en reluquant les fesses du beau serveur qui s'éloigne de notre table.

On rit en chœur. Et l'on se remémore nos pires ou nos meilleurs coups, que je n'oserais retranscrire ici tant ils sont décadents pour des femmes matures.

Tu devrais, ma Diane. Au moins, le lecteur aurait de quoi s'amuser aussi. Vous étiez plus libertines dans les années quatre-vingt.

Enfin, telles des adolescentes excitées, on n'arrêtait pas de rire de nos bons coups de jeunesse. On a aussi rigolé de la perte de mémoire de nos amies. On sait par exemple que, si Coucoune se met à raconter une histoire, il y a de grandes chances qu'elle en aura oublié le punch, ce qui rend l'affaire souvent encore plus drôle. Aline, la vache kiri, en pissait de rire. Alors que Loulou devenait écarlate et suait comme une génisse, tentant de combattre l'excès de chaleur engendré par ses bouffées.

Progressivement, le vino nous affectait le ciboulot. Et comme des ados, nous devenions de plus en plus expansives. L'insoutenable félicité de notre joyeuse bande de copines et la musique de nos rires semblaient attirer la curiosité de quelques dîneurs.

À un moment, Roxanne a commencé à nous parler de ses seins et de ses espérances haut plantées. Elle voudrait doubler le volume de ses prothèses, passer à 725 ml... et devenir ainsi une deux D. Double doudoune!

Quelle drôle d'idée de se faire gonfler les seins par chirurgie. Moi, je préfère la méthode douce: beaucoup de caresses et de succions.

Double D, c'est énorme, vu que Roxanne, elle est plutôt montée sur un cadre de chat.

Aline, revenue parmi nous et étonnée d'entendre les propos de Roxanne, s'écrie: «Des seins rapportés? Ouache! Quelle idée!» Étant elle-même fatiguée de sa propre opulence et d'une grosse poitrine, elle considérerait plutôt une réduction mammaire. Là, c'est moi qui suis sciée. Quelle folie!

Quelle idée tétonnante, oui!

Se faire dégonfler les seins? Ça va pas? Elles te vont si bien tes grosses boules, ma pitoune. Comme Aline est plutôt rondelette, disons que sa poitrine avenante lui donne de belles proportions.

Ne te fais pas charcuter les seins, voyons! Il paraît que la réduction mammaire est encore plus douloureuse que l'augmentation. Il y a des milliers de femmes, dont moi, qui sont prêtes à payer cher pour avoir de beaux gros lolos comme les tiens, et toi, tu veux les réduire, s'exclame Roxanne, estomaquée.

Ben oui, réplique Aline, je suis fatiguée, c'est lourd à trimballer, j'ai mal au dos. Je trouve difficilement des soutiens-gorge convenables, mes grosses bretelles ressemblent à des lasagnes... J'aimerais ça, moi, porter de la fine lingerie avec des bretelles spaghetti. Et puis, mon homme, mes boules ne l'intéressent pas... Non, Roméo est... disons genre vaginal? Oui, c'est sûr qu'il n'est pas clitoridien, parce que ça non plus ça ne l'intéresse pas trop.

Y doit pas être jojo sous la couette, son Roméo, faudrait lui faire l'amour rodéo.

On n'est jamais contente, regarde-moi, dit Loulou, mes seins tombent et faudrait que je me les fasse remonter. Que veux-tu, à nos âges, il y a toujours un truc à réparer. Mais le pire, c'est qu'on peut même pas faire du neuf avec de la vieille. À 50 ans, on est plus sensible à ce virus extrêmement contagieux: le doute. On a l'air de dames sûres de nous... mais on frime. Dans le fond, on doute de nous comme à la puberté, quand on avait un bouton sur le menton.

On est là, les baguettes en l'air, gesticulant à échanger sur nos seins, nos fesses. On se trouve pas assez grosses, trop grosses. On étire nos joues, nos yeux.

Et si je me faisais gonfler les babines?

Lucie a roulé un petit bout de serviette en papier et se l'est mis dans la bouche pour nous montrer l'effet gonflé qu'elle souhaiterait. Elle ressemble à une carpe hollywoodienne!

Aline, s'amusant à se remonter les joues, a plutôt l'air d'un gros bébé chinois. C'est fou, on voudrait toutes se faire refaire un truc, se faire remonter quelque chose qui pend. Mais la meilleure cure du moment, c'est le petit remontant liquide. Alors, on se recommande à boire et on continue à se remonter le moral en buvant et en déconnant. Parce que, bien entendu, il y en a qui ont entonné la chanson de «C'est plus comme avant». À 50 ans, on ne se fait plus klaxonner par les camionneurs que l'on dépasse sur l'autoroute. On ne se fait plus siffler par les gars de la construction.

«Wow! Wow! les matantes chiennes, dit Roxanne, moi y sifflent encore quand je passe en jupe.»

«Ouais, toi, on sait bien, tu passes ton temps dans un gym», font remarquer quelques chiennes envieuses.

M'enfin, disons qu'à 50 ans, mettons, les hommes nous fichent la paix. Pas nécessairement parce qu'on est moches... Parce qu'on devient invisibles.

Invisibles peut-être, mais pas inaudibles. Autour de nous, on nous écoute. Surtout quand Lucie explique qu'étant devenue plus exigeante, elle n'a pas de temps à perdre avec des mecs qui ne sont pas sensuels et sexy. À présent, je préfère mon Chic Choc, c'est un vibrateur intense d'origine chinoise, il ne demande que du désir et du fantasme...

Allez-y, mes cocottes, ça fait chic de parler vibrateur à table. Les auditeurs sont sous le choc!

Les gens aux autres tables nous regardent gesticuler, nous entendent délirer, piaffer...

J'ai enchaîné en racontant que, l'autre jour, quand j'ai demandé à Roger qu'est-ce qu'il dirait si je me faisais refaire les seins, il m'a répondu : «Oh ! tu sais, moi, chérie, je suis un homme à fesses. C'est les fesses qui m'intéressent, puis, les tiennes sont bien assez grosses. Tu n'as pas besoin de gros seins, pour autant que ça tient dans la main !»

Roxanne poursuit : «Ils disent ça, les bonshommes, mais je t'assure qu'ils ont le regard gourmand devant une grosse poitrine. Ils se croient au rayon confiserie.»

Confiserie ou crémerie ?

«Ouais, ben moi, je préfère être remarquée pour autre chose que mes boules», renchérit Aline.

«Toi, il y a tes fesses qui sont assez remarquables», lui lance Coucoune.

«Oh qu'elle est spirituelle, la petite chienne de vache !» réplique Aline.

«Je le sais que je suis ronde, faudrait que je fasse un jeûne.»

Un jeûne ? C'est néfaste pour la santé.

Truc Lili : Considère donc le jeune. Un beau jeunot nouveau. Enferme-toi trois jours avec un jeune et je suis certaine que, comme cure de rajeunissement, il n'y a pas plus efficace et agréable. Et qui dit agréable dit... bon pour le moral.

Heureusement, Coucoune a rassuré Aline, en lui disant qu'il y a un aspect positif à avoir quelques kilos en trop : si ses ovaires ont cessé de produire de l'œstrogène, ses cellules adipeuses vont continuer à le faire. Ainsi, les quelques petits kilos en trop vont aider à maintenir le niveau d'œstrogène et contrebalancer les effets de la ménopause. Comme ça, elle se sentira mieux.

Mais si tu veux maigrir, applique ce proverbe chinois : si tu manges moins et que tu fais de l'exercice, alors tu maigriras !

Roxanne ajoute : « Moi j'ai un truc homéopathique pour maigrir... Des hommes sympathiques à grosses doses, boire beaucoup d'eau entre-temps... et la cure sera bénéfique. »

« Pour en revenir aux seins, moi, les filles, je trouve qu'une tête bien faite, c'est aussi enivrant que d'avoir des tétons qui plaisent », de lancer Lucie.

Nous trinquons à la santé des têtes heureuses et des tétons joyeux, et nous rions en chœur. Le rire devient notre exutoire, notre libération. Nous rions de rires volages, de rires libérateurs, de rires légers comme des bulles de champagne, de rires bébêtes, et plus nous pouffons de rire, plus nous redevenons jeunes filles, nos yeux brillent, nos joues rougissent. Oui, nous sommes heureuses et débordons de joie. Pendant ce temps, Aline est aux prises avec d'autres débordements. Il faudrait qu'elle se fasse remonter la vessie. Hi ! Hi ! Hi ! Et voilà encore nos effusions qui dérangent la populace.

Une animatrice radio connue et son mari, qui mangent non loin de nous, nous font les gros yeux. L'air excédé, le « con-joint » de madame met son index devant sa bouche et nous fait chut ! comme l'on ferait à des gamines dissipées. Heureusement que Roxanne, la vache ruminante, avait le dos tourné, parce qu'elle lui aurait fait avaler jusqu'au coude son petit doigt dictateur au ti-monsieur. Roxanne, ça s'appelle pile-z-y pas sur les pieds !

Non mais quand même, pour se défendre des affres du temps qui passe ou de la jeunesse qui s'envole, il n'y a rien comme l'humour, sinon on pleure.

Lucie ajoute : « Mais si on n'a plus le droit de rigoler ferme à nos âges, quand est-ce qu'on le fera ? »

Lili appuie : Sa blonde devrait lui serrer les oreilles entre les deux cuisses pour le tenir tranquille, son bonhomme.

Parce qu'après quelques verres, imbibés par osmose, il arrive que Lili sur ma tête étourdie prenne aussi le plancher des vaches avec ses petites reparties. J'ai beaucoup moins le contrôle. Et, comme Roxanne et Lili sont souvent au diapason quand elles picolent, elles déconnent comme de joyeuses larronnes en foire. Les spiritueux les rendent spirituelles. Alors que moi, Diane, observatrice, je me demande ce que je fous auprès de ces vaches folles hystériques sexuellement dérangées.

D'ailleurs, Loulou et Coucoune, mes amies plus sérieuses, même si elles ont bien rigolé, commencent à partager cet avis. Loulou, qui est un peu chienne frufru, et officie ce soir comme chienne de garde (nez rouge), trouve qu'elles exagèrent et nous rappelle à l'ordre. N'étions-nous pas venues ici pour parler ménopause? s'enquiert Loulou.

Moi, comme de raison quand Lili et Roxanne volent la vedette et se mettent à parler de sexe (et faire leur show de vaches), je me tiens tranquille, genre chienne de garde aussi. J'attends qu'elles passent à autre chose. Si elles s'imaginent qu'elles vont m'influencer.

Ça suffit, mes chaudes vaches, allez mesdames, un peu de retenue. On nous écoute et on dérange.

Roxanne, veux-tu des nouilles encore ou des couilles en or?

Bien entendu, elles se moquent.

Aline: «Oui, les filles, je vous en supplie, arrêtez de déconner. J'en peux plus d'aller aux toilettes, parlons sérieusement, vous êtes trop folles.»

On avait décidé de parler de notre ménopause, parlons-en donc!

J'attaque: «Aline, c'est vrai, toi, t'es *vraiment* dans ta ménopause? As-tu des bouffées de chaleur?»

Des sauteries d'humeur?

«Ça m'arrive encore mais pas trop souvent, de nous confier Aline. Mais le pire, comme vous avez pu le deviner, ce sont mes fuites d'urine. Si je ris trop ou si je tousse, je ne retiens rien. Je fais de l'incontinence urinaire d'effort.

«C'est pas reposant! Prends-tu quelque chose pour ça?»

«Oui, je prends des hormones de substitution pour soulager mes bouffées de chaleur et mes sautes d'humeur, et je me sens mieux. Mais l'incontinence vient d'apparaître, je ne sais pas si c'est lié ou pas.»

Lucie s'enquiert: «Tu crois que c'est vraiment nécessaire, les hormones? Tu n'as pas peur des effets secondaires?»

Aline réplique qu'il n'y a pas de quoi avoir peur; la comédienne Andrée Lachapelle a pris des hormones pendant 27 ans et elle se porte comme un charme.

«Quelle belle femme, ajoute Loulou, avez-vous vu sa façon de danser au *Match des Étoiles*? Une vraie star!»

«Font pas des tests de dépistage d'hormones au *Match des Étoiles*? Vingt-sept ans d'hormones, ça doit laisser des traces de dopage! Curieux qu'elle ait besoin de ça, la belle Andrée, parce que depuis que j'ai lu le compte-rendu d'une étude de la Société canadienne du cancer à propos de l'hormonothérapie substitutive, je me méfie. On dit qu'«en raison de l'accroissement du risque de cancer, les femmes devraient éviter de recourir à l'hormonothérapie de remplacement». On ajoute que le traitement ne doit pas être prescrit dans les cas de maladie cardiaque, de dépression et, tiens bien ta vessie, ma chérie, en cas d'incontinence urinaire. Va voir, c'est sur Internet.»

«Alors toi, ma belle Aline, si tu étais maligne, tu cesserais de prendre tes hormones et tu te mettrais aux exercices de Kegel au plus sacrant pour renforcer tes muscles pelviens. C'est étrange, après toute la mauvaise publicité sur l'hormonothérapie, qu'Andrée

Lachapelle en ait consommé aussi longtemps, parce que, je vous le dis, tous s'accordent à dire que l'utilisation prolongée des hormones substitutives doit être envisagée avec une extrême prudence. »

Lucie m'appuie. Elle non plus ne fait pas confiance aux hormones.

Nous prévoyons passer au travers grâce à une alimentation équilibrée et un bon rythme de vie.

Dans notre groupe, tout comme dans les médias, nous avons des visions ou des opinions contradictoires et en discutons. À la limite, je ne serais pas contre les hormones dites naturelles, sous forme de gel, crème ou timbre transdermique. J'ai pu lire là-dessus qu'elles sont ainsi mieux tolérées par l'organisme et plus efficaces. Elles seraient parfaites contre les bouffées de chaleur, la sécheresse vaginale et les maudites sueurs nocturnes. Il reste à savoir si c'est efficace pour contrer l'insomnie, parce que moi, ces derniers temps, c'est plutôt ça qui m'affecte.

On a continué à énumérer les déboires physiques de chacune d'entre nous. Loulou qui, par paresse et manque d'énergie, se refuse à faire du sport, réalise que ce qui a été n'est plus.

« Avant, dit-elle, j'étais souple comme une algue et, au yoga, je pouvais faire la charrue. Maintenant, ma charrue est rouillée dans le champ. Je ne suis plus capable de me pencher comme avant. »

« Faudrait examiner ta masse musculaire. Qui sait, tu es peut-être candidate pour l'ostéoporose », conclut Coucoune.

Lucie nous confie que ce qui la rend complètement fébrile, c'est de ne plus savoir quand ses règles vont apparaître ou disparaître. Après trois mois sans, elle croyait que c'était fini ! Et puis finalement, c'est reparti... et ses règles ont duré une semaine. Alors, comme on ne peut se considérer ménopausée qu'après un an sans menstruations, il lui faut recommencer à espérer.

«Tu as hâte que ça se termine, tes règles?» demande Coucoune.

«Mets-en, réplique Lucie, après ça on va pouvoir passer à autre chose.» Coucoune et moi partageons l'avis contraire; nous sommes contentes d'avoir toujours nos règles. On se sent encore comme des jeunes femmes.

«Quand elles vont cesser pour de bon, je vais me sentir un peu triste.»

«Moi aussi, ajoutai-je, je suis encore émue de les voir surgir. Même si elles me chamboulent le caractère.»

Loulou commente: «Ça fait trois ans que c'est fini, ces histoires de menstrues, et je me sens libérée. Je préfère mes petites bouffées de chaleur aux crampes abdominales. Bon débarras, plus de règles!»

Roxanne, légèrement calmée, nous explique que, pour contrer les effets de sa méno, elle a fait une cure d'élixir suédois. C'est une mixture d'herbes de toutes sortes qui a des vertus homéopathiques et des pouvoirs fortifiants. C'est excellent pour le foie, la circulation sanguine (si on réussit à l'ingérer, parce que ça goûte dégueu). Elle prétend que ça agit sur la libido et a le pouvoir de mettre de la mine dans le crayon de son homme. Si c'est lui qui l'absorbe, bien entendu!

Les vaches apprécient son sens de l'image.

J'aimerais plutôt prendre un masseur suédois comme élixir.

Parlant masseur, Monique confie avoir eu récemment une aventure sexuelle avec son massothérapeute, de dix ans son cadet. Nous sommes suspendues à ses lèvres. Allez, cache-nous rien, on veut des détails, des détails! Vite nous remplissons le verre de Monique. La belle vache, ne voulant pas trop s'étendre sur le sujet, nous a juste indiqué qu'au lieu de lui masser tout le corps, comme à l'habitude, son masseur s'était plutôt attardé sur ses zones de finition.

Voyez-vous ça!

«Ils sont gentils les jeunes amants... quand on sait bien les prendre. Il suffit de se montrer tendre, maternelle, protectrice, pas agressive, et ils se soucient vraiment de notre plaisir», affirme Monique qui, évidemment, sait de quoi elle cause.

«As-tu payé pour le service?» s'enquiert Loulou.

«Es-tu folle? bien sûr que non, réplique Monique, outragée. Il avait envie de me donner du plaisir, c'est tout.»

«Vas-tu le revoir? C'est quoi, son adresse?»

«Ça suffit, mes chiennes, vous n'en saurez pas plus.»

Ce qui est amusant lorsqu'on se revoit en bande, c'est que les copines de nos âges se réjouissent toujours par procuration quand l'une de nous fait une belle folie, comme coucher avec un garçon plus jeune, avoir un ou deux amants ou quand une célibataire se trouve un mari. On se réjouit! On rit même à gorge déployée, et tant pis si ça dérange.

Au moins à développer l'attitude de rire de soi, de rire de la vie, il n'y a plus grand-chose pour nous déranger de notre passage sur terre. Mais il ne faut pas croire qu'on n'a pas notre lot de petites misères. Loulou vient de perdre sa mère, qu'elle aimait tant. La fille de Lucie achève de la rendre folle d'angoisse avec ses problèmes d'anorexie. Roxanne se soucie de sa petite fille, malade à l'hôpital, et de son fils, qui a perdu son emploi. Aline, la pulpeuse, échoue dans tous ses régimes, ce qui la plonge dans le désarroi. En plus, elle soupçonne son mari d'aller voir ailleurs. Coucoune est épuisée de ses visites au foyer, et s'interroge sur la qualité des soins prodigués à sa vieille mère. Et moi, je m'inquiète de savoir si mon fils mange santé à l'école. Si ma mère, en voyage en Floride, ne s'envolera pas pendant les ouragans. Mais ce soir, c'est la fiesta. L'insouciance passagère. On picole et on rigole.

J'oubliais. On en a aussi profité pour potiner sur le mariage de Marie, absente. Elle a, bien entendu, coupé le sifflet à plusieurs d'entre nous quand elle nous a fait part de son intention de se marier avec le beau Cubain dont elle est tombée amoureuse l'hiver dernier.

Puis, j'ai confié aux copines mon envie d'écrire un livre sur la ménopause, avec la participation de Lili.

«Avec Lili! entonnèrent-elles, ça va être spécial. Lili Gulliver en ménopause?»

Wow! les matantes délirantes, Lili Gulliver n'est pas rendue là dans son cheminement. Voyons, mesdames, un peu de vision! Me voyez-vous, moi, Lili, une héroïne érotique, vous entretenir des malaises de bonnes femmes sur le retour d'âge? Moi, la sexploratrice, écrire sur la sécheresse vaginale? Voyons donc! Je peux vous proposer un petit truc en passant, pour vous aider à vous amidonner la moule sèche, ou pour contrer la «flétrissure», mais de là à vous chatouiller de la plume là-dessus, non merci! Sachez seulement que le maintien des rapports sexuels aide les femmes à rester excitables et à conserver une noune élastique et bien lubrifiée. Alors, mesdames, tout ce que je peux vous suggérer, c'est de vous éclater le plus possible... avant qu'il soit trop tard.

«Bon, je me ravise. Pour ce qui est de collaborer avec Lili, j'ai des doutes, mais la ménopause est un bon sujet, vous trouvez pas?»

«Oui, heu! admirent-elles, mais il est vrai que c'est pas ce qu'il y a de plus joyeux...»

«Ça dépend comment on aborde la chose.»

«Ouais, alors, surprends-nous... On porte un toast à la ménopause.»

Après ce souper copieusement arrosé, nous avons terminé notre soirée de femmes en goguette au H. Henri Club. Quand on veut vraiment déconner et se rassurer pour voir si on poigne encore, on va au H. Henri Club. On y va pour prendre un digestif, saluer le beau, élégant, sémillant et *forever young* Henri, le patron, et voir comment se portent les quinquas et sexygénaires qui ont encore l'énergie et le courage de sortir. On veut en profiter pour prolonger un peu nos retrouvailles et nous amuser. Parce qu'on ne sera jamais plus aussi jeunes que ce soir.

C'est cocasse, la vie, parce que vers 30, 35 ans, nous n'allions plus en boîte, nous étions blasées de tout, nous avions tout vu, tout connu et nous nous sommes casées. Mais maintenant, dans la cinquantaine, on est curieuses de tout. On veut encore sortir, voir du monde, des spectacles. On se sent mûres à l'extérieur, mais très jeunes à l'intérieur. On a beau être des femmes ménopausées ou en périménopause, ce soir, nous nous sentons alertes, joyeuses, sensuelles, entre chienne et louve, entre un pouvoir de séduction un peu déclinant et l'espoir qu'il reste encore quelques bonnes années à vivre... mais qu'il faut en profiter maintenant.

And tonight is the night !

Alors on va chez Henri pour danser. J'adore laisser mon corps s'exprimer encore dans la danse. Lili et moi, là-dessus, on est en symbiose. On aime faire dire à nos corps toute la subtilité de notre esprit par la danse.

Du moins, on s'y applique et on y prend plaisir. Certaines de mes amies ne dansent plus, elles ont abandonné il y a trop longtemps, dommage.

Elles en profitent pour écouter Éric, le pianiste, se lancer dans de langoureuses et sirupeuses chansons d'amour ou ne se commettent que pour les slows...

Parce que, admettons-le, on y va aussi pour rencontrer des hommes. Oui, des hommes, alcooliques, mythomanes, prétentieux, pingres, infidèles, des vieux beaux qui se la jouent et des quadras et des quinquagénaires comme nous qui ont envie de se distraire. Moi, ça me rassure toujours sur le bon modèle de mari casanier qui «dort paisiblement» à la maison.

Et les autres, comme Lili la garce, et Roxanne, Monique, Aline et Cie, ça les sécurise de savoir qu'on les invite encore à danser. Et puis, il y a toujours l'exception qui confirme la règle, il arrive qu'elles en trouvent un bon! Certaines se laissent émouvoir par les efforts de séduction inquiets du conquistador en danger, Don Juan vieillissant, qui non seulement leur accorde une attention physique mais leur offre une consommation, symbole des prémices de l'échange des fluides.

Alors là, ce prince du piano-bar, ce Casanova d'antan est vraiment considéré comme un héros par mes amies sur la go qui, ce soir, se conduisent comme de véritables ados et dansent des slows collé collé en se frottant sur des proéminences naissantes avec des airs de ne pas y toucher. C'en est touchant!

Toutefois, ce qui m'embarrasse quand on sort, c'est que parfois on repère la grande Lili. Comme elle a déjà fait quelques apparitions télé, et que, par sa taille, elle ne passe pas inaperçue, il arrive souvent qu'on la reconnaisse, hélas! On parle d'elle parce que c'est une auteure érotique et qu'elle fascine. Elle est devenue en quelque sorte un objet de curiosité. Plus discrète toutefois et moins célèbre que Michèle Richard qui, dans son coin, boit un verre de vin. Lili est devenue une sorte d'attraction pouvant parfois même susciter le désir des hommes. Il émane d'elle un certain magnétisme sensuel qui attire ces messieurs comme des aimants. Comme des amants?

Ce qui peut devenir fatiguant pour moi, Diane, parce que je vous jure, je n'y suis pour presque rien. C'est elle, la mangeuse d'hommes, la gourmande, l'insatiable, et sa réputation n'est plus à faire. Dès qu'on évoque son nom, les hommes réagissent. Les femmes aussi...

Les hommes, quand ils ont la chance de l'approcher, voudraient tellement qu'elle les glisse dans ses livres, qu'elle parle d'eux, de leurs exploits, que certains seraient fort disposés à faire l'acte avec elle. Juste dans l'espoir de passer à la postérité et de se retrouver aussi couchés dans un livre. Ceux-là m'épuisent et, parfois, heureusement ennuient aussi Lili. Comme si une auteure érotique était totalement dénuée d'imagination. Tu parles, Ducon, Lili est une chasseresse après tout. C'est elle qui choisit sa proie. Inutile de lui raconter ta vie pour l'impressionner, elle s'en fiche comme du fond de ton boxer. Peu lui importe si le prétentieux prétendant a un emploi prestigieux, de la sécurité financière, des REER et un fonds de pension. Ses critères sont purement esthétiques. La beauté, la forme du corps et un homme «bien amanché pour veiller tard», comme dirait Roxanne, peuvent la remuer.

Aussi, les grands et bons danseurs au corps souple et fort peuvent parfois la soulever. Mais comme ces candidats ne sont pas en grand nombre chez Henri...

J'avoue cependant que partager mon corps avec ce genre de personne alitée qui aime tant faire minette devant les méchants loups n'est pas de tout repos.

Mais quoi qu'il advienne, je suis là pour calmer les ardeurs de la chasseresse sexoolique et la ramener à la maison pas trop tard, pour ne pas inquiéter l'époux somnolent. Alors, quand il arrive qu'un monsieur trop collant s'épanche trop longuement au joli creux de son oreille ourlée, je brandis fièrement ma bague de mariage, laquelle, en principe, doit nous protéger et avoir un effet dissuasif moral sur le chanteur de pomme... Il existe toujours le modèle d'homme pas jaloux, de l'époux qui, marié lui-même, serait ravi d'avoir une aventure en douce avec la femme d'un autre. S'il a une jolie gueule de loup, je dois alors calmer les esprits échauffés et ramener mon étourdie de Lili à la raison… et à la maison.

Raisonnable conne, va ! Tu ne veux pas une petite gâterie ?

D'ailleurs il était temps, elle commençait à mettre en branle sa mécanique de séduction et à s'exposer un peu trop. Lorsqu'elle se commande *a slow confortable screw on the wall*, je sais que le *last call* vient de tomber parce que, polissonne comme elle est, elle serait probablement prête à le faire dans les toilettes. On part ou elle se fait ramasser. En bande, heureusement, elle est plus facile à gérer. Loulou, notre bonne chienne de garde, nous a ramenées sagement à la maison. Roxanne, aussi sur la touche, se démenait un peu trop sur la piste de danse.

Mais Loulou et moi avons réussi à récupérer les mamies. En partant, Roxanne a balancé à Aline, qui s'amusait bien aussi : « La prochaine fois que tu sors avec "les chiennes de vaches", n'oublie pas d'emporter des couches. »

« Chienne de vache ! », lâcha-t-elle, avant de galoper jusqu'à sa voiture en serrant les cuisses.

Nous avons passé une chienne de belle soirée, vache à notre goût.

Enfin, après cette soirée, nous avons convenu de nous revoir toutes, avec d'autres copines pour un autre souper de filles. Spécifions : un souper de femmes d'expérience. Oui, mes vieilles copines de toujours et d'autres amies de Marie. On doit se réunir pour célébrer les fiançailles de Marie, notre belle amie « chienne caniche » avec son Cubain.

Ce souper s'intégrera bien dans mon projet de livre, puisque exclusivement composé de femmes en périménopause ou ménopausées. Un bel échantillon représentatif de femmes, en proie aux bouleversements hormonaux et autres syndromes qui auront, j'en suis convaincue, plein de choses intéressantes à me confier.

Tu peux être assuré, cher petit journal, de mes meilleures confidences.

 Cher journal,

Je viens de recevoir un coup de fil de mon amie Lucie, qui se demande quoi acheter pour le *party* de fiançailles de Marie. Elle aimerait aussi savoir pourquoi Marie veut se marier avec son Cubain.

La question du moment!

Je sais, vu de l'extérieur, ça fait déjà-vu. Elle ne sera pas la première étrangère à craquer pour les charmes sensuels de l'insulaire tropical. Pas la dernière non plus à s'éprendre d'un beau danseur de salsa aux déhanchements torrides et au teint basané. Mais, tout de même, de là à convoler en justes noces!

C'est aller bien vite du bâton au marbre, commente Lili.

Nous, ses amies, «les chiennes de vaches», on la croyait plus aguerrie. On l'avait prévenue du charme des amants latins. Lili lui glissant même **qu'il valait mieux les consommer sur place que les ramener à la maison.**

Mais ventre et cœur affamés n'ont pas d'oreilles. Et puis, **on ne peut pas empêcher un sexe d'aimer**, selon Lili. Toujours est-il que Marie, en amoureuse entière et romantique, s'est laissé séduire et, par la suite, a décidé de se marier avec son bel amant cubain.

Bien entendu, cela a suscité de nombreux commentaires et commotions dans notre joyeuse consœurie de «chiennes de vaches». La meute des chiennes de garde sur le qui-vive s'est mise à aboyer de frayeur.

Lucie m'interroge au bout du fil: «Je suis bien embêtée pour le cadeau de Marie, je ne sais quoi lui offrir.»

En passant, j'ai de la difficulté à réaliser qu'elle va se marier pour de vrai. Il me semble qu'elle le connaît si peu. Combien de temps déjà?

Quatre mois?

Comment peut-elle savoir à qui elle a affaire. Qui dit qu'il ne la trompera pas aussitôt qu'elle aura quitté le pays, ou qu'il n'abusera pas d'elle? Ici... Il paraît qu'il n'a pas beaucoup d'argent. Je doute qu'il puisse lui offrir une maison, ou des choses qui lui rendent la vie plus confortable. On m'a raconté qu'il est père de deux enfants.

— Un enfant, précisai-je, un grand garçon de 15 ans.

— Bon, un! quand même! Ça veut dire qu'il a déjà été marié!

— C'est fou. Marie souhaite-t-elle fonder une famille? Non mais le mariage, tout de même! Faut être gai de nos jours pour montrer un enthousiasme si débordant à l'idée du mariage. Marie est-elle ménopausée?

Exaspérée au bout du fil, je lui réplique que je n'en sais rien.

— Elle saute peut-être des cycles.

— Des cycles ou une coche? Non mais, explique-moi, Diane, pourquoi ce mariage? Il me semble qu'elle pourrait se le garder comme amant et aller le visiter de temps à autre. Le temps que dure la passion. Mais, de là à s'engager, à devenir responsable de lui... Tu ne trouves pas ça très naïf de sa part? As-tu pensé qu'il l'entourloupe peut-être? Marie dit qu'il lui a demandé de l'épouser après seulement trois semaines de fréquentations. C'est rapide sur la gâchette! Ma grand-mère disait toujours: «Lance pas ton cheval au galop avant de l'avoir fait trotter.» Je trouve qu'ils n'ont pas trotté beaucoup, avant de partir pour la grande galopade. Je me méfie, il est soit dépendant affectif soit profiteur.

— Ouf, heu... oui, heu... je ne sais pas, il est peut-être très amoureux, il y a un homme qui m'a déjà proposé le mariage après une nuit d'amour !

— Ah ouais ? mais... tu n'as pas été assez folle pour accepter.

Et moi ! si j'avais épousé tous les prétendants qui m'en ont fait la demande, j'aurais passé mon temps à faire la noce.

— Elle ne serait pas enceinte au moins ?

— Non, heu... je ne crois pas.

— Il lui a dit qu'il l'aimait et qu'elle était la femme de sa vie. Mais à combien, penses-tu, a-t-il joué cette comédie ?

— (Avec un ton méfiant) Je pense que les hommes désirent souvent les femmes, mais ils les aiment rarement pour de vrai.

Ou alors tel le papillon les fleurs, il les aime toutes.

— Je crois, ajoute-t-elle, qu'ils aiment surtout l'idée de possession. Ça doit faire chic pour un Cubain de posséder une gringa.

— Eh bien, dis-je, étonnée d'entendre de tels jugements de valeur et de préjugés culturels de la part de mon amie, je me demande quelle mouche l'a piquée.

— Tu trouves que je paranoïe ? Mon œil, mes fesses, oui ! Tu ne crois pas qu'on devrait la prévenir, la mettre en garde ? En tant que bonne chienne de garde, il faut être consciente de ce qui se passe dans le monde. Il existe tout plein d'histoires sordides sur ce genre de mariages interraciaux.

— Peut-être, mais il existe des histoires d'horreur sur tout. Et puis mettre Marie en garde de quoi ? La mettre en garde contre ses sentiments envers lui ?

— Oui, je sais, admet Lucie, elle a l'air tellement amoureuse, ce serait dommage de crever son nuage. Cependant, elle ne doit pas être dans son état normal pour être survoltée comme ça! Tu ne crois pas, toi, Diane, qui as voyagé et qui connais les hommes et la vie, que tu devrais avoir une conversation de femme à femme avec elle?

De vache à vache?

— Tu crois sincèrement qu'il l'aime vraiment? Il est sincère ou il joue la comédie?

— Je le sais-tu? Je ne l'ai jamais vu de ma vie. Comment veux-tu que je le sache. Écoute, Lucie, Marie est majeure et vaccinée, elle doit savoir ce qu'elle fait, ce qu'elle ressent, pour faire ce choix audacieux.C'est pas nos affaires de «vaches» de s'ingérer dans la vie des amoureux.

— De vaches, non! Mais des chiennes de garde, oui! réplique Lucie.

— Pour revenir à l'idée de cadeau, moi je vais lui offrir de beaux draps de coton égyptien. Comme ça, on ne pourra pas dire qu'elle est dans de mauvais draps. Tout ce qui me vient à l'idée, c'est une canne à pêche, ajoute Lucie. Oui, pourquoi pas, à Cuba, ça doit être fort utile une bonne canne à pêche... puis ça se transporte bien. Enfin, conclut mon amie, ça m'inquiète cette histoire. Doit y avoir anguilles sous roche.

— Bien, avec ta canne à pêche, elle va pouvoir les pêcher. Bon t'occupe, dis-je pour la rassurer, je dois voir Marie pour mon cours d'espagnol, on va se parler.

Je raccroche, perplexe. Le mariage de Marie. La belle affaire. Depuis qu'on est au courant de cette histoire, toutes les commères ont leurs petits grains de sel ou de sable à ajouter. D'un côté, les sceptiques cyniques pratiquent l'humour vache, de l'autre, les romantiques naïves se font des romans au sirop de canne. Déjà les gageures sont lancées: ça va durer deux mois, six mois, deux ans ? Pour toujours, croit la plus naïve de toutes... la future mariée.

Me vient à l'esprit cette jolie pensée de John Suckling.

L'amour est le pet de tous les cœurs,
Ça nous fait mal quand on le retient
Et ça choque les autres, si on le libère.

Mais combien de temps dure l'amour ? D'où vient l'amour ? L'amour entre un homme et une femme existe depuis le degré zéro de l'humanité.

Nous cherchons tous l'amour. Et souvent l'amour survient au moment où nous l'attendons le moins. Je pense à Khalil Gibran, le poète, que je cite de mémoire : « Quand l'amour vous fait signe, suivez-le, même si ses voies sont escarpées comme le vent du nord qui saccage les jardins. »

Probablement que Marie était ouverte et réceptive à l'amour et que ça lui est tombé dessus. Ça nous tombe pas sur le dos comme la pluie, diront certaines vaches.

Ah non, bien peut-être que ça nous tombe dessus comme de la crème fouettée, c'est sucré, c'est bon, ça colle.

Alors, j'ai invité Marie à la maison et, naturellement, nous avons parlé de son futur mariage.

Je lui ai dit : « Ma chère Marie, que tu sois amoureuse, je comprends bien. Mais pourquoi le mariage ? »

Avec élan et sincérité, elle m'a répondu simplement :

— La raison principale est qu'il me l'a demandé... Je l'aime. Pourquoi je ne me marierais pas ? Vous me connaissez mal, vous les copines, mais dans le fond j'ai toujours voulu vivre en couple avec un vrai mari à moi ! Tu dois comprendre, toi, Diane, tu as un mari ! Moi aussi, je veux plus dans ma vie qu'un amant de passage. Je veux un compagnon de route pour les épreuves de la vie. Quelqu'un pour faire le reste du chemin. Il me semble que ce n'est pas sorcier. On dirait que j'avais le choix entre devenir lesbienne ou me perdre dans le *no man's land*. Toi, tu en as rencontré un solide, mais moi... disons qu'ils branlaient dans le manche, mes soupirants. Puis j'aime bien les copines, mais n'éprouve aucune pulsion pour devenir gouine. Sincèrement, j'en ai eu assez de la valse des amants hésitants qui ne savent pas ce qu'ils veulent. J'en ai eu plein le dos des types mariés qui se la jouent libres, des types désabusés qui ne veulent que fricoter. Je voulais un homme dans mon lit la nuit pour faire l'amour, mais aussi dans ma vie, et surtout pour la tendresse et l'amour, bordel! Je désirais un homme pour me blottir contre lui et pour sentir sa bonne odeur d'homme. Je souhaitais un homme courageux qui m'aime assez pour me demander d'être son épouse. Un homme avec qui j'aurais envie de faire des projets, bâtir quelque chose. Un homme avec qui je pourrais vivre. Puis, comme je commençais à ne plus y croire, boum! Philipo est entré dans ma vie, et avec lui le soleil. Très rapidement, on s'est senti bien ensemble. Ça coulait de source.

Il y avait comme une connivence instinctive entre nous et, dès les premières nuits, je me suis dit, c'est le bon, je le sens. Quand il a su que je devais partir après trois semaines, il était si malheureux, on ne s'est pas quittés. Entre nous, l'espagnol, je l'ai appris en accéléré, crois-moi! Il m'a présentée à sa famille, à ses amis, et m'a vraiment fait une place dans sa vie.

Tu le sais, j'ai vécu cinq ans seule avant de le rencontrer. J'ai eu beaucoup de temps pour réfléchir. S'il faut m'exiler à Cuba, je vais le faire. Je suis sûre que ma vie va être plus épanouie auprès d'un homme que j'aime. J'en ai assez de la galère de célibataire. J'ai 47 ans, un demi-siècle s'est presque écoulé. Je me trouve un bel homme qui me plaît, un homme bon, travailleur – il est électricien...

Oh! C'est électrisant un électricien, il peut la tenir branchée et la faire survolter.

— Il me baise comme un dieu et veut m'épouser. Je ne vois pas trop pourquoi je laisserais passer ma chance. Parce qu'il ne me connaît pas beaucoup? Il me connaîtra bien avec le temps et il m'aimera plus. Nous nous découvrirons comme un paysage, nous nous explorerons. Parce qu'il vient de Cuba et qu'il n'a pas beaucoup de sous, vous n'y croyez pas? Moi, je n'ai aucun préjugé raciste et j'ai un petit peu d'économie. Non, j'ai réfléchi avant de dire oui, Philipo est un mec débrouillard, on va se débrouiller. Plus j'y pense plus c'est oui, oui, oui, *mi amor*. Je le veux!

Puis côté sexe, Didi, c'est extraordinaire. J'adore son envie de toujours vouloir faire l'amour trois fois, quatre fois par jour avec moi. Il veut que je lui enseigne ma langue, mon corps et plein de choses. Il veut toujours être auprès de moi. Je me moque de savoir si c'est de l'attirance physique ou du sentiment, je sais bien qu'il y a des deux, sinon, ce ne serait pas aussi magique et aussi intense entre nous deux, *mucho calor*. De toute façon, jamais un homme ne m'a fait jouir autant que lui dans ma vie. Juste pour ça, c'est assez pour l'épouser.

Et qu'est-ce que «l'amant cubain» lui fait si bien que les autres ne font pas? Moi c'est ça qui m'intéresse! Pourquoi, Didi, tu poses pas les vraies questions quand on est dans le vif du sujet? Tu es donc prude! Est-ce qu'il sait qu'un véritable cunni dure deux heures? Se sert-il de ses doigts, de sa bouche? Comment est son sexe? Pourquoi censurer et nous laisser sur notre faim. Il me semble que tu tiens là un bon filon et une interlocutrice intéressante. De quoi faire rêver les «chiennes de vaches». Pourquoi ne pas régaler tes amis lecteurs avec un peu d'exotisme?

C'est le moment de lui demander s'il lui a fait le coup du samouraï s'amourache, le double gamahuche. S'il lui a mis le cigare cubain dans le service central? Joue-t-il à regarde ce que je t'apporte sans les mains? C'est le moment homme! Profites-en donc pour mettre plus de punch au rhum dans cette histoire. Parce qu'une phrase comme «jamais aucun homme ne m'a fait jouir autant que lui» mérite développement et attention... Des milliers de lecteurs – dont moi-même! – serions bien curieux de savoir quelle est la technique nique de l'amant cubain.

Je calme l'inquisitrice de mes fesses, en répliquant que ce n'est pas ça l'essentiel et l'intérêt de la chose. Nous parlons sentiment et, respectueusement, je laisse mon amie exprimer ce qu'elle a sur le cœur, ce qu'elle pense, sans trop la couper et la questionner de façon perverse. Je ne tiens pas du tout à savoir si son Cubain est bien membré ou surdimensionné. Ce n'est pas mon propos. Dois-je spécifier que je n'écris pas du porno, moi?

Je laisse donc Marie poursuivre et elle m'explique:

«J'ai déjà lu que même si jouir n'est pas aimer, ça aide à aimer parce que le plaisir libère de l'ocytocine, l'hormone de l'attachement. Je te le dis, Diane, et tu peux le répéter aux chiennes de garde, je me suis trouvé un amant pas piqué des vers qui me fait jouir sublimement et qui jouit prodigieusement aussi. On a largué assez d'ocytocine pour être bien attachés l'un à l'autre pour un bon bout... Je te le jure, je n'ai jamais connu une telle jouissance.»

Parle-moi de ça! Tu vois, elle veut en reparler, ça lui brûle les lèvres.

On y vient. Élabore, explore, apprends-nous des choses. Tu sais, je pense qu'un petit voyage à Cuba, ma Didi, pour réchauffer ta Lili intérieure nous ferait grand bien. Oh oui... *por favor*. J'aimerais tellement faire la fiesta et des folies chaudes avec «le roi de la Havane». Je me laisserais bien monter par l'auteur de l'animal tropical... Je suis certaine que nous reviendrions plus inspirées, plus inondées... et, toi, sûrement moins coincée.

Ça va, ça va! Fatigante...

« Te souviens-tu du pincement au plexus solaire quand on se sent amoureuse ? Je le sais bien, poursuit mon amie, tout le monde me pense folle. En plus, mon frère divorce cet été. Alors, ma famille, mon entourage sont cyniques face au mariage. Mais j'y ai droit, je n'ai pas 16 ans (15 ans d'âge mental !). Je suis presque ménopausée, tabernouche ! alors qu'on me laisse enfin assumer mon choix. Je suis bourrée d'énergie et très confiante en l'avenir avec mon nouvel amour alors, *por favor*, ne venez pas jouer les oiseaux de malheur. Je sais qu'on veut me mettre en garde pour mon bien. Tu parles, mon frère m'a bien prévenue. Avocat, il en a divorcé des couples interethniques, mais il a séparé beaucoup des couples d'ici itou. Les stéréotypes et les préjugés face aux amants latins sont toujours là. »

Oui heu ! je dois lui préciser que c'est sans doute parce que beaucoup de femmes amoureuses se sont fait piéger, quand elles ont ramené ici leurs amours de voyage. Les mecs, peu de temps après, ont pris la clé des champs ou se sont tirés avec une autre. Tu sais, pour avoir voyagé, ma chère Marie, j'ai vu tant de femmes qui quittaient les îles, les yeux gonflés et le cœur en bandoulière, pleurant le bel amant bronzé qui les avait remuées comme aucun autre gorille avant lui. Elles étaient tristes et émues, les pauvres âmes. Elles s'accrochaient, pendues au cou de leurs amants, promettant de leur écrire, de leur envoyer des sous, de revenir. J'ai vu ensuite leurs amants, la petite mine contrite et hypocrite le temps de la scène de départ et qui, l'avion ou le bateau reparti, demeuraient sur le quai, pensifs, encore fraîchement vidés « d'ocytocine », comme tu dis, attendant le nouveau débarquement de chair toute fraîche et son petit lot de femmes potentiellement amoureuses. Je ne pouvais m'empêcher d'avoir une pensée nostalgique pour la pleureuse amoureuse qui reniflait tout le long du voyage de retour. C'est tout.

Alors, Marie, des salopards, à Cuba, ça existe aussi. Tu peux lire *La trilogie sale de La Havane* de Juan Pablo Gutiérrez, tu vas t'apercevoir que ce ne sont pas tous des anges, hélas ! Tu en es consciente, n'est-ce pas? La pauvreté peut pousser les gens à faire de trucs inconcevables, parfois.

Si on te fait ces mises en garde, c'est parce qu'on connaît surtout ta grandeur d'âme, ta générosité mais aussi ta belle naïveté. On ne voudrait pas que tu souffres au bout du compte.

«C'est gentil toutes ces considérations de chiennes protectrices à mon égard, mais ma décision est vraiment prise. Je me marie et je fais confiance à la vie. Vous ne pouvez pas comprendre, tant pis. Attendez de connaître mon homme avant de le juger. Moi, tout ce que je veux, c'est déballer le paquet d'amour contenu dans mon cœur. Je veux glorifier cette découverte. Le futur homme de ma vie, ce n'est pas rien. Je veux ouvrir mon cœur à de nouvelles perspectives de bonheur.»

Là, elle m'a cloué le bec. J'avoue que j'ai admiré son courage de femme amoureuse, sa détermination et son droit au bonheur. Je la connais bien, Marie, c'est une vache taureau. Quand elle a une idée dans la tête, elle ne l'a pas dans les sabots. Elle est assez difficile à dissuader. Si elle vous tient, elle ne vous lâche plus. Ce qui peut être un choix sécurisant pour un mari ou emmerdant, selon la nature du monsieur. Elle est aussi du genre à en faire trop, à se fendre en quatre pour faire plaisir. C'est pour ça aussi qu'on l'aime et qu'on veut la protéger, nous, «les chiennes de vaches». Nous qui avons vu passer les trains, pis les gros chars, on la connaît. On sait bien qu'elle fonctionne aux bons sentiments. Sensible, fleur bleue, elle sanglote toujours à la fin des films d'amour. On l'a même vue verser une larme pour *Maman last call*, c'est tout dire. On sait aussi que c'est une femme généreuse, avec tout plein d'amour à donner. Alors, on espère juste que ça va tourner rond dans son cinéma, et que l'acteur cubain sera à la hauteur de son film intérieur.

Parce que, sinon, je peux garantir que le pauvre gars, il va se retrouver dans un gros western, avec tout un troupeau de chiennes de vaches intrépides à ses trousses.

Cher journal,

C'est la panique dans le monde. Les islamistes en veulent au pape.

On a arrêté un groupe de présumés terroristes à Londres. Le mois précédent, on démantelait un complot terroriste à Toronto. Le Canada serait soi-disant pays d'accueil de plusieurs réseaux terroristes? Félix s'inquiète: ça veux-tu dire que les terroristes y pourraient faire sauter le métro? Mais non, mon chaton, que je lui réponds. Je ne crois pas, mais qui sait? Il y en a qui semblent envisager cette possibilité. Certains peuvent le souhaiter, mais enfin, je ne sais pas, mon grand.

Pauvre Félix, j'avoue que je n'aime pas trop le monde qu'on lui laissera en héritage. Avec des forêts vierges rasées, des horreurs boréales, une couche d'ozone bien percée, un traité de Kyoto bafoué, des bébés phoques assassinés, des baleines à la dérive, des oiseaux gravement malades et contagieux, des vaches folles, des moutons tremblants et plein d'insectes qui rendent malades...

Puis, je n'aime pas que, pendant ce temps, on s'amuse avec plein de gadgets inutiles provenant d'enfants exploités. Qu'on se régale de la bonne bouffe O.G.M., qu'on devienne obèses alors qu'ailleurs on meurt de faim. Qu'on fasse des guerres un peu partout, des guerres, pour le pétrole, des guerres de religion, des guerres de territoires, des guerres haineuses avec des pauvres victimes civiles qui crèvent ou que l'on voit assassinées en direct à la télé. Alors, pour oublier le gâchis, on prend de l'alcool, des pilules miracles et des drogues hallucinogènes pour, soi-disant, aider l'humanité à passer au travers. C'est curieux, on dirait que l'homme fait tout ce qu'il peut pour précipiter sa destruction et, d'un autre côté, met tout en branle pour vivre plus vieux. Mais dans quelles conditions?

Quand on sait que les trois premières économies mondiales sont : les armes, le sexe et la drogue, il n'y a pas de quoi s'étonner, cocotte !

Cependant, ma chérie, ces réflexions sont totalement inutiles. Moi, je pense plutôt qu'il y a des solutions à tout. Il y a de l'argent en abondance dans le monde et des tonnes de ressources à faire fructifier. Moi, vois-tu, je préfère croire en la richesse et en la prospérité pour moi-même et pour l'humanité.

Déconnectée, va ! Si tu avais la fibre maternelle, tu serais moins insouciante. C'est angoissant de penser qu'il y a des jeunes qui « overdosent » parce que, à 16 ans, ils sont désabusés d'être abusés. Quand je pense à notre fils qui va grandir dans un chaos pareil, entouré de certains jeunes sous héro, exta ou crystal meth et de l'argent sale qui sert à s'en procurer. Quand je m'inquiète même pour sa sécurité à l'école, ça va mal. J'angoisse. Moi qui croyais que nous, les anciens hippies, avions de belles valeurs *peace and love*.

Comment en sommes-nous arrivés à léguer à nos jeunes un pareil bordel ? On aimait la nature, mais on ne l'a pas assez protégée. Chaque jour, on la viole, on la coupe à blanc, à flanc. On la pollue davantage et on la regarde dépérir, sans se précipiter pour passer au vert et tout faire pour protéger ce qui peut encore l'être, avant que la planète décide de le faire elle-même et que des catastrophes naturelles la bouleversent. Une utopie, l'écologie ? Il faut sauver tout ce qui est vivant au plus sacrant.

Mais oui, ma Didi, il faut réapprendre à vivre avec passion, joie, poésie et amour.

Je suis allée voir le film dans lequel Al Gore joue *Une vérité qui dérange*. Ça m'a dérangée. Je me suis identifiée à la grenouille assise dans l'eau tiède qui attend le point d'ébullition sans réagir. Si nous ne nous réveillons pas et continuons à faire l'autruche, à consommer à outrance et à polluer, ça va déborder. La planète a accumulé une telle dose de ressentiment que ça lui sort par le nez, par les oreilles. Elle bout à l'intérieur et crie vengeance et nettoyage. Un jour, on ne pourra pas éviter l'explosion, vu la tension qui règne. Moi, je crains que ça explose! Ça ne peut que péter! D'ailleurs, le trouble a déjà commencé. Mexico manque d'air, Los Angeles manque d'eau, La Nouvelle-Orléans est inondée, la Floride est éventrée par les vents, l'Indonésie a ses tsunamis. Et puis il va peut-être se produire d'autres glissements de terrain à Petite-Rivière-Saint-François, des tornades, des ouragans, d'autres crises de verglas pour le Québec et, pourquoi pas, la tempête du siècle! La terre peut nous ensevelir comme ça, gloup! En une bouchée, si elle veut, elle nous avale tout rond. Enfin, catastrophes naturelles mises à part, il y a toujours la menace d'une guerre nucléaire totale pour accélérer le tout.

Je le sens, on va payer. Nous vivons en parasites et pillons sans vergogne les ressources naturelles de notre planète, sans parler de l'exploitation de l'humain, et maintenant, ça disjoncte de partout. Il faut faire quelque chose pour nos jeunes avant qu'il soit trop tard. Curieusement, pendant que le monde court à sa perte, mon beau et insouciant Félix prépare son costume de guerrier médiéval pour un combat Grandeur Nature. Était-ce mieux au Moyen Âge?

Tu es en train de sauter un cycle, c'est ça? C'est facile d'imaginer que le monde va sombrer. Tu as bien repéré tous les ennemis, mais c'est complètement inutile de te creuser la nénette avec ça. Tu vas rider plus vite. Invoque plutôt la loi de l'accroissement des biens et du bonheur plutôt que celle de la diminution. Il faut que tu entraînes ton mental au plaisir quotidien que la vie t'offre, plutôt que d'avoir des visions de catastrophes. Cela dit, ça devait être le pied au Moyen Âge. Les femmes misaient beaucoup sur leur apparence et leurs charmes, sur leur pouvoir de séduction et sur leurs prouesses sexuelles pour arriver à la cour et être remarquées par le roi. Les femmes portaient de beaux décolletés plongeants comme ceux de Caroline Néron sur son affiche.

Ce sont les troubadours qui ont mis au point la technique du coïtus reservatus ou karezza, union charnelle sans éjaculation. Ces rapports demandaient une certaine maîtrise au chevalier servant et donnaient une preuve de leur respect pour la femme. Ainsi, leur union demeurait stérile. En passant, tu pourrais utiliser les galanteries médiévales pour expliquer à ton fils les relations sexuelles, et lui glisser que les chevaliers utilisaient les condoms !

Au Moyen Âge, on appelait les femmes en ménopause : ma-mère.

Quand, vers le milieu de la vie, le vieillissement sexuel s'installait, les femmes s'inquiétaient des effets toxiques du sang retenu. Alors, les femmes médiévales se retrouvaient chez leur doc, qui n'y connaissait pas grand-chose. Comme les médecins de l'époque pensaient que le sang retenu détruisait le corps de l'intérieur, on tentait par tous les moyens possibles de prolonger les règles, adoptant des solutions souvent délirantes. Ainsi, on pouvait entreprendre un traitement à base de purgatifs, de lavements appelés clystères ou appliquer des cataplasmes de moutarde... quand on n'utilisait pas des branches d'armoise brûlée dans des régions bien déterminées. Pire encore, on posait des ventouses pour provoquer un afflux de sang et, chez les moins nanties, on allait même jusqu'à appliquer des sangsues sur les lèvres du vagin.

Ouch ! Donc, nous vivons une époque formidable !

Pas vraiment quand on pense que, de nos jours, des jeunes femmes vont en chirurgie pour se faire modeler une vulve «esthétique», ou charcuter les seins pour prévenir le cancer, je trouve ça plutôt barbare.

Mais tu devrais arrêter avec ton lyrisme catastrophique! Il ne faut pas commencer à penser à tout ce qui déconne sur la planète, sinon tu es bonne pour la cure d'antidépresseurs.

Roger, qui connaît aussi mes angoisses existentielles, après avoir vu le film avec Al Gore, me faisait remarquer que malgré les inquiétudes et alarmes environnementalistes, on avait tout de même une qualité de vie appréciable.

— Au Moyen Âge, ils ont eu la peste, le choléra, les guerres, les famines, les épidémies, des tremblements de terre. Pourtant l'humanité est toujours là, toujours plus nombreuse et plus en santé. On vit plus vieux que jamais. L'espèce humaine n'est pas encore au bord de l'extinction, malgré la malbouffe, les O.G.M., les gras trans et les *power drinks*. Les chevaliers médiévaux dépassaient rarement l'âge de 50 ans.

On vit plus longtemps, ma chérie! Selon les travaux de la Division de la population des Nations Unies, on gagne deux ans et demi d'espérance de vie tous les cinq ans. Autrement dit: si je meurs à 85 ans, mon fils de 42 est assuré de vivre jusqu'à 100 ans et notre futur petit-fils jusqu'à 115 ans. Et comme les femmes vivent plus longtemps que les hommes, notre fils pourra s'occuper de toi quand tu seras centenaire. Tout ce qui arrive n'empêchera pas la terre de tourner. Les grandes catastrophes ne datent pas d'hier, mais *life goes on*. Même avec un gros attentat nucléaire ou une grosse grippe aviaire, la planète va survivre, ma chérie.

— Oui, peut être, mais dans quel état elle va survivre? Je ne voudrais pas être en guerre sous les bombes en ce moment. Et toi et moi, mon amour, tu crois qu'on va survivre à mes changements hormonaux?

— Aux tiens peut-être, dit-il, mais avec ces millions de femmes souffrant de bouffées de chaleur, ça va pas améliorer le réchauffement de la planète. Ça! c'est beaucoup plus inquiétant! Les banquises vont fondre et on va mourir noyés.

Ahahahaha! ce qu'il peut être drôle mon homme, parfois. Enfin, je ne sais pas si c'est le fait de vieillir mais j'angoissais pas comme ça avant. Plus les années passent et plus je suis consciente de la fragilité de la vie. En plus, les médias nourrissent ma paranoïa. Ils m'ont tellement tapé sur les nerfs avec la grippe aviaire que j'étais à deux doigts de passer mes pinsons dans le robot culinaire pour les transformer en hachis de pit-pit aux légumes, histoire d'éviter le virus. Je rigole, ils sont toujours vivants et pinsonnants mais, avec cette crainte de grippe aviaire dans l'air, les volatiles sont sur la sellette.

Roger, conscient de ma paranoïa, et un peu nerveux quand même, était déjà prêt à nous construire un bunker anti-grippe aviaire/nucléaire dans la cave, au cas où.

Je l'aime donc, mon Roger, quand il embarque dans mon trip.

C'est pourquoi je lui chante souvent :

Le ciel bleu sur nous peut s'écrouler
Et la terre peut bien s'effondrer
Peu m'importe, si tu m'aimes
Je me moque du monde entier

Oui d'accord, le monde entier va peut-être se moquer de nous avec notre bunker, nos tomates en boîtes, nos anchois, nos pâtes et nos bouteilles d'eau pour survivre.

Mais :

Tant que l'amour inondera nos matins
Que mon corps frémira sous tes mains
Peu m'importe les grands problèmes
Mon amour puisque tu m'aimes.

Ah! il y a de ces chansons qui nous aident à vivre et à passer au travers. *L'Hymne à l'amour* est de celles-là.

Roger, confiant face à la vie, me rassure: «Tu vas voir, on devrait avoir du bon temps si la santé ne nous lâche pas. »

Et merde, la santé! avec les cancers de toutes sortes, les nouvelles maladies, les allergies et les épidémies qui peuvent survenir, tu penses qu'on va bien s'en tirer? Le mieux serait que Félix fasse des études en médecine, n'est-ce pas, chéri? Il pourrait soigner ses vieux parents.

Excusez-moi, mais moi, quand Diane commence à parler de ses angoisses comme ça, je décroche. Le partage des ressources dans le monde, la redistribution des richesses, l'entretien et la récupération des choses, la propriété de l'eau, la gestion de la vie en société, le système de santé, encore faut-il trouver des gens qui ont assez de vision hédoniste et de bon sens pour bien les gérer. Mais j'ai quelques bonnes idées pour éviter le gâchis en commençant par sauver l'eau. C'est elle qui sauvera notre peau.

Moi, quand je sens le bouillon intérieur de mon alter ego, je me réfugie dans l'imaginaire, ça m'aide à oublier.

Je te comprends, mon inconsciente. Ça prend une bonne dose d'innocence pour se sortir du milieu dans lequel nous sommes immergés depuis la naissance. La vie comporte tant de menaces insidieuses, provoque tant de souffrances, de douleurs, de stress que nous ne pouvons survivre que si chaque jour nous apporte des moyens d'adoucir tout ça.

Et quoi de mieux, chère Didi, que le plaisir comme source de bien-être? Le plaisir a pour but de nous aider à vivre mieux. Pas de plaisirs, pas d'agréments! Je crois que le plaisir constitue le remède de la vie. Parce qu'il peut calmer l'angoisse. Il a même été prouvé qu'il avait des pouvoirs anesthésiants. Pour moi, le plaisir est à l'esprit ce que l'oxygène est au corps: une énergie vitale. Juste grâce à la détente qu'il engendre et par le bien-être qui en découle, je me sens bien.

À la pulsion de base s'ajoute toujours l'anticipation d'un plaisir escompté.

Je te reçois dix sur dix, Lili, mais je te vois venir avec tes talons hauts.

Ben quoi! Il ne faut pas négliger l'ultime plaisir, celui qui occupe nos fonctions hédonistes. J'ai nommé: l'orgasme!

Oui, le plaisir de l'orgasme: existe-t-il plus beau plaisir?

Oui, heu! Enfin, ça se discute. Il y a des gens qui n'ont jamais connu l'orgasme et qui prennent beaucoup de plaisir à la vie.

Ah bon? Pourtant, on ne devrait pas négliger l'orgasme, on ne lui accorde pas la place qu'il mérite. Si on peut suivre le fil de ma bienheureuse pensée épicurienne, pour déconnecter totalement, je te le dis, il n'y a rien comme orgasmer! Pour survivre aux désagréments de la vie, on n'a rien inventé de mieux que les plaisirs d'amour. Le plaisir, je l'affirme, n'est pas une sensation futile, c'est plutôt une réalité biologique basique. Le système hédoniste, centre du plaisir, a son propre siège dans le cerveau. Si on devenait conscient de ce que le plaisir, comme source régénératrice, peut accomplir dans la vie, je pense qu'on prendrait plus soin de l'environnement, de son alimentation, de son corps, de ses enfants, et tout serait pour le mieux dans le meilleur des mondes.

Comme l'écrivait feu Frédéric Dard dit San Antonio: « Si tous les gens du monde voulaient bien se becter le scramoulard, tu parles d'une chaîne d'amitié que ça donnerait, mon frère. »

Oui d'accord, merci Lili, pour une fois ça m'a fait plaisir de partager avec toi. Je crois cependant que l'amour, par-dessus tout, a des pouvoirs tout aussi bénéfiques, parce qu'après on se retrouve en complicité étroite avec l'autre, on éprouve de la gratitude, du bien-être, de l'euphorie. Les endomorphines circulent et déclenchent une flambée d'amour portant au doux rapprochement de l'âme et au partage de l'intimité.

L'acte d'amour ne doit pas se limiter au corps, il doit répondre aux émotions. Sinon, c'est quoi l'orgasme, un éternuement du corps?

L'orgasme est libérateur. Savais-tu que lorsqu'une femme a un orgasme, son cri est comparable à celui du bébé qui naît? Toutes ses résonances sont en phase avec son appareil phonateur. Quand on fait l'amour, on inspire par le sexe. L'air entre et sort par en dessous et, comme il y a belle ouverture, on peut crier fort sans risquer de perdre la voix. Au Moyen Âge, on disait que les femmes criaient par le con. Elles ne s'esquintaient pas la voix et la conservaient parce que leurs cris partaient du con.

Il faudrait refiler ce tuyau à Céline Dion mais, à part ça, je ne vois pas en quoi cela m'est utile.

Ben, à crier et à te libérer de tes tensions, de tes angoisses en orgasmant, bordel! Ciel, ce que tu es dure de la comprenure.

Enfin, cher journal, même si ça va mal dans le monde, je vais tenter de faire de mon mieux en distribuant de l'amour autour de moi... et probablement en orgasmant aussi. Si homme veut.

 Cher journal,

Dans le fond Lili n'a pas tort, le plaisir, c'est important dans la vie.

Je constate que ma vie sexuelle subit ces temps-ci des fluctuations liées aux conditions de la vie affective de mon homme. Ce qui se résume à dire : quand il est de bonne humeur, c'est la joie et le bonheur et, lorsqu'il est stressé, c'est la débandade. Je comprends bien qu'à nos âges, tous les contacts corporels, tous les rapprochements n'ont pas à déboucher forcément *full pine* sur l'autoroute de la pénétration. Que quelques petits détours sur les chemins buissonniers de mon corps, en passant par la courbe des reins et l'escalade des monts tétons, peuvent donner beaucoup de plaisir. Mais, quand je sens que mon homme s'esquive, plutôt que de me rassurer, je m'inquiète. Je sais bien que le désir peut varier selon les jours, en fonction de la fatigue, des préoccupations, des biorythmes, de l'âge, de l'andropause... Et aussi, oui, de mes cycles menstruels et des humeurs qui les ont précédés, mais bon...

Au début de l'amour, dans la promesse d'aimer toujours, il y a la promesse sous-entendue du « désirer toujours ». On arrive à tenir celle de l'amour, mais celle du désir toujours est plus difficile, surtout dans la cinquantaine ou chez les couples de longue date... où l'on se plaint parfois de pannes de désir.

Quand je vois mon homme se retourner de l'autre côté du lit après un petit « bonsoir, ma chérie », le doute m'habite. Je me dis qu'il doit me trouver vieille, usée et moins désirable.

Normal, me glisse la voix insidieuse de Lili. Nous ne désirons rien tant que ce que nous ne possédons pas, et ce que nous avons, nous nous en lassons. Comme ton mari croit te posséder... il peut s'abandonner tranquille dans les bras de Morphée et, toi, pendant ce temps, tu morfles.

Embrasser la même femme tous les jours, caresser la même peau... Ma peau ne doit plus lui donner autant de frissons qu'au début. Je m'endors alors inquiète, exclue des ébats. Je me colle quand même contre lui, alors qu'il sombre dans un sommeil bienheureux.

Faire l'amour après 15 ans de vie commune, c'est différent qu'après 15 jours, avec un nouvel amour. Après 15 ans, on se connaît si bien qu'on a l'impression de ne faire qu'un. Mais où est l'excitation sexuelle quand la main droite caresse la main gauche? Nos peaux se connaissent-elles trop? Parfois, j'ai l'impression qu'on est usés, fatigués, sans surprises. Des fois, on se brime, on s'agace, on se vexe. D'autres fois, on s'éloigne. Parfois, heureusement, on se retrouve. Ou on se fait des peurs, on s'imagine une vie sans l'autre... À 50 ans, est-il trop tard pour recommencer une nouvelle vie ailleurs? Mais pourquoi recommencer une nouvelle vie, celle-ci est bonne! Et puis Roger et moi, on s'aime. On s'est toujours dit qu'on ferait un bon couple de ti-vieux ensemble. Nous sommes deux personnes responsables, capables de nous soutenir mutuellement et nous aimons bien rire ensemble des choses de la vie. En plus, on a beaucoup de plaisir en compagnie l'un de l'autre. Après tout, ça n'a pas été facile et on a tenu jusque-là... Ce serait fou de recommencer ailleurs. Et pourquoi?

Pour trouver un jeune étalon dans ton lit, tiens! Et faire de nouvelles folies de ton corps.

Non, j'ai déjà fait trotter mon cheval, je vais ménager ma monture. Ce n'est pas parce que Roger n'a pas envie de moi ce soir... que je dois tout remettre en question. Probablement qu'après toutes ces années, le désir se fait moins urgent.

C'est évident. Tout le monde sait que le plaisir finit par s'émousser avec les années. Le désir, ma Didi, naît souvent dans la différence, et la différence c'est l'inconnu, ce qui est de nouveau à explorer, à posséder. Peut-être que vous manquez de fantaisies, d'imagination, de créativité érotique?

Il est peut-être juste fatigué de sa journée... ça arrive.

Bon, oui, j'en conviens, tu es un peu plus ridée qu'avant, tu as une petite culotte de cheval, mais c'est plus confortable à chevaucher. Inutile de tout remettre en question parce que tu as le ventre un peu mou, les foufounes un peu plus dodues, les genoux un peu plus charnus et les seins un peu moins fermes. Il faut surtout pas que tu commences à cacher ton corps, me dicte Lili. Tout ce qui t'empêche d'avoir confiance comme avant, oublie ça! Ça n'existe qu'à travers le filtre déformant de tes exigences. De toute façon, ton homme, il est presbyte. Il est habitué à ton grand corps et à ses légères imperfections. Ce n'est pas quelques petits millilitres de cellulite qui vont le faire défaillir. Du moins, espérons! Si tu manques de sexe, le problème se situe ailleurs. Si tu capotes sur ton corps de 50 ans, imagine-toi à 80. La beauté se situe avant tout entre les deux oreilles. Puis, t'inquiète pas, on va continuer à faire du sport et à s'entretenir, voyons il y a de bons chirurgiens pour remonter tout! Ou mieux, pourquoi ne pas reprendre un amant; en soi, c'est comme une cure de jouvence, non?

Bien oui, c'est pas un amant que je désire, idiote, c'est mon mari! Un amant, c'est comme utiliser l'autre comme un objet sans implication sentimentale, sans projet à long terme, de façon fugace. Non merci, j'ai déjà donné. C'est Roger que je veux!

Selon une étude de Kinsey: «Les hommes de quarante ans ont des orgasmes 2,5 fois par semaine. À la cinquantaine, le chiffre tombe à 1,8 fois.» Selon ma petite étude sur mon cobaye chéri, il y a des semaines où ce n'est même pas une fois. Surtout si, par exemple, on s'est – pour quelque obscure raison hormonale irrationnelle et immature – engueulés pendant quelques jours. Dans ce cas, pas de grand ballet d'expression sexuelle sous la couette.

Je dois attendre son déclic. J'ai l'impression que le sexe l'intéresse moins. En fait, moins qu'avant notre cinquantaine. Avant, on le faisait plus souvent et il me semble que le faire plus fréquemment ne faisait et ne ferait pas de mal.

Tu as raison! Si tu ne fais pas l'amour plus souvent à 50 ans, quand le feras-tu? Chaque nuit qui passe peut être la dernière. Fais-lui un coaching: explique-lui que le sexe est bon pour le maintien de la prostate, bénéfique pour la circulation sanguine... Que le cunni a un pouvoir régénérant sur le visage des hommes. Narcissiques comme ils sont, tu devrais le retrouver entre tes jambes plus souvent. N'oublie pas qu'une sexualité éteinte est plus difficile à ranimer que celle dont la flamme a été chaleureusement entretenue.

Avec l'âge, on doit aussi, «selon les experts», travailler davantage son homme au corps pour obtenir de l'effet. Le hic, c'est qu'en prenant de l'âge soi-même... on devient plus paresseuse. Selon une mini experte comme moi, ce soir, c'est l'homme qui devrait y mettre plus du sien et faire des efforts pour me charmer.

Puis, quand le présent est ordinaire, il arrive d'avoir envie de sortir de la routine. Mais demander de nouvelles fantaisies à un mari fatigué qui regarde en paix les finales de hockey, c'est un truc délicat qui demande du doigté. La sexualité a besoin d'imagination pour s'épanouir, pas de commande. Encore moins de mode d'emploi.

Imagination et laisser-aller, me susurre Lili. Mais si j'étais toi, je vais dire comme on dit au hockey, je niaiserais pas avec la puck.

Comme le sexe est une affaire intime, personnelle – et qu'il faut savoir respecter les limites de l'autre –, comment fait-on, dans un nouveau vieux couple, pour tenter d'augmenter la fréquence chez un homme qui, à voir sa tête béate, n'a pas l'air d'avoir nécessairement besoin de sexe pour être bien dans sa peau?

Lili, jamais à court d'idées en ce domaine, intervient.

Pour revamper votre vie sexuelle, faites des choses inhabituelles, des trucs fous. Achetez-vous un lit avec des barreaux, attache ton Roger et grimpe-lui dessus. Prends des poses lascives et suggestives et émoustille-le. De ta petite voix sexy, décris-lui en détail tes secrets intimes, tes fantasmes. Pose des miroirs au plafond et au pied du lit. Fais-lui une infusion de bois bandé, mets-lui du Viagra ou glisse-lui de l'Ecstasy dans son verre de bière... me suggère ma spécialiste interne. Et elle ajoute :

Transforme-toi en machine à sexe avec des jouets, des gadgets variés, des boules chinoises, des vibrateurs. Donne-lui l'impression que tout est possible avec toi. Partage ses fantasmes. Métamorphose-toi en infirmière et jouez au docteur. Innove, ma chérie !

Innove, innove ! Ben voyons ! Après 15 ans de nuits communes, je vais le traumatiser en lui prouvant que je cohabite avec une vraie folle, acrobatique, nympho... et sadique.

Pourquoi, c'est pas vrai ? ? ?

Après près de 2000 nuits passées avec mon homme – lui qui depuis quelques années apprécie les plaisirs simples et qui a des désirs pas trop compliqués –, je suis sûre qu'il ne va pas adorer se faire attacher et caresser au martinet !

Et toi, ma Didi, y as-tu pensé ? Une bonne fessée bien sentie, pour activer la circulation sanguine et fouetter les sens ?

Pour ce qui est des miroirs au plafond, je ne crois pas qu'il soit d'humeur à bricoler ça, lui qui a sa semaine dans le corps. Et moi, tu crois que ça me tente de m'exhiber toute nue devant des miroirs en prenant des poses laxatives à mon âge ? Et que je suis d'humeur à me faire taper les foufounes ?

Lascives, ma chérie, des poses lascives et suggestives. Ben quoi, ne viens pas dire que tu te trouves trop vieille pour être sexy? Ça y est, tu es complexée? Écoute, quelles que soient les imperfections que Dame Nature a semées sur ton corps mature, il faut assumer et accepter, ou te battre. Et comme il te reste encore 30 ou 40 bonnes années de vie sexuelle, tu ne vas pas commencer à nous faire suer avec des complexes de vieille peau. Tu es trop jeune pour baisser les jambes. Surtout que ton mari est un amateur de jambes, et les tiennes sont superbes. N'oublie pas qu'on ne voit que ce que l'on veut voir. Et après un certain nombre d'années communes, je ne t'apprendrai rien si je te dis que les hommes nous remarquent moins. Donc, il faut le re-troubler, le ré-intéresser, le re-programmer... et mettre un peu de piquant. Pourquoi pas une bonne petite fessée de temps en temps, ça activera ta circulation et excitera ton homme, ainsi maître de la situation?

Ouf, je sais que Lili a un peu raison mais, disons que pour avoir envie de jouer et de jouir, il faut être en concordance de phase avec son partenaire. Et moi, pour bien fonctionner, j'ai envie de sentir qu'il me désire, qu'il me regarde et a envie de moi, lui! Je veux voir de l'amour et du désir dans ses yeux!

Habille-toi en golfeuse! Hi! Hi! Hi!

Chacun peut donner le sens qu'il veut à sa vie sexuelle sans se demander s'il est dans la norme. Je suis certaine que mon Roger, ce soir, il s'en fout de ne pas entrer dans les statistiques. C'est samedi soir, le Canadien perd au hockey et, après la conversation animée que nous avons eue au souper, je doute de recevoir «l'expression physique de son désir incendiaire».

Mon homme boit son rhum devant la télé et madame rumine des pensées sombres. Je n'ai pas l'énergie pour quémander une faveur sexuelle. Ce qui fera, je le crains, notre huitième jour sans sexe. Ce n'est pas énorme, je sais, mais ça me fatigue.

J'espère bien que ça te fatigue, vocifère Lili. Prends ton taureau par la corne! Si tu veux pas prendre un amant, tu devrais lui proposer l'échangisme. C'est légal, maintenant, et je connais quelques endroits où le pratiquer, le samedi soir.

L'échangisme? Tu as de ces idées... Et l'échanger pour qui? Pour le mari viagrarisé d'une autre frustrée qui veut changer son mâle de place?

Tu crois? Tu es bourrée de préjugés, ma vieille. Moi je pense que les gens qui pratiquent l'échangisme sont plutôt des gens amusants, qui ne veulent de mal à personne et qui tentent de démontrer ce que pourraient être le plaisir et la sexualité si on les considérait comme un jeu de société. Tu sais, ça peut être stimulant de pratiquer un sport d'équipe en chambre. Surtout si tu rencontres les bons équipiers.

Tu as toujours peur d'innover? Votre vie sexuelle manque de piquant, c'est peut-être l'occasion de bouger. Ne me dis pas que tu te sers des remparts du mariage pour te protéger de sentiments et d'émotions que tu pourrais vivre si tu t'exposais un peu plus aux plaisirs. Il faut être peureux pour toujours vouloir se protéger.

Peur par manque d'expérience, bien sûr que c'est angoissant!

La « novice » sans envergure craint que les orages de la vie démolissent son édifice branlant.

Les personnes plus fortes, les natures plus audacieuses, peuvent faire face à la tempête et ne se protègent pas du coup de foudre et des coups d'éclat. Les peureux (peureuses) s'entourent de diversions préfabriquées, d'arguments clichés et se retrouvent chez les psys pour savoir si ce qu'ils font de leur vie est dans la norme. La vie est un processus de changement. Rien n'est immuable. Et l'échangisme, ma chouette, ça, c'est du changement !

Ah ! la noble idée gullivérienne. D'accord, dès que Roger a fini d'écouter son match, je lui ordonne de passer sous la douche. Habille-toi, mon bonhomme, on s'en va dans une boîte échangiste. Des plans pour qu'il me réponde : « Une femme de 50 ans, est-ce que je peux l'échanger pour deux de 25 ? »

Non, merci ! Ma vie sentimentale mérite de l'attention et de l'imagination, mais pas au point de tout changer et d'échanger mon homme. Lui, s'il m'échange et se découvre des goûts nouveaux pour d'autres formes, d'autres parfums et d'autres façons de faire... qu'est-ce que je vais faire les quatre fers en l'air ? Gros-Jean par-devant, pis ti-Pierre par-derrière ? Non, merci !

Pourquoi le perdrais-tu ?

Même si je suis convaincue que le fait de rester actif sexuellement retarde le processus de vieillissement, je ne suis pas prête à me jeter à corps perdu dans une partouze. Je crois qu'il y a d'autres solutions.

Je préfère louer un film porno et l'écouter à deux, ou lui exécuter une danse du ventre exotique... **Pas pire comme idée !** Ou jouer Schéhérazade et lui lire des contes érotiques plutôt que d'aller dans un club échangiste. De toute façon, je connais mon homme, jamais il n'accepterait d'aller dans ce genre d'endroit. Dans le fond, c'est un pudique, romantique comme moi, et il n'est pas trop exigeant sexuellement ! Ce n'est pas un pervers, mon Roger.

Que tu es naïve ! Comme beaucoup d'hommes, il doit avoir un jardin secret dans lequel il pioche de temps en temps. N'oublie pas que dans tout homme il y a un cochon qui sommeille.

Et c'est à la vache en moi de réveiller le cochon, tu vas me dire ?

Sacrée garce, il faut toujours qu'elle sème une petite graine de désir libidineux et, moi, je dois tout faire pour l'empêcher de se développer. Ce soir, sa graine c'est la partouze...

Avec le sexe, c'est étrange, pour moi, si ça met trop de temps ou que j'ai trop attendu, j'ai moins le goût. Comme il est maintenant près de 11 heures, je commence à être lasse d'écrire et je ne suis plus *in the mood for love*. L'attente du désir peut l'éteindre. Il suffit d'une petite engueulade, d'un geste qui agace parce que répétitif, d'un souci qui traverse le cerveau... et c'est foutu. Non, ça n'a pas été une bonne soirée pour nous.

Alors voilà, je doute qu'il y ait ébats et que ça chauffe au lit, mais qui sait de quoi sera fait demain?

Nom d'une déesse! Pour l'amour du sexe, tu vas continuer à t'effacer? Tu penses que c'est mieux pour ton couple, plutôt que d'affirmer tes besoins. Tu me désespères.

La séduction, ça se passe entre les deux oreilles. Si tu veux qu'on te désire, sois désirable et, surtout, désire-toi aussi, stimule ta libido et la sienne. N'oublie pas qu'un homme séduit ne le reste pas pour la vie, il y a des piqûres de rappel à faire. Qu'il est plus facile de ranimer un feu de braise que de rallumer un feu éteint.

Enfin, tu feras comme tu l'entends, moi, je veux juste t'aider à t'épanouir. Tiens, parlant de femme séduisante, désirable et épanouie, je viens de recevoir un courriel de Madonna qui annonce sa venue à Montréal cet été.

Elle m'écrit:

Salut Lili,

J'ai lu tous tes livres et je suis tombée par hasard sur un de tes anciens Guides des bars de Montréal. Je pense visiter

Montréal prochainement et j'aimerais connaître quelques bonnes adresses où s'éclater et faire la fête. À propos, comment sont les hommes québécois ? Je ne sais pas encore si mon mari et mes enfants m'accompagneront, mais si tu as des suggestions de sorties pour nous tous, fais-le savoir. Bisous, je te réserve des places pour le spectacle.

Madonna

 Chère Madonna,

Je suis ravie de recevoir ton courriel. Tout comme moi, je sais que tu possèdes une belle ouverture d'esprit et de cuisses, face au choc des cultures et des culturistes.

Tout le monde sait que par le passé tu t'es rafraîchie à la fontaine des plaisirs multiples. Maintenant mariée, mère de famille, songerais-tu à nouveau à sauter la clôture ? Ah ! tu es une vraie... toi ! Coquine un jour, coquine toujours.

Tu sais, il y a de plus en plus de femmes mariées ou seules qui, lorsqu'elles se retrouvent à l'étranger, font maintenant appel aux escortes masculines pour s'offrir du bon temps. Lors de mes nombreux voyages, je me souviens avoir vu de germaniques Teutonnes à la recherche de mâles virils helléniques, et d'avoir pris un verre avec des Américaines sur la go, looking for fun. Sans oublier les petites dames rigolotes qui reluquaient les jeunes hommes à la recherche de frissons, d'aventure et d'exotisme. Moi, de mon côté, je m'entêtais à chercher le meilleur amant au monde. Ciel ! C'était le bon temps ! Je voulais justement à l'époque faire un guide pour aider les femmes en recherche... Ne sommes-nous pas à l'ère du libre-échange?

Pour répondre à ta question concernant les Québécois, je te dirais, chère Madonna, que finalement ils ne sont pas si mal. Leur origine latine et leur flegme nordique leur procurent un certain charme. Ils ne sont cependant pas très extravertis et ne draguent pas beaucoup. Ils préfèrent se laisser séduire. Ce qui peut prendre du temps. Mais ne t'inquiète pas, ma douce, dès que tu seras à Montréal, passe me voir, on va se faire un plan sympa.

À 48 ans, je ne sais pas si tu es ménopausée ou en périménopause, mais tu es toujours aussi radieuse, ma chérie. Il faudrait nous révéler tes secrets, darling. Est-ce que ça fonctionne, les vertus amaigrissantes de la kabbale? Côté forme, tu es sculpturale. Tu t'entraînes bien toujours au yoga et à la muscu? C'est motivant de voir évoluer une belle femme comme toi. Parce que, vois-tu, je partage mon enveloppe corporelle avec une âme en peine en périménopause, comme toi, qui commence, je le crains, à accuser son âge. Toi, comme tu es une battante, un modèle athlétique, on voit bien que tu refuses de te laisser aller. J'aimerais bien que tu parles avec elle et lui refiles quelques conseils beauté-forme.

Oui, je suis ravie que tu viennes à Montréal, tu verras, Montréal est une ville formidable, surtout l'été. Savais-tu que c'est la seule ville en Amérique du Nord où l'échangisme est légal (du moins pour le moment)? Alors, si tu viens avec ton mari, je pourrai vous faire découvrir quelques boîtes à partouze.

Je pourrai même te présenter Roger, le bon mari de Diane. Je ne sais pas si ton mari est rendu assez ringard pour parcourir les golfs ? Normalement les British affectionnent ce sport... Si ça lui dit, il pourra jouer au golf en après-midi avec Roger, lui, il adore ça. Nous, les filles, irons faire du shopping chez Lulumoon, et sur la Main.

On pourra jeter un œil au grand sex-shop angle Sainte-Catherine et Saint-Laurent et peut-être y dénicher des accessoires affriolants. Le soir, nous sortirons en boîte échangiste. Il y a quelque chose qui me dit que le Roger, même s'il est décrit comme un type pudique, ne se fera pas tordre la jambe pour une partie de jambes en l'air avec toi, Madonna, et ton ti-Guy pourra jouir de deux femmes d'expérience. Je ne sais pas si tu penses venir avec ta petite famille, mais il nous fera plaisir de vous accueillir tous Chez Roger Bontemps bed and breakfast. L'endroit est sympa. On le recommande dans le Guide du routard. Tu verras, il y a deux jolies petites cours intérieures avec de belles jardinières et des vignes grimpantes, des volets blancs et des boiseries bleu méditerranée. Je suis certaine que Roger sera enchanté de mettre à votre disposition un appartement meublé avec cuisine et salle de bain privée. De plus, ta fille et ton fils pourront profiter de la piscine privée, sous la surveillance de Félix, un ado full cool qui a suivi des cours de gardiennage responsable.

Je te préviens, Chez Roger Bontemps, ce n'est pas luxueux comme un cinq étoiles, mais c'est confortable, propre, et ça a beaucoup de charme. L'accueil est chaleureux. En plus, c'est fréquenté par des artistes et des musiciens francophones qui jouent parfois au *Lion d'Or*, des écrivains, des journalistes qui viennent de partout dans le monde parce qu'ils aiment bien les proprios. Alors, ma belle, n'hésite pas, j'ai hâte de te revoir. Une inconditionnelle admiratrice.

Ton amie *Lili*

Quel front de bœuf, cette Lili. Allez offrir à Madonna de venir à Montréal pour partouzer avec mon Roger. J'ai envie de lui serrer les ouïes. Une fois l'invitation lancée, difficile de faire marche arrière. À vrai dire, je serais contente si Madonna et sa famille venaient passer une petite semaine «chez les Bontemps». J'aime l'audace de cette femme qui a bien su mener sa barque. Tout comme moi, Madonna s'est mariée sur le tard et a eu son premier enfant à l'âge de 38 ans. Mariée et heureuse, elle a réussi à concilier vie familiale et carrière et elle se maintient au top. Chapeau!

Je suis certaine que j'aimerais échanger avec elle, pas des hommes cependant, mais des idées. Je me demande si cette chanteuse à personnalité changeante ne serait pas elle aussi «schizoïde»? Surtout depuis qu'elle se fait appeler Esther et fait partie de la secte de Michael Berg (fils de Philip, fondateur du Centre de la Kabbale). Lorsqu'on sait qu'elle a déjà versé 22 millions de dollars pour la construction du Centre de la Kabbale de New York, on peut se demander comment cette *material girl* est devenue si spirituelle.

Comment notre Madonna – ou Esther, que plusieurs ont pu découvrir lors d'un documentaire de la B.B.C. – peut-elle gober qu'en prononçant Cher-no-byl, en séparant bien les syllabes tout en se tournant vers l'est et en repoussant l'air avec les mains, oui comment fait-elle pour croire qu'elle va réussir ainsi à réduire le rayonnement atomique! N'est-elle pas full naïve? Est-elle consciente que le Centre de la Kabbale est une grosse secte commerciale qui recrute les stars à la pelle afin de les endoctriner? Oui, j'aurais bien aimé discuter avec elle et entendre son point de vue sur ses nouvelles croyances.

D'habitude, l'instruction religieuse laisse la plupart d'entre nous dans l'idée que le sexe ne peut qu'être sacré ou sale et que, dans les deux cas, vaut mieux l'éviter. Alors Madonna dite Esther — une main dans la petite culotte et l'autre brandissant un crucifix — doit, elle aussi, avoir de sacrées prises de tête à composer entre la sainte et la pécheresse. À 48 ans, choisir entre chanter en petit corset autour d'un poteau en balançant son popotin ou écrire des livres pour enfants sur la kabbale pour faire de l'argent, ça doit pas être facile. J'aurais aimé lui demander comment elle vit sa dualité, cette vie de «schizo», sans s'arracher les cheveux! Qui gagne le plus souvent son combat intérieur, Esther la pieuse ou Madonna la rebelle?

Par contre, ce qui me révolte, c'est de partager mon Roger. Mon Roger, ça s'appelle touchez-y pas, il est à Didi! *Capiche?* Pas que Monsieur Ritchie me répugne, là n'est pas la question. Mais d'imaginer mon homme avec la très sexy Madonna, je ne suis pas capable! Imaginons qu'elle le trouve à son goût, cette dévoreuse d'homme, pis qu'elle me le vole. Même si son mari est de 12 ans son cadet, ça ne veut pas dire qu'elle ne puisse pas craquer pour les charmes d'un homme mature. Elle l'a déjà prouvé avec Warren Beatty. Roger n'est pas Warren, mais il possède, quand on le regarde bien, une belle gueule de cinéma. On dirait un croisement entre Robert De Niro et Al Pacino, ce qui lui vaut une touche *italiana*. D'ailleurs, quand on va bouffer dans le quartier italien, les proprios le saluent souvent en italien, le prenant pour un des leurs. Ce qui ne déplairait sans doute pas à Madonna, fière de ses origines, mi-Québécoise, mi-Italienne. En plus, mon Roger, il a une belle chevelure sel et poivre, un menton carré, des fossettes, de fascinants yeux verts et un bon nez.

Quand on ne veut pas dire gros, on dit bon, c'est ça?

D'accord, un peu expressif, le pif. Mais, comme le rassurait sa mère : un grand nez ne déguise pas un beau visage.

Ses fesses sont rebondies, son ventre à peine proéminent avec de belles petites poignées d'amour, son corps massif est tout poilu, ses mains et ses pieds sont doux... J'aime l'admirer quand il se glisse au lit tout nu, ou quand il se lève pour aller faire pipi. Il me fait penser à Harvey Keitel, l'acteur de *La leçon de piano*, en plus velu, mais les mêmes petites rondeurs de beau mâle mature. Sans oublier son excellent sens de l'humour, ce qui, je le crains, pourrait inévitablement charmer Madonna. En plus, c'est un bricoleur hors pair et, quand il est de bonne humeur, il peut même faire des tours de magie pour épater la galerie. Sans négliger qu'au lit, lorsqu'il est en forme et qu'il s'y met, il est champion numéro *uno*.

Son ti-Guy – Monsieur Madonna –, je ne pense pas que je vais l'intéresser. Je ne sais pas s'il aime les grandes femmes pas très riches, pas très célèbres et pas trop moches... En forme, certes, mais pas au top. De toute façon, moi, quand je ne suis pas moi-même intéressée, je ne m'intéresse pas. Si ça se trouve, c'est Roger et Madonna qui vont s'éclater, alors ti-Guy et moi on va parler cinéma ? Ouf ! Non mais, dans quelle situation cette immature de Lili veut-elle encore me plonger ? Ménage à quatre ?

Elle veut que Roger s'entiche d'une icône super sexy. C'est trop ! Faut pas ambitionner sur le pain bénit. Je vais leur montrer, moi, à Lili et à la Madonna, que mon Roger n'est pas à prendre. Sur ce, je descends au salon où Roger (**le beau au bois dormant**) s'est endormi devant la télé. Telle une chatte tournant autour d'un aquarium devant un poisson rouge, je l'observe avec convoitise. Tout en douceur, je me glisse près de lui et commence à l'embrasser dans le cou. Lentement, je descends et m'attarde autour du nombril... puis je défais son pantalon... et avec de petites léchées sagaces, je réussis à provoquer une belle réaction.

Pis c'est bon l'initiative, n'est-ce pas? Pas si endormi le bois!

(Toujours le nez fourré partout! Mêle-toi donc de tes oignons, fatigante!)

Je lui ai donné du plaisir au bout de la queue longtemps. Ensuite, il a mis son sexe en moi et nous avons fait langoureusement l'amour sur le divan du salon. J'ai été très heureuse de sentir son sexe dans mon sexe. En jouissant, j'ai eu des visions de béatitudes orgasmiques. On dirait que, momentanément, j'ai réussi à quitter mon corps pour transcender le réel. Difficile à exprimer en mots, mais vraiment fabuleux.

Quel abandon! Quels beaux cris de jouissance! Moi-même, ma chérie, j'en ai été toute chavirée. Si c'était pas ton mari... je serais tombée amoureuse!

Oui, tout un homme, mon Roger. Après toutes ces nuits passées avec lui, il m'émerveille et me comble encore.

J'ai été encore plus heureuse quand il m'a dit: «Je t'aime, ma chérie.» La tendresse et les mots d'amour, je ne connais rien de mieux comme aphrodisiaques. Ensuite, nous sommes montés nous coucher dans notre chambre et nous nous sommes blottis l'un contre l'autre.

Avant de m'endormir, je lui ai demandé s'il avait envie d'assister au concert de Madonna cet été.

— Madonna? Au Centre Bell? Avec une foule de groupies hystériques! Tu ne trouves pas qu'on a passé l'âge pour ça?

— C'est pas ton genre, Madonna, chéri?

— Non, pas vraiment.

— Tu n'as jamais fantasmé sur Madonna? Elle ne t'allume pas?

Lui, réfléchissant en se grattant la tête :

— Non, pas vraiment, non. Je préfère Sharapova, la joueuse de tennis.

Tiens ! On pourrait l'inviter au gîte celle-là, la jalousie te va si bien. J'aurais dû m'en douter. Il n'y a rien comme un peu de concurrence pour stimuler l'excitation amoureuse. Un divan croulant sous les soupçons peut s'avérer une couche plutôt torride. Et puis ça change du lit conjugal.

Bravo ! ma chérie, au moins ton Roger ne vit pas avec une épouse sinistre dépouillée de sensualité et d'imagination.

En as-tu déjà douté ? Je connais des trucs qui pourraient réveiller des morts.

Enfin, je me suis endormie en me fredonnant cette chanson d'Édith Piaf.

Des yeux qui font baisser les miens
Un rire qui se perd sur sa bouche
Voilà le portrait sans retouche
De l'homme auquel j'appartiens

C'est lui pour moi, moi pour lui dans la vie
Il me l'a dit, l'a juré pour la vie
Et dès que je l'aperçois
Alors je sens en moi
Mon cœur qui bat.

« Quand il me prend dans ses bras
Qu'il me parle tout bas
J'oublie ma ménopause... »

Cher journal,

Aujourd'hui, je suis allée voir Denise (surnommée Coucoune), ma meilleure amie d'enfance. Coucoune et moi, on jouait ensemble avant la maternelle. Depuis presque un demi-siècle, on se connaît, on s'aime, on se voit évoluer. Comme elle est (j'insiste pour la taquiner) beaucoup plus âgée que moi, d'au moins une bonne demi-douzaine de mois (158 jours exactement), je la considère presque comme ma chienne guide sur la pente de la vie.

Adolescente précoce, je me souviens que c'est Coucoune qui a porté le premier soutien-gorge. Elle a aussi été la première de nous deux à avoir ses règles. C'est elle, la première, qui m'a expliqué comment on se sert des tampons. Elle, la première, qui a embrassé un garçon «avec la langue». Elle qui a apporté les premières cigarettes à l'école et encore la première à se balader fièrement à l'école en bottes à gogo. Première de nous deux, enfin, à prendre la pilule et à faire l'amour comme une grande, à seize ans et demi.

Dernièrement, c'est elle qui, la première, a dû se résigner à porter des lunettes et c'est elle aussi qui a commencé à lire plein de livres sur la ménopause. Comme elle me devance de six mois dans sa périménopause, je m'intéresse à son ovulation et à son évolution avec fascination. Nos cycles ayant commencé à prendre des vacances de temps en temps, on se demande à quand les *grandes* vacances, le grand départ «des Anglais» – comme on appelait «les rouges» dans le temps. Adolescentes, nous étions tellement bien lunées que, lorsqu'on voyageait ensemble, souvent nos règles démarraient en même temps. Alors, par extrapolation, j'en déduis qu'on va probablement arriver en fin de cycle avec quelques mois de décalage. Nous aurons ainsi la chance inouïe d'expérimenter nos sautes d'humeur et bouffées de chaleur en presque synchronicité. Nous serons alors ménopausées ensemble pour de bon. Comme il est rassurant de savoir qu'on ne vieillit pas toute seule et qu'on n'est pas seule à glisser sur la pente vaselinée de la vie.

Si les amies n'existaient pas lors des changements cruciaux de la vie, il faudrait les inventer. Moi, heureusement, je sais que je peux compter sur ma meute d'amies, et Coucoune fait partie de mon petit troupeau de vaches sacrées.

J'allais oublier, dernièrement, c'est elle qui a passé sa mammographie la première. Comme je viens de recevoir la feuille officielle du gouvernement m'invitant à prendre rendez-vous pour ma première mammographie, je suis curieuse de savoir comment ça se passe. Je profite de la présence de mon amie pour lui demander comment elle a vécu la sienne.

Elle me décrit les choses avec calme. « Ne t'inquiète pas, ça ne fait pas mal, mais c'est pas ce qu'il y a de plus plaisant, dit-elle en traînant le "an" du plaisant comme on le fait au Lac-Saint-Jean. Drapées dans des blouses vertes de coton rêche qui s'attachent par-derrière, nous avons toutes un peu l'air ruminant de pauvre vache qu'on mène à l'abattoir. Parce que veux, veux pas, on rumine des pensées bizarres, chacune y allant de son scénario intérieur, angoissant à l'idée qu'on nous découvre un fibrome, un kyste, un truc cancéreux. C'est pour ça, j'imagine, que l'ambiance est silencieuse, tout le monde pense. On voit défiler nos vies et on attend qu'on nous appelle pour nous examiner, nous diagnostiquer.

Ensuite, devant une plaque de verre, on te prend les seins et on les presse et les compresse dans un étau. Et on te demande d'arrêter de respirer. Attends-toi à ce qu'on te fasse plusieurs radiographies. Une vue de face et une oblique. Ne t'inquiète pas si on te demande de faire plus de photos, c'est juste pour vérifier la densité. »

— C'est douloureux?

«Écoute, ça dure environ une dizaine de minutes. Ça peut être un peu douloureux si on compresse trop, ou si comme moi tu as les seins sensibles.

Si tu respires trop vite, tu vas juste gâcher la photo et ils vont devoir recommencer le processus de "squeezage". Il vaut mieux demeurer calme parce que toute cette manipulation de tous bords tous côtés du téton, c'est vraiment agaçant. N'oublie pas que tu es entre les mains de la technicienne qui te prend en charge. Si elle est gentille, ça va aller, mais si elle est énervée et brusque, attention! Il vaut mieux être patiente et calme avec les femmes qui te manipulent.

Finalement, on m'a tâté, radiographié, comprimé, compressé les seins entre deux plaques de verre, passée au scanner, au radar, au truc à écho, piquée, pompé du liquide, marqué les seins à la teinture d'iode... et puis on m'a dit: "Vous pouvez aller vous rhabiller."

Ensuite, après l'échographie, on a découvert des fibromes et ils ont voulu voir s'il y avait des kystes. J'ai eu la trouille parce qu'on a découvert des fibromes cancéreux dans les seins de ma sœur Joëlle. J'ai fait quelques nuits d'insomnie et beaucoup de visualisation positive en attendant d'avoir mes résultats.

Finalement, ils ont aperçu des fibromes sur les clichés, mais rien de trop sérieux. Je dois subir des mammographies chaque année maintenant. Au cas où les fibromes deviendraient malins. Mais je ne m'inquiète pas outre mesure, je fais ma relaxation et mes visualisations et j'ai décidé de faire confiance à la vie.

Ah oui, j'oubliais, dit-elle, le jour de l'examen, n'applique aucune crème, poudre, parfum ou déodorant, ça peut donner de fausses images. Ma sœur a dû recommencer sa mammo parce qu'elle s'était mis de la poudre pour bébé. »

Je trouve mon amie très zen face aux choses de la vie.

Elle entreprend sa cinquantaine avec une attitude de sérénité plutôt étonnante. J'aime beaucoup échanger avec elle. Car tout comme moi, elle s'intéresse beaucoup à la ménopause et aux changements occasionnés, mais son approche est plus alternative. Elle a déjà consulté des homéopathes, des acupuncteurs, des herboristes, quelques spécialistes de médecines douces et... quelques charlatans.

Elle prend des gélules de ginkgo biloba, pour la mémoire quand elle ne les oublie pas, s'applique des crèmes hormonales naturelles et, même si des petites poignées d'amour s'agrippent à ses flancs, elle ne s'en fait pas pour autant. Comme elle dit : « La prise de poids et la modification du schéma corporel sont inévitables avec l'âge. C'est normal de grossir, il ne faut pas paniquer avec ça, maisil faut bouger. » C'est pourquoi elle s'est mise, elle aussi, au yoga.

D'ailleurs, elle m'a invitée à suivre avec elle un cours de yoga pour les aînés. C'est fou, dire qu'hier encore nous dansions la salsa avec de beaux Latins et là, nous nous retrouvons 25 ans plus tard à faire du yoga avec des babas cool du troisième âge qui prennent soin de leur corps, respirent tranquillement par le nez et étirent prudemment leurs raides articulations. Il n'y a pas d'âge pour être de vieux jeunes.

Cependant, la dernière trouvaille de Coucoune pour contrer les bouffées de chaleur, c'est l'autohypnose. Elle affirme que c'est excellent. Comme elle a fait un stage de « yoga et gestion de stress », elle veut m'initier à la pratique de visualisation et d'autohypnose.

L'autohypnose ? Je connais, je tombe toujours endormie dans le trafic, glisse Lili.

Coucoune, venant d'expérimenter ses premières bouffées de chaleur, prétend que son truc d'autohypnose est excellent pour contrer le stress et calmer le bouillon. Elle m'invite donc à me coucher au sol et à respirer profondément en me répétant mentalement : je suis parfaitement détendue, parfaitement calme. Je dois respirer lentement et me répéter : je suis détendue et heureuse, complètement détendue et heureuse. En répétant ce mantra les yeux fermés, je dois visualiser les parties internes de mon corps. Couchée sur un tapis dans un petit centre de yoga, je réalise que je n'ai pas trop l'habitude de visualiser les parties internes de mon corps... Puis qu'en fait, je n'aime pas trop.

Modulation de Lili : Non mais, réalises-tu que tu as l'air d'une belle tache de graisse sur un tapis antidérapant ?

C'est ça, ferme tes yeux et visualise tes parties internes. Vois-tu ta belle rate jaune ? ton gros foie rouge vif ? ton côlon brun ? tes ovaires verts ? ton tube digestif jaune ? Ne préfères-tu pas visualiser l'intérieur de notre douce vulve rose qui palpite et s'ennuie à mourir dans ce centre de yoga pour aînés.

Ensuite, c'est quoi le plan ? Qu'est-ce qu'elle va nous proposer, la Coucoune ? Une promenade au parc La Fontaine pour faire de la contemplation passive de ti-mononcles en train de jouer à la pétanque ?

Visualise bien le cochonnet.

Concentration, respiration, méditation, devenir zen et faire taire la voix de Lili qui, évidemment, ne peut demeurer zen. Il faut toujours qu'elle intervienne et sabote mes tentatives de relaxation.

Où y a de la « zen », y a pas de plaisir, renchérit-elle.

Par un puissant effort mental et quelques respirations profondes, je la zappe de mes pensées pour me concentrer sur la voix douce de mon amie qui me guide dans la relaxation. « Tu es complètement détendue, tes orteils, tes pieds sont complètement détendus, tes mollets, tes jambes sont complètement détendus. Tes genoux, tes cuisses complètement détendus. »

Et le cou... Alouette!

Ensuite, par un entraînement autogène, Coucoune m'incite à étirer totalement tous mes muscles puis à les relâcher aussitôt, jusqu'à ce que, comme le conseille mon amie, je devienne molle. Molle comme la montre de Dali, comme une crème glacée molle ou comme un chewing-gum mou... C'est de la suggestion mentale, on choisit l'image de mollesse qui nous semble la plus molle et on essaie de se détendre complètement. Ainsi, on parvient à espacer les bouffées de chaleur. C'est une façon de fair : jouer l'esprit sur la matière.

Crois-moi, j'ai d'autres façons de faire jouer mon esprit sur la matière! Et je peux transformer la matière molle en matière dure en un petit tour de main.

Laisse-moi donc en paix, obsédée, et sors de mon mental, espèce de malade mentale. De longues respirations alternées devraient venir à bout de ce parasite qui court-circuite encore fréquemment mon état de presque béatitude mentale et physique. Enfin, je ne me sens pas tout à fait complètement détendue ni totalement relaxe, mais avec un peu de pratique... j'y arriverai sans doute.

Après cette séance, Coucoune et moi en profitons pour aller manger ensemble et faire le point sur nos vies. Comme elle arrive de Drummondville, où elle visite sa maman aujourd'hui atteinte d'Alzheimer, nous parlons de nos pauvres mères qui ont besoin de l'amour et du soutien de leurs proches pour supporter leurs vieux jours. On se dit que la ménopause, comparativement à ce que doivent affronter nos vieilles mamans, c'est de la petite bière. Que vieillir n'est pas une sinécure.

Par contre, à la question «Comment va ta mère?», je suis obligée d'admettre que les choses se passent plus ou moins bien avec elle. Ma mère est atteinte depuis peu de dégénérescence maculaire et elle perd progressivement l'usage de la vue. Pour une chose aussi grave, je trouve qu'elle prend la chose assez courageusement et se maintient en forme, physiquement et moralement, de façon étonnante. Même si elle sait qu'elle va finir ses jours dans la grande noirceur, elle veut se familiariser avec son handicap et essaie de conserver le plus d'autonomie possible. Ma mère, débrouillarde et organisée, utilise des ruses de Sioux pour arriver à mettre en place un système qui lui permette de fonctionner encore par elle-même. À 75 ans, je l'admire, fière et optimiste face à la vie, se disant que ça pourrait être pire. Elle a même un nouvel amoureux qui lui sert de soutien moral et l'aide à patauger dans son flou virtuel. Je passe la visiter deux, trois fois par mois et tente d'avoir davantage de patience et de compréhension à son égard.

Mais hélas, parfois, à un moment donné, je dérape et deviens impatiente. À 50 ans, c'est fou comme j'ai la mèche courte et allume rapidement. J'aimerais tellement demeurer sereine comme mon amie. Avoir sa patience d'ange auprès de sa mère qui ne la reconnaît presque plus. Mais moi, parfois, je gâche tout et j'ai honte. Il suffit d'une réaction agacée de sa part, d'une remarque de trop et je veux m'enfuir. Je ne pensais pas qu'à 50 ans, les relations mère-fille seraient encore aussi compliquées. Je me disais que le temps adoucirait les choses et que je me ferais une raison. Je croyais qu'en devenant plus mature, je serais plus compréhensive envers celle qui m'a mise au monde et m'a élevée du mieux qu'elle a pu. Étant moi-même une mère, je devrais savoir que les mamans ont droit de faire des erreurs. Je suis, et j'ai honte de l'avouer, presque aussi rebelle qu'à mon adolescence. J'ai l'impression que ma mère et moi sommes passées à côté l'une de l'autre. Même si notre relation n'est aujourd'hui pas si mauvaise, puisque nous avons réussi à tout banaliser et à parler de n'importe quoi. À ma dernière visite, j'ai même beaucoup ri quand elle m'a appris que ma tante Blanche – sa sœur qui a 84 ans – se faisait offrir du sucre à la crème par un soupirant de 78 ans. Les femmes attirent les hommes dans notre famille. C'est génétique! Parfois, on s'amuse bien, elle a le sens de l'humour et aime rire et on peut faire de belles parties de scrabble ensemble. Même en n'y voyant presque plus, ma mère peut encore arriver à gagner.

Même si nous sommes parfois trop différentes pour avoir une vraie complicité, nous arrivons tout de même à vivre de bons moments. Le hic, c'est que je manque parfois de patience envers ses histoires et je m'en veux terriblement. Je sais bien que ma mère s'est sacrifiée pour sa famille, je sais bien qu'elle a fait du mieux qu'elle pouvait avec le bagage qu'elle a reçu, je reconnais bien son dévouement et sa générosité mais, malgré tout, ça ne clique pas toujours nous deux, hélas! Des années de thérapie arriveraient sans doute à éclaircir ce mystère. Mais avons-nous le temps et l'envie de nous embarquer dans le grand déballage des souvenirs d'enfance? Je me dis que ma mère a sûrement eu son lot de désirs, de besoins et d'attentes souvent déçus et qu'elle a réagi parfois par frustration. Quand nous étions jeunes, mon père, commis voyageur, partait souvent pendant des jours, la laissant alors seule avec deux fillettes parfois très agitées. Je sais que ce n'était pas toujours facile de nous éduquer.

Encore aujourd'hui, on dirait qu'elle souhaite toujours s'immiscer dans ma vie, comme elle le faisait si bien jadis pour sauver les apparences. Dans ce temps-là, au début des années soixante, on vivait beaucoup dans le monde du paraître. Avoir une fille qui écrit des livres, ce n'est pas comme avoir une fille notaire ou médecin qui gagne beaucoup d'argent. Je connais trop ses mimiques, ses exaspérations et son jeu préféré – les sous-entendus désobligeants – pour pouvoir relaxer et profiter agréablement de sa compagnie. Comme elle excelle dans l'art de l'allusion blessante, je m'attends parfois à ce qu'elle décoche une flèche assassine, comme elle sait si bien le faire. Scorpionne de mère en fille – je suis née le jour de son anniversaire –, hélas, moi aussi maintenant je suis capable de décocher des flèches. Mais je n'aime pas tirer sur ma vieille mère presque aveugle et fière comme un aigle. Et pour quoi faire? Ma mère est âgée, fatiguée, vulnérable et je dois la ménager, la protéger et l'aimer envers et contre tout. Alors, je préfère me taire plutôt que de la contrarier, mais tout cela entraîne des conversations assez vides de sens.

Oui, mais elle ne t'a pas ménagée, petite, me glisse la petite voix revancharde de la délinquante en moi.

« Il faudrait que tu fasses la paix avec ton passé, m'a glissé Coucoune quand je lui ai parlé de ma relation complexe avec ma mère. Lui en veux-tu encore pour cette histoire de viol ? » « Bonne question. J'y repense et je t'en reparle. » Et comme nous n'avions qu'une heure pour le lunch, chacune ayant des tonnes de choses à faire, on s'est promis de se revoir bientôt.

Ma rencontre avec Coucoune m'a fait réfléchir et ce soir, seule devant mon journal intime, je dois poursuivre l'introspection et affronter le passé.

Je n'ai jamais trop parlé de mon enfance, de ma relation avec ma mère ni de mes histoires de viol. Mais, à la mi-temps de ma vie, à l'heure des bilans, si je veux être honnête avec moi-même, il serait peut-être temps de soulever le tapis pour faire le ménage.

Ça pourrait commencer ainsi...

Quand j'étais petite, ma mère était une femme que je trouvais impressionnante. Elle était grande, solide, parlait fort et s'imposait comme la meilleure dans tout à la maison. Et elle l'était. Véritable chef de famille, elle nous tenait tous sous son joug, son humeur et parfois sa domination. Si on voulait que les choses aillent rondement à la maison, il ne fallait pas la contrarier, c'est tout. Elle organisait et dirigeait sa maisonnée de main de maître. Pour ma sœur et moi, elle décidait de la longueur de nos jupes comme de celle de nos cheveux. Elle nous parlait de manière autoritaire et nous tenait à sa main. Enfin, cela dit, ma mère n'était pas une mauvaise mère, loin de là. Impatiente, énergique certes, autoritaire, elle n'avait parfois pas d'autre choix que de nous discipliner tant nous étions, ma sœur et moi, turbulentes.

Mais comme à son époque psychologie et pédagogie n'étaient pas au goût du jour, elle a fait quelques erreurs de jugement. Évidemment, quelle mère n'en fait pas? Je ne tiens pas ici à faire son procès, mais comme je veux, depuis le début, dans ce journal parler des vraies affaires, si je tais cette partie de mon passé, on ne comprendra jamais l'origine de ma fameuse dualité, ma double personnalité. De celle qui cherche à combler un vide émotionnel par son langage sexuel. De celle qui se tient toujours en laisse et qui raisonne, de peur d'être ridiculisée.

Il me faut retourner à l'âge de huit ans. Nous sommes au mois de juin. Il fait beau, les oiseaux chantent et le temps est doux. C'est samedi matin, toute la famille dort encore. Je me suis levée tôt et, sans faire de bruit, à petits pas de souris, je suis sortie pour aller jouer dehors. J'avais tellement hâte de me rendre à notre «fort» – une espèce de petit camp de branches que nous avions construit avec des amis dans le sous-bois près de la rivière Noire –, que je n'ai même pas pris le temps de déjeuner.

Alors que je marchais seule sur le trottoir, me dirigeant vers la forêt, au bout de la rue un monsieur chauve et bedonnant, au volant d'une grosse voiture blanche et bleue, m'interpella pour me demander si je savais où était le garage le plus proche. Je ne connaissais pas ce gros monsieur, mais bien sûr que je savais où se trouvait le garage le plus proche! C'était le garage Fréchette, rue Saint-Pierre, juste à deux coins de rue. Il m'invita à l'accompagner au garage. J'hésitai quelques secondes, parce que je savais – maman m'avait bien prévenue – qu'il ne fallait pas parler aux inconnus. Mais puisqu'il me parlait déjà et que, en bonne petite innocente, je ne me méfiais pas encore des hommes, j'acceptai de monter avec lui, mais seulement si nous allions au garage Fréchette. Dans ce cas-là, je pouvais monter puisque nous nous rendions au garage de mon oncle, Almanzor Fréchette. Dans ma petite tête de linotte, je pensais que j'aurais ainsi l'occasion de voir mes cousins et ma tante Archange et aussi la chance de prendre le petit-déjeuner avec eux. Ma tante Archange faisait de si bonnes crêpes. Dans ma petite cervelle d'enfant, je pensais en profiter pour inviter mon cousin Denis à venir voir notre «mini forteresse» dans la forêt. Naturellement, je montai dans la voiture. Nous partîmes en direction de chez mon oncle mais, malgré mes cris, mes supplications et le fait que je tirais sur son bras, le conducteur ne s'arrêta jamais au garage Fréchette. Impassible, il fila devant et continua jusqu'à un rang désert, en pleine campagne.

Dans un petit chemin de terre isolé et poussiéreux, il arrêta sa voiture. À ce moment, j'essayai de m'enfuir, mais il m'empoigna par le bras. D'une main, il me retenait alors que, de son autre large main, il extirpait de son pantalon une espèce de gros boudin pourpre entouré de poils que je découvrais, horrifiée, pour la première fois de ma vie.

Moi, petite innocente pieuse et fervente, je me suis alors souvenue de Maria Goretti. Je voulais tellement ne pas être souillée par l'horrible chose, par ce gros machin qu'il agitait devant moi. Je suppliai mon agresseur: «Tuez-moi, tuez-moi, je veux être comme Maria Goretti.» Et je pleurais et répétais ma supplication: «Tuez-moi, tuez-moi, je veux être comme Maria Goretti.»

Heureusement qu'il ne t'a pas écoutée, ce sale porc, ce gros lard, ce goret puant, sinon nous ne serions plus là.

Peut-être ignorait-il qui était Maria Goretti?

Mais moi, petite fille, je me souviens très bien que je voulais être comme elle, celle qui se refuse! Je criais, pleurais et me débattais sous les grosses pattes de l'agresseur. Mais lui, le gros porc pervers, ça ne lui chamboulait pas trop l'instinct humain. Il avait décidé de jouir et s'acharnait sur mon petit corps récalcitrant. J'avais beau me débattre, me tortiller comme le diable dans l'eau bénite, je ne faisais pas le poids.

Que peut une petite fille de huit ans contre un gros porc en rut? J'ai tout de même réussi à lui mordre le bout du gland quand il a voulu me l'enfoncer dans la bouche pour que je le suce. Mettre son pénis dans la bouche d'une fillette, à quoi pouvait-il s'attendre, ce taré, sinon à être mordu ? Je n'avais jamais vu de sexe masculin de ma vie, et encore moins de film porno. Il m'a giflée. Impatient, il a tenté alors de me pénétrer mais ça ne rentrait pas comme il le voulait, je serrais les jambes, je bougeais trop. Finalement, il s'est masturbé sur moi, terrorisée sur la banquette, au-dessus de mes petites cuisses devant mon regard horrifié.

Ce qui fait que la première fois que j'ai vu du sperme sortir d'un pénis, j'ai vomi. La deuxième fois, des années plus tard, également.

Après avoir largué sa démence, nous avons repris la direction de Drummondville, lui pensif et silencieux, moi reniflant. À mi-chemin, il a voulu me laisser au bord de la forêt et j'ai dû alors lui promettre de ne raconter cette histoire à personne. « Sinon, me menaça-t-il, je te retrouverai et tu vas y goûter, ma petite ! »

Finalement, il m'a fait descendre près d'un petit parc, derrière l'école Pie-X, mon école, puis a pesé sur l'accélérateur et s'est enfui, laissant derrière lui un nuage de poussière. Dès que je me suis retrouvée hors de l'auto, je me suis mise à courir. Je courais, paniquée, confuse, j'étais en état de choc. La première personne à m'approcher ce matin-là fut mon amie Coucoune, qui était avec une autre copine de classe. En me voyant en pleurs et dans un triste état, elles se sont approchées de moi et m'ont demandé ce qui m'arrivait.

Alors, j'ai tout déballé, je leur ai dit qu'un gros monsieur chauve m'avait embarquée dans une voiture blanche et bleue et qu'il m'a montré son pénis et m'a sauté dessus. Je reniflais en leur racontant que moi, je ne voulais pas. Je vous jure que je voulais être comme Maria Goretti ! Elles m'ont prise par l'épaule et sont gentiment venues me reconduire à la maison. Il était plus de midi, j'étais en retard pour dîner.

Lorsque je suis entrée à la maison, mes parents, voyant ma petite mine déconfite et les larmes sur mon visage, ont voulu savoir ce qui m'arrivait. J'ai raconté et répété ce que j'avais subi. Le gros monsieur, le gros char bleu et blanc, le voyage à la campagne, le maniaque qui a sorti son gros pénis, l'agression. Mon père, furieux et en colère, a frappé sur la table en sacrant, et a ensuite téléphoné à la police. Maman, paniquée, a pris rendez-vous chez le médecin. Puis, consternée, elle m'a prise à part et m'a dit: «Ma fille, ne parle jamais de ça à personne! Tu m'entends, à personne!» Mais il était déjà trop tard, puisque je l'avais déjà dit à mes amies.

Je sais qu'à l'époque, ma mère, très catholique et soucieuse des apparences, ne voulait absolument pas qu'on sache que sa fille aînée s'était fait «jouer dedans», comme elle disait. Mais quand même, elle n'aurait jamais dû confier aux autres mères, et surtout pas à la mère de ma meilleure amie Coucoune – à qui j'avais justement raconté ma version des faits –, non elle n'aurait jamais dû lui dire que Diane avait beaucoup d'imagination pour son jeune âge et que j'avais inventé cette histoire probablement pour obtenir de l'attention. J'ai eu de la peine quand j'ai entendu ça. Ça m'a perturbée et je me suis isolée. Encore plus quand Hélène m'a balancé dans la cour de récréation: «Ma mère a téléphoné à ta mère pour savoir si c'était vrai qu'il y avait un violeur dans la région, et ta mère a dit que c'était pas vrai. Menteuse! Menteuse!»

J'étais anéantie. Dorénavant, je devais garder mes secrets les plus douloureux pour moi.

Déjà de subir une agression, quand tu as huit ans, c'est lourd à porter pour de fragiles épaules de gamine, mais quand en plus tu passes pour une fabulatrice, que tes amies se méfient et te regardent comme une sale petite menteuse, c'est terrible! J'ai réalisé que j'étais mise à l'écart.

C'était l'époque! Je sais bien que le sexe était tabou dans le temps.

Il fallait préserver les apparences et la sainte virginité. J'avais même, comme Maria Goretti, mon idole du moment, voulu mourir pour préserver mon honneur! Mais j'avais tout de même – même si personne ne voulait le reconnaître et encore moins en entendre parler – subi un terrible traumatisme. Mais on n'en parlerait plus, point final.

Maintenant, les gens passent à la télé pour raconter ça sur la place publique et on les encourage, on sympathise, on en fait même un peu trop. Mais au début des années soixante, c'était le règne de la virginité et de l'hypocrisie. Je sais maintenant que ma mère, en voulant passer sous silence cet événement, pensait agir pour mon bien et surtout préserver ma chaste et bonne réputation de jeune fille vierge. Elle ne voulait pas que je sois marquée à jamais comme «celle qui s'est fait avoir» ou «jouer dedans». Ça peut se comprendre, elle n'était sûrement pas mal intentionnée, elle voulait sauver les apparences et préserver sa fille des qu'en-dira-t-on. Moi, petite innocente pieuse et fervente, j'avais tellement peur d'être souillée par le péché de la chair que j'avais été prête à mourir, comme Maria Goretti, pour demeurer pure et chaste.

Et maintenant j'étais impure et menteuse, et on avait honte de moi.

Le gros porc aurait dû me tuer.

Par la suite, il y a eu l'examen gynécologique chez le médecin, avec mon père qui m'accompagnait pour voir si mon hymen avait été perforé. Je n'ai pas aimé ça. Frissonnante, mes deux petits pieds dans l'étrier, les cuisses ouvertes et tremblantes, je me faisais encore «jouer dedans» par un autre homme que je ne connaissais pas. Et je détestais ça. Quelle horreur!

Ce soir-là, à mon retour à la maison, je me souviens que ma petite sœur voulait savoir ce qui m'était arrivé. Comme ma mère m'avait bien interdit de parler à qui que ce soit de cette histoire, je n'ai rien pu lui dire. Je me souviens m'être sentie très seule et très coupable. Je n'avais pas d'alliée dans cette histoire.

Alors, pendant des années, j'ai enfoui ce secret dans ma petite tête d'enfant et n'en ai plus jamais reparlé. De toute façon, j'étais étiquetée «impure, menteuse, avec beaucoup d'imagination». Je me suis tout de même confiée à mon journal intime, n'ayant vraiment personne d'autre avec qui partager cela.

L'histoire, hélas, ne s'arrête pas là. Quelques années plus tard, à l'âge de 13 ans, je me suis fait prendre de force par un grand costaud de 21 ans de Saint-Germain-de-Grantham. Lui m'a violée en bonne et due forme. Mais, fidèle à la loi du silence, je n'ai jamais parlé de ce viol à qui que ce soit avant plusieurs années. Je ne l'ai même pas dénoncé à la police, même si je connaissais son nom et que jamais je ne l'oublierai. Ce qu'il est advenu de lui? Qui sait? Peut-être s'est-il marié, a-t-il eu des enfants et réussi à mener une vie normale de père de famille? Peut-être en a-t-il violé d'autres et s'est-il fait dénoncer... Moi, je n'ai pas eu ce courage.

Pourquoi tu n'en profites pas pour le dénoncer maintenant, ce minable? Moi aussi, je me souviens très bien de son nom. Je lui dois bien un chien de ma chienne à cet enfant de chienne.

Non... je ne tiens pas à faire trop de vagues avec cette histoire, et je n'ai pas envie que les gens pensent que je veux faire mon intrigante. Je veux faire la paix avec mon passé.

Quand même, j'avais appris une dure leçon : en cas de viol, ma fille, ferme ta gueule!

Je me souviens, c'était un vendredi soir de juillet. Je m'étais maquillé les yeux et mis du rose à lèvres avant de sortir. J'étais grande et mince comme une échalote, à l'époque, et j'essayais de faire un petit peu plus vieille que mon âge. Un grand blond aux yeux clairs s'est approché de moi, au parc Saint-Frédérique, et a commencé à me parler. Il m'a dit son nom, qu'il venait de la campagne et n'avait pas beaucoup d'amis en ville. Il m'a proposé d'aller prendre une crème glacée avec lui au Dairy Queen.

Bien entendu, j'ai accepté. Qui peut refuser une crème glacée en été? Tout en marchant et en bavardant, il m'a demandé de l'accompagner au parc Woodyath sur le bord de la rivière. Sans penser à mal, encore naïve, je l'ai suivi. Mais, quand nous nous sommes éloignés un peu des lumières, près de la rivière, j'ai eu un doute. Trop tard, le gars me tenait déjà par le poignet et me traînait dans l'obscurité. Dans des buissons, à côté d'un abrupt rocher, il m'a plaquée au sol et s'est couché sur moi. «Maintenant, fille, tu vas faire ce que je te demande, parce que c'est moi qui commande», m'a-t-il dit en détachant son pantalon.

En moins de deux, il se déculotta jusqu'aux genoux et s'acharna à défaire mon jean. Comme je me débattais, il prit un gros caillou et le posa durement sur ma tempe en me menaçant sérieusement: «Si tu bouges, je te l'écrabouille dans la face.» La roche était imposante, sa gueule méchante, j'ai eu peur, je me suis tenue tranquille, j'ai fait ce qu'il ordonnait et j'ai ouvert les jambes. Je tremblais de tout mon corps. J'ai tressailli quand j'ai senti son sexe dur me pénétrer d'aplomb. J'avais les larmes aux yeux. Je tentais de le supplier d'arrêter, surtout qu'à 13 ans, comme j'avais déjà eu mes règles, je craignais de me retrouver enceinte. Mais lui, le salaud, il était trop bandé pour écouter mes paroles, trop excité pour se contrôler, trop macho pour m'épargner.

Alors, après avoir vidé en moi son «jus de grand navet», ce salopard a retiré la roche de ma tempe, s'est relevé, reculotté et s'est enfui en murmurant: «Salut!»

Je suis demeurée quelques instants toute tremblante. J'avais les fesses et le bas du dos tout écorchés. Mon corps, mes cuisses pleins d'égratignures, mes vêtements sales, couverts de boue et de brindilles. Je me suis rhabillée du mieux que j'ai pu. Puis, j'ai repris en clopinant et en reniflant le chemin de la maison, paniquée en pensant à ce qui m'attendait là-bas. J'étais inquiète. Je savais que j'avais largement dépassé 22 heures, l'heure du couvre-feu familial. Passé minuit, je me doutais bien que mes parents seraient morts d'inquiétude de me voir arriver si tard. Mais, dans ma jeune tête, j'avais bien retenu la leçon de l'histoire de mes huit ans: «Quand on se fait violer, il faut fermer sa gueule.» Aussi, quand mes pauvres parents hystériques m'ont vue arriver, ils ont eu beau m'insulter, me traiter de traînée, de petite guidoune..., je préférais qu'ils me crient après plutôt que de les entendre me dire que je l'avais bien cherché.

Alors, ce soir-là, après être passée à la salle de bain et m'être bien lavée et frottée partout, je me suis couchée en priant la sainte Vierge, espérant ne pas engendrer la vie dans mes entrailles meurtries.

Cette nuit-là, j'ai renoncé définitivement à être comme Maria Goretti. Je vivrai et je m'en sortirai.

Je dois avouer que, même si pendant deux, trois semaines, mon vagin – ma fente, ma vulve, ma chatte, peu importe le nom! –, me causait des terreurs, mon ventre – que je palpais sans arrêt dans la crainte d'une maternité non désirée – me terrifiait. Je me taisais, gardant tout pour moi, avec cette angoisse d'avoir peut-être été engrossée de force. La sexualité me bouleversait. J'étais sur le point de tout avouer quand enfin mes règles sont arrivées. Ce jour-là, j'étais tellement heureuse, je les ai bénies, j'ai sauté de joie et ai remercié le ciel! Et encore aujourd'hui, je suis contente quand je les vois arriver, même si elles me chamboulent les humeurs.

Donc, à cette époque, j'étais une jeune femme dont l'hymen avait été sacrifié et qui avait grandement besoin de parfaire sa connaissance charnelle.

Ce coup-ci, que je sois vierge ou non, c'était l'affaire de personne ! Mais j'avais une réputation à défendre et continuerais de jouer la jeune fille de bonne famille, gentille et de bonne humeur.

Non mais tout de même, Didi, réfléchis ! Si Arcand entendait parler de cette histoire et t'invitait à son émission pour en parler, aurais-tu le courage de Nathalie Simard et irais-tu te confier ? As-tu pensé que le gars pouvait être un récidiviste ? C'est important de dénoncer ses agresseurs, j'espère que tu n'as pas peur des représailles, à ton âge ! Moi, tu peux être certaine que si je revoyais ce type, je lui ferais bouffer ses couilles, la queue, puis les poils avec. Crois-moi !

D'accord, mais pour moi c'est du passé, et me venger ne changera rien... quoique... des fois... j'ai rêvé de le voir souffrir, le salaud.

Enfin, même si mon sexe était devenu un endroit de passage forcé, je voulais demeurer ouverte. Je regarderais les hommes comme des prédateurs mais, dans mon for intérieur, j'avais choisi d'être la plus forte.

Au début, ça n'a pas été facile. Je ressentais comme une inaptitude au plaisir, probablement liée au fait d'avoir été élevée dans la crainte du péché. Par la suite, j'avais trop appris à me méfier des hommes. Le mot « sexe » – ou tout concept de « plaisir sexuel » – provoquait chez moi un sentiment de dégoût tellement fort que je ne savais pas comment m'en sortir.

C'est à ce moment-là que je me suis mise à compulser des livres sur la sexualité, à lire des tas de bouquins de psychologie, des essais féministes, des romans érotiques... J'étais une adolescente en mal de connaissance... Et je voulais savoir tout, puis vite. Surtout savoir comment on s'unit dans le plaisir. Pourquoi l'acte sexuel était-il associé à l'amour, alors que je n'avais connu que la démence ? Le sexe pour moi était désacralisé. Il avait été abordé de façon si abrupte que cela n'avait plus de sens. Il me fallait comprendre pourquoi les adultes font l'amour.

Qui pouvait m'aider à part les livres? Je me sentais tellement isolée, tellement décontenancée. Je n'arrivais pas à comprendre une chose fondamentale et importante : c'est quoi, l'amour physique? En dévorant des livres érotiques, j'essayais de comprendre ce qu'était le désir ou le plaisir sexuel et je m'en servais comme modèle, comme inspiration. Petit à petit, j'ai réussi à me libérer de mes peurs.

Être une jeune fille, quel danger! mais devenir adulte, quelle responsabilité! Pour y arriver, j'ai compris que je devais me fragmenter. Je serais une jeune fille fonctionnelle et modèle chez moi et j'expérimenterais et ferais mes armes ailleurs.

Comme, dans les livres, les héroïnes avaient l'air d'y prendre plaisir et d'aimer beaucoup ça – les Fanny Hill, Juliette, Justine, et autres égéries des romans chauds –, moi aussi je finirais par aimer ça. Je me suis donc comme *bricolé* un moi frauduleux qui pouvait se substituer à mon moi naturel quand ça faisait mon affaire.

Ce n'est que des années plus tard, vers 16 ou 17 ans avec Normand, mon premier amoureux – un gars sensible, doux, tendre et romantique –, que j'ai enfin découvert que l'acte sexuel pouvait vraiment être un acte d'amour unissant deux personnes. Je suis tombée amoureuse. Malgré tout, au début, le pauvre chéri a dû faire preuve de beaucoup de patience. Lors de nos premiers attouchements, la vue du sperme me dégoûtait tellement que j'en avais des haut-le-cœur. Je ne voulais ni toucher ni regarder, et encore moins prendre en bouche le sexe mâle. J'ai mis des années avant de surmonter mon dégoût de cette sauce blanchâtre, gluante et visqueuse qui sortait du pénis. À cause de mon éducation religieuse, des traumatismes de ma jeunesse, j'avais pas mal de réticences à me laisser aller dans le plaisir. Comme l'Église a fait de la jouissance un péché, j'avais très mauvaise conscience à jouir de mon corps, aux prises encore avec un abominable sentiment d'impureté.

Pour cesser de souffrir, je devais accepter d'affronter les expériences douloureuses de mon passé, les assumer. Je voulais être capable de ressentir. Aussi, pendant des années, j'ai évité la douleur par toutes sortes de faux-fuyants. Avant le sexe, c'était préférable pour moi de boire un peu de vin ou d'alcool, ou encore de fumer un petit joint pour me détendre. Je me suis mise à m'inventer aussi une double personnalité, aguicheuse et provocante, pour masquer ma vulnérabilité, ma pudeur et mon dégoût pour la chose.

Avec mon amoureux de l'époque, je réalisais que le sexe pouvait être mon exutoire, mon nouveau paradis. Ce que l'on m'avait contrainte à faire de force, je pouvais l'accomplir de plein gré, avec beaucoup de tendresse, de douceur et de bons mots... et d'autosuggestion positive... Et même parvenir à un certain plaisir.

Maintenant, quand je vois l'autre «folle du logis» qui s'en fait presque une cure de jouvence, je ne m'étonne pas vraiment. Par conditionnement volontaire nous sommes passées d'un extrême à l'autre.

C'est tout de même un peu beaucoup grâce à moi si tu as réussi à vaincre tes inhibitions. Si je n'étais pas née de ton imagination, où en serais-tu maintenant ? Quelle aurait été ta vie sans ta Lili imaginaire pour te faire voyager, te sortir de ton petit Drummondville, te donner la piqûre de l'aventure, de la conquête amoureuse... et du sexe ?

Moi, la belle garce séductrice, je t'ai menée autour du monde. J'ai fait de notre vie une fiesta, une vie inventée, sans me soucier des codes établis par la société. On a eu du bon temps ensemble, non... madame Bontemps ? Mon imagination nous a fait découvrir une qualité insoupçonnée en s'attaquant à la morosité, et nous a aidées à fuir la réalité dans des aventures abracadabrantes.

Oui, mais on ne peut pas nier que nous avons cherché à combler une faille émotionnelle par un langage sexuel parfois exagéré.

Exagéré, tu trouves?

À moins que tu ne te considères une femme au-dessus de tout ça, maintenant. Tu trouves que moi je suis en dessous de tout, c'est ça? Dis-le, ça ne me dérange pas, je n'ai aucune retenue, que du laisser-aller. Moi qui ai été approuvée et appréciée pour mon inventivité érotique, voudrais-tu me museler? Moins une femme est sexuellement active, mieux elle se conduit et plus on la respecte, c'est ça? Tu n'as pas encore réussi à éliminer les valeurs culpabilisantes de tes parents. Tu veux encore plaire à ta maman. Tu ne te rends pas compte, ma pauvre, que tu as hérité de tabous sexuels qui bloquent encore tes élans, même à 50 ans!

Ouf! à force de peser le pour et le contre de notre association «schizo», je ne sais même plus quoi penser. C'est un peu pour ça que j'ai voulu revenir sur mes aventures de jeunesse. Mais loin de moi de vouloir culpabiliser ma mère, je sais qu'elle a fait ça pour mon bien, en pensant que si le monde apprenait ce qui était arrivé à sa fille, personne ne voudrait d'elle plus tard. Ma mère a réagi en fonction des valeurs de son époque. Elle le regrette maintenant et moi, bien sûr que je lui ai pardonné. Aujourd'hui, avec la pédagogie et la psychologie, elle s'y prendrait autrement parce que, dans le fond, ce qu'elle désirait c'était le meilleur pour ses filles. Et encore aujourd'hui, elle se priverait de bien des choses pour notre bien. De plus, avec l'âge, elle devient plus humaine et plus sensible.

De mettre des mots sur mes traumatismes m'a permis de les cerner, de les atténuer. Le fait de les mettre en forme leur a donné un peu plus de sens à mes yeux.

Est-ce l'écriture qui m'a rendue mythomane ou ma mytho-manie qui m'a fait écrire? Je n'en sais rien, mais je crois com-prendre comment d'une névrose on peut passer à une autre et à d'autres folies.

Depuis longtemps, je sais que l'écriture régulière d'un jour-nal intime est bonne pour la santé mentale. Mais tout récem-ment, j'ai appris dans une revue que l'écriture était également bénéfique pour la santé physique.

Ce type d'écriture provoque à ce qu'il paraît «une augmen-tation des globules blancs protégeant de la maladie ainsi qu'une légère baisse de la tension sanguine».

L'étude révèle encore que: «Écrire sur des événements trau-matiques, tels qu'accident, viol, abus sexuel, divorce... a plus de pouvoir thérapeutique et bénéfique pour leur auteur que pour ceux et celles qui se contentent d'écrire sur des choses triviales.» De quoi faire réfléchir miss Lili.

Peut-être que l'écriture est bonne pour ta baisse de ten-sion mais, moi, je dis que le sexe est meilleur pour la santé. Il active la circulation sanguine, donne bonne mine à qui le pratique régulièrement et stimule les endomorphines.

Tiens, je viens de recevoir un courrier de Ben Laden, jus-tement, qui me demande:

Madame Lili,
Croyez-vous que le sexe soit bon pour l'humanité?
Ben Laden

Cher ennemi public numéro un,

Je crois sincèrement que si le nombre d'orgasmes féminins pouvait être doublé ou triplé sur la planète Terre, cela résoudrait la plupart, sinon tous les problèmes de ce monde.

Les guerres cesseraient, la violence diminuerait, l'économie et la politique se porteraient mieux, les femmes et leurs amants seraient infiniment plus heureux.

Je suis convaincue que, si les hommes s'y mettaient, choisissaient de devenir des lovers et non des guerriers et décidaient que l'orgasme féminin est la priorité des priorités, le monde irait réellement mieux. Les hommes passeraient plus de temps au lit et donc pas debout à chercher le trouble et à faire la guerre. Ils auraient moins de temps pour se chercher querelle, se chicaner, se battre et menacer la planète. À l'horizontale, allongés auprès de leurs douces, ils apprendraient à devenir plus doux et à peaufiner leur technique. Ils seraient plus détendus, plus sereins. Ils apprendraient l'art du compromis, des mots d'amour, à devenir plus tendres et affectueux.

Vous devez savoir, cher Ben (la graine), que les femmes ne sont pas des vidangeuses que l'on prend pour se purger les génitoires.

Plusieurs hommes, hélas, mahométans inclus, ont encore de drôles d'idées sur la sexualité. Et je pense qu'avec des hommes de votre espèce, il y a peu de chances pour que ça change. Certains mecs de vos pays musulmans (j'ai dit certains là, pas tous) ont l'air vite sur le bâton, semblent tenir beaucoup à la garantie hyménale sur le goulot vaginal de leur fille et à la soumission de leurs femmes. C'était un peu comme ça ici jadis. Maintenant, on permet au corps d'exulter et on n'a pas envie de mourir pour sauve-garder le goulot hyménal. Dans le fond de votre grotte, ou de votre penthouse et de votre for intérieur, vous ne tenez sans doute pas à faire jouir vos femmes, lesquelles, par fine piété musulmane, se doivent d'être excisées. Si les dames Laden de votre harem lisent ce papier, j'aimerais bien qu'elles me renseignent sur les raffinements brûlants du soi-disant érotisme oriental et surtout de l'excision. Parce que vois-tu, mon ti-Ben, pour avoir visité quelques pays ara-bes, j'en ai conclu que ça ne devait pas être le pied tous les jours, dans la grotte, pour vos bergères.

Le récit d'une de tes maîtresses, sur ton comportement très étrange au lit, confirme mon appréhension. Et à ce que m'ont raconté certaines copines arabes, les Jules musulmans aiment à penser qu'ils ont tous les droits et tu ne fais pas exception. Dans certaines de vos contrées (cul) bénies, l'islam et le pouvoir ne font qu'un et le Coran, interprété à la sauce talibane, n'a pas l'air jojo, merci.

À commencer par la soumission des femmes aux hommes... Dès qu'elles ont leurs règles, vos femmes devien-nent des marchandises à garder sous cloche à la maison ou qui ne peuvent sortir que couvertes. Tu trouves ça sexy, toi le barbu, ces grandes couvertures qui cachent tout du corps des femmes (sauf les deux yeux, oups, ou un seul!)?

Non, je ne crois pas puisqu'il paraît que tu fantasmes sur les stars hollywoodiennes comme Julia Roberts, etc.

Mais d'après ce que j'en ai vu en documentaire, le monde taliban me semble être une espèce de gouffre où le visage –

et le corps ! – des femmes est gommé, proscrit, parce que les femmes y sont sous le joug des boucs rigides qui les contrôlent.

Je pense que vous aimeriez tout de même savoir comment on fait jouir une femme. De là votre envie de m'écrire, j'imagine... Mais je vous trouve bien hypocrite, mon ti-Ben, hypocrite et obsédé.

Vous me direz que vous n'êtes pas le seul. Oui, je le sais, M. Bush est aussi frufru ces temps-ci. Il ne doit pas y avoir de grands transports amoureux à la Maison-Blanche, surtout depuis que vous l'avez mis dans votre mire. Lui aussi a la gâchette facile et le voici parti en croisade. Ne vous demandez pas pourquoi ça va mal dans le monde. Cette névrose obsessionnelle du sexe a contaminé presque toute la planète et maintenant revoici les guerres de religion.

Même aux États-Unis, où il n'est pas question de mettre à mort les embryons, on prend les armes pour tuer des hommes et on crie vengeance ! C'est la folie ! M. le président prend des airs importants de justicier contre le mal. Attention, c'est encore la vieille morale qui parle, le combat entre le bien et le mal.

Comme le chante si bien Raymond Lévesque : « Quand les hommes vivront d'amour... »

Et comme je vous l'expliquais : si les hommes devenaient de meilleurs amants, nous n'en serions pas là... Comme le disait un certain philosophe : si tous les cannibales voulaient bien se manger le sexe, nous n'en serions pas là non plus... N'allez surtout pas vous imaginer que je suis raciste.

Je pense seulement que les hommes sur cette planète (et les femmes également) n'ont aucune idée de l'étendue des besoins sexuels féminins. Toutes les cultures ont été pensées pour mettre un voile là-dessus. Disons juste que, chez vous, le voile est plus épais.

Enfin, pour nous qui aimons la paix des ménages, l'amour librement consenti et bien assumé, nous qui apprécions les caresses et les douces sensations qui en découlent, vous pourriez faire un effort. Le plaisir dans la vie rend souvent de belle et de bonne humeur la bienheureuse qui le reçoit. Et une femme heureuse et comblée sexuellement ne peut que rendre son homme heureux. C'est le principe des vases communicants version 69...

Voyez-vous, ti-Ben le barbu barbant, le sexe des humains comporte naturellement sa propre morale. Il est inutile d'espérer contrer la mort en se privant des plaisirs charnels.

Une bonne sexualité bien appliquée favorise l'entente des espèces et l'harmonie du cosmos.

Cela dit, Ben, loin de moi l'idée de blâmer tous les musulmans de cette terre, j'ai connu des amants musulmans très exotiques. Mes propos s'adressent aux fanatiques de toutes les religions, à leur pouvoir essentiellement masculin et à l'étroitesse d'esprit concernant les femmes et toutes les minorités sexuelles, car même si vous avez quelques torts, vous n'êtes hélas pas seuls à prêcher l'obscurantisme.

Alors peace and love et aux plaisirs, Lili Gulliver

 Cher journal,

Aujourd'hui, à la dernière minute, le magazine *La Semaine* a commandé à Lili Gulliver une entrevue irrévérencieuse avec nul autre que... (tiens bien ton signet!) le grand Gérard Depardieu. Sans réfléchir, comme de raison, ma groupie intérieure a spontanément accepté de faire l'entrevue. Je ne te raconte pas le branle-bas de combat à la maison. Comme une poule pas de tête, elle courait de tous bords tous côtés tellement elle était énervée. D'abord, quoi se mettre sur le dos? Je t'épargne la séance d'habillement et la valse des vêtements. Elle ne trouvait rien d'assez flamboyant, d'assez provocant, d'assez affriolant pour se retrouver en tête-à-tête avec cette bête de cinoche.

Je ne te parlerai pas non plus de son état d'excitation intérieure qui frôlait l'incandescence. Elle n'en pouvait plus, elle exultait... Gérard, Gérard Depardieu, Dedieu, Gérard Depardieu? Gégé! Gégé!

Alors que moi, je me disais, bon sang, qu'est-ce que j'ai fait au bon Dieu pour mériter ça? Je l'aime bien, Gérard. Oui, j'en conviens, il a du charisme, c'est une belle pièce d'homme, mais je ne me mets pas en feu pour si peu.

Lili frétillait du pompon comme une chienne caniche. Notre séance de maquillage a été éprouvante parce qu'elle voulait diriger les opérations. Heureusement, j'ai réussi à la modérer. J'ai refusé de courir à la pharmacie pour acheter des faux cils, lui affirmant que Gérard appréciait les femmes naturelles. Pense à Carole Bouquet. Jamais on n'a vu Carole Bouquet avec des faux cils, voyons! Tu veux avoir l'air d'une travestie?

Enfin, j'ai fini par lui faire entendre raison et, comme convenu avec l'attachée de presse de M. Depardieu, nous l'avons retrouvé au bar d'un hôtel chic du centre-ville.

À notre arrivée, Gérard était déjà assis, seul, à une table, et se recueillait devant un livre de saint Augustin. Quand il nous a aperçues, il s'est levé galamment pour nous accueillir et nous faire un charmant baise-main. «Lili Gulliver, je présume... je me souviens vous avoir vue lors de votre passage chez Ardisson et, si ma mémoire est bonne, j'ai entendu parler de votre livre sur les cent et une bonnes raisons de prendre un amant? C'est bien ça?»

Mille et une bonnes, Gérard, *1001 bonnes raisons de prendre un amant,* mais, avec quelqu'un de votre trempe, une seule raison suffit amplement.

Ah bon... dit-il en souriant, vous m'en voyez touché.

Gérard, je suis réellement enchantée de vous rencontrer.

Gérard Depardieu est là, devant nous, encore plus imposant, plus costaud, plus réel qu'au cinéma, encore plus charismatique qu'à la télé. Ciel! quelle belle pièce d'homme! Moi aussi, je suis impressionnée. Il en jette, le gaillard! On se dit que cet homme, ce monstre, cet acteur grandiose peut certainement avoir toutes les femmes qu'il désire. Lili, vite sur le fantasme, tout en le dévorant des yeux, se demande déjà si le sexe de Gérard est proportionné avec son nez et ses doigts et meurt déjà d'envie de vérifier.

Moi, Diane, qui ne suis pas femme légère et accessible, je me tiens bien en laisse, mais l'autre, la petite chienne en chaleur à l'intérieur, tire sur le collier. Elle fait la belle, elle halète. Elle bave presque lorsque Gérard lui avoue avoir lu son premier livre *Lili Gulliver à Paris,* avant de se consacrer à la philosophie de saint Augustin.

Vos lectures sont éclectiques, Gérard, lui glisse-t-elle. De Lili Gulliver à Marguerite Duras en passant par saint Augustin, Gérard, quel choix singulier!

Je m'autorise ici quelques lignes digressives et j'explique : Quand on sait que, pour saint Augustin, le destin du couple se caractérisait par un *tripartum bonum* – une trilogie des biens comprenant la procréation, la fidélité et le sacrement du mariage –, et que ce cher saint Augustin combattait énergiquement la concupiscence en faisant l'éloge de l'entente morale, on trouve quelque peu étrange que Gérard – dont la vie dissolue et les abus ont fait les manchettes – en soit maintenant le porte-parole. Surtout lorsqu'on sait que c'est à cause de saint Augustin si le plaisir sexuel entre mari et femme devint plus répréhensible. Alors, lorsqu'on est au parfum du dossier Depardieu, que l'on a entendu parler des frasques de ce bon vivant de Gérard, on s'étonne un peu de son affection subite pour ce saint.

Personnellement, Gérard, je vous avouerai que je préfère nettement San Antonio à saint Augustin, beaucoup plus rigolo, lui glisse Lili.

Oui, je connais bien, réplique l'acteur, j'ai déjà interprété Alexandre Bérurier dit Béru.

Ne me dites pas que vous seriez devenu chaste, mon grand Gérard ? Vous qui avez confié avoir eu une aventure dans une ruelle avec Sharon Stone, ne me dites pas que vous avez abandonné l'amour à la hussarde ? Vous, un homme si vigoureux, plein de force et d'impétuosité, n'avez tout de même pas renoncé à vos pulsions de vie ? de vit ? dit-elle en remarquant qu'il lorgnait dans notre décolleté avec cette expression de gourmandise qu'ont les gamins coupables.

Lili commande un autre verre de vin tandis que Gérard, sobrement, s'en tient à l'eau minérale. Il la regarde d'un air amusé, mais demeure mystérieux et silencieux.

Lili, tout en jouant avec la bretelle spaghetti de ma robe, revient à la charge.

— Ne peut-on pas être tenté sexuellement tout en se sentant chaste, dit-elle en le frôlant du genou? Pour être chaste avec vous, Gérard, dans un endroit clos, ajoute-t-elle, il faudrait qu'on me lie les mains et qu'on me bande les yeux pour résister à votre sex-appeal.

Je la vois venir avec ses talons aiguilles, la piquante. Sacrée Lili, elle sent un os et, en vraie petite chienne excitable, ça l'enflamme. Joyeuse et entièrement «drivée» par la satisfaction de ses appétits, elle gratte le sol fébrilement. Force m'est d'admettre que je suis en permanence habitée par une gloutonne tyrannique dotée d'un appétit de plus en plus insatiable pour les plaisirs de la chair et remplie d'une croyance inébranlable dans ses droits de se les procurer, et cela, sans considérations aucune pour ma volonté à moi.

Tout de même, je l'écoute, toujours étonnée des ruses qu'elle utilise pour arriver à ses fins. Naturellement, je suis curieuse de savoir si Gérard est abstinent, me demandant quelle est la période de tempérance à partir de laquelle on peut s'estimer chaste.

Gérard parle alors des *Confessions* de saint Augustin.

— Vous savez, Lili, on a beaucoup à apprendre de saint Augustin. Sa doctrine s'appuie sur la foi en Dieu, mais ne combat pas la raison. Ses confessions sont le récit autobiographique d'une conversion et la réflexion d'une âme tournée vers Dieu. Elles regorgent de considérations sur le temps qui reste aujourd'hui et sont tout aussi précieuses pour les philosophes que pour les théologiens. J'aime sa philosophie, précise-t-il.

Lili qui est, on le sait, beaucoup plus san-antonienne et superficielle que saint-augustienne, a de la difficulté à suivre la pensée de Gérard et se laisse distraire par la chose qu'elle devine dans son pantalon.

En outre, elle est beaucoup plus préoccupée par les potins. Elle souhaiterait plutôt savoir si Gérard a reconnu l'enfant de sa maîtresse Hélène B., alors qu'il était en ménage avec une autre. En a-t-il assumé la paternité?

Mais Gérard esquive la question, qu'il juge trop personnelle. Comme je le sens dans l'embarras, pour le sortir de cette situation et prolonger le plaisir d'avoir une conversation profonde et sérieuse avec lui, moi, Diane, je prends le contrôle de l'entrevue et lui demande: «Gérard, ne pensez-vous pas que saint Augustin exagère un peu lorsqu'il écrit: "Un œil sans pudeur annonce une âme souillée"?»

Heu..., dit-il, en se raclant la gorge et en détachant pudiquement son regard de ma poitrine... vous avez lu les confessions de saint Augustin? Vous devez savoir qu'il a aussi écrit: "Se tromper est humain, persister est diabolique." Ou des choses très belles comme: "La mesure de l'amour, c'est d'aimer sans démesure."»

Pour lui démontrer mon côté sérieux, je lui demande: «Connaissez-vous les écrits de saint Jean?» Gérard admet son ignorance. Je lui apprends que saint Jean, dans sa première lettre, écrit: «Le plus irrémédiable des défauts de caractère, c'est la légèreté. Les autres défauts, on peut les attaquer de front et les dompter de haute lutte. L'orgueil, on l'humilie, on le transforme, on en fait même quelquefois force de bien [...] mais une âme légère, mobile, fugitive n'est-elle pas insaisissable?»

«Mmm... Intéressant... Comme vous êtes profonde, Madame, tout à l'heure je vous sentais plus légère, mais voilà que vous me touchez. Je ne connais pas la lettre de saint Jean, mais soyez assurée que je vais m'y intéresser», dit Gérard avec sincérité.

Bien parlé, ma Didi. Profonde? Viens plus près, mon Gégé, je vais te montrer combien on peut être profonde, à fond! pense la trop légère âme qui partage mon corps...

Gérard, plus à l'aise et se sentant compris, s'est ouvert davantage. Il m'a parlé de sa vie, de choses personnelles et intimes comme il ne l'a jamais fait auparavant en entrevue. Le courant passait. On parlait comme des camarades qui se retrouvent ayant beaucoup à se dire et qui prennent plaisir à s'accorder sur des riens. À surveiller les traits les plus acérés ou l'aphorisme le plus élégant propre à nourrir notre estime mutuelle. Je me débrouillais vraiment très bien. Hélas, j'avais toujours, au bord de l'inconscient, l'insoutenable légèreté de Lili perchée sur mon épaule. Mais je me sentais bien, une sorte de bien-être diffus m'envahissait. Parler, pourquoi m'en défendre, j'aime ça! Et avoir la chance d'avoir un interlocuteur aussi cultivé me ravissait. À un point tel qu'il me troublait passablement.

Je buvais ses paroles, en même temps que Lili éclusait son troisième verre de vin. Je réalisais que je devais la modérer, parce que, lorsque nous absorbons de l'alcool par le même corps, moi-même, imbibée par symbiose, il peut arriver que je devienne aussi un peu fofolle. Je me contrôle moins, et souvent Lili en profite pour prendre les devants.

Gérard, à l'aise, semblait heureux d'être en notre compagnie.

Il confessa même avoir apprécié «l'humour insolent et la légèreté primesautière» du premier livre de Lili à Paris. Celle-ci exultait et moi. j'avais le tournis.

Toujours est-il qu'il nous a proposé de monter dans sa suite pour assister à ses exercices de lecture des *Confessions* de saint Augustin. Pincez-moi, il nous offrait une représentation privée. Le temps de me poser sur le bout du lit, Gérard prit un manuscrit et il se mit à lire à voix grave : «Quand les cœurs passionnés se parlent non seulement de la langue, mais du regard, quand ils se plaisent par une ardeur réciproque et charnelle, le corps peut demeurer intact, mais l'âme a perdu sa chasteté.»

Oh! comme c'est songé, Gégé, vous permettez que je vous appelle Gégé?

De la façon dont votre regard me parle, mon grand, je crois que votre âme se déshabille de sa petite vertu.

Cette chasteté, Gérard, si on l'éprouvait un petit peu.

J'entendais penser ma garce intérieure et me demandais comment calmer les pulsions inhérentes à son obsession sexuelle. Surtout que le vin consommé me réchauffait de plus en plus les sens. J'écoutais, fascinée par M. Depardieu, tout en admirant de près son menton en galoche, ses mains puissantes, son torse massif et, je l'admets, sa braguette de travers... mais je me contenais.

Soudain, Gérard a cessé de lire et s'est immobilisé.

À ce moment précis, Lili a eu comme un déclic... la passion ne se réprime guère. Elle a compris instantanément qu'elle avait le droit de s'emparer de lui. La lecture de saint Augustin ou de n'importe quel saint était devenue inutile. Sans garde-fou, Gégé serait livré à la luxure.

Nos doigts fébriles ont baissé sa fermeture éclair.

Oh! mon Dieu! Il était comme lui, ce muscle, imposant, splendide, autoritaire, colossal. Nous l'avons caressé avec révérence, beaucoup de révérence comme il convient de le faire avec un objet que l'on destine à ses propres entrailles. Gérard nous observait comme s'il comprenait la dualité en nous. Il nous traitait de sainte bénie et de petite démone et nous agitions son sexe comme un goupillon.

Gérard, qui ne boit plus de vin, vint cependant s'abreuver à notre fontaine de plaisir. Et il n'attendit pas d'être débarrassé de ses vêtements pour nous pénétrer profondément. Il était chaud, brûlant même. Il émettait des sons gutturaux, rauques, primitifs.

Moi, personnellement, je m'en confesse, j'avais totalement perdu le contrôle et m'abandonnais à l'œuvre de chair, ne réalisant pas sur le coup les conséquences de mes gestes.

Je me sentais comme quelqu'un vivant un rêve... avec un acteur de rêve. Un rêve érotique où je m'implique, me mouille sans le vouloir. Je me souviens m'être retrouvée étendue sur le lit avec Gérard Depardieu, mais ensuite... je me suis fait du cinéma?

Adieu, *Vincent, Paul, François...(Roger?)* et *les autres*, c'est *sous le soleil de Satan* que je me consume, c'est *les valseuses* qui s'agitent, c'est dans *le placard* que ça démarre, c'est *la chèvre* qui me broute et me fait rire, c'est *pas si méchant que ça*, même plutôt bon, c'est *Cyrano* qui me poétise, *Lieutenant Alexandre Benoit Bérurier* qui me fait des grivoiseries, c'est *rude journée pour la reine*. C'est *un pont entre deux rives* auquel je m'arrime et c'est *combien tu m'aimes* et me trouves-tu *trop belle pour toi*... et j'en saute et je me fais sauter. Raaaah! Gérard! quelle imposante filmographie!

 Cher journal,

Assise en train d'écrire ce qui s'est passé dans la journée, je n'arrive pas à croire que moi, Diane B., influencée bien entendu par la tentatrice Lili, je me suis retrouvée à faire la bête à deux dos – et plein de choses impudiques que je n'ose pas trop me remémorer – avec cette bête de cinéma. Comment Lili a-t-elle pu me manipuler à ce point? Comment une chose aussi énorme peut-elle se produire sans mon consentement? Mon esprit n'arrive pas vraiment à reconstituer les faits. Voyons, c'est trop gros, moi, femme ordinaire en périménopause, avec Gérard Depardieu, lui, ce monument! Nom de Dieu! qu'est-il advenu de nos bonnes intentions chastes, à Gérard et à moi? Rien ne nous prédestinait à un tel échange fusionnel.

Non, voyons donc, moi, Diane, épouse presque modèle, mère responsable, personne ne voudra croire à ça, surtout pas mon mari.

Ne te sens pas obligée de t'ouvrir le clapet, ma lapine.

Mais curieusement, j'éprouve des sentiments d'indulgence mêlés d'incrédulité. Ai-je vraiment été au lit avec Gérard? Moi? Non? Voyons! Il est clair que je ne suis pour rien dans cette histoire, c'est Lili qui l'a séduit, c'est elle qui a fait l'entrevue (enfin, presque!)... C'est elle qui n'arrêtait pas de lui flatter l'ego, et qui flatte l'ego d'un homme tend un filet sous ses pas. Pas que je doute que Gérard ne soit sensible aux femmes en périménopause, il suffit de penser à Sharon Stone, Fanny Ardant, Carole et les autres... Mais qu'il se laisse piéger aussi facilement par Lili Gulliver et par Diane B.... j'aurai tout vu!

Cela dit, nous avons passé une journée bien remplie. Hélas, on a manqué l'heure de tombée pour le magazine. De toute façon, les confidences échangées sur l'oreiller étaient confidentielles et intimes.

Enfin, il ne me reste plus qu'à prier saint Augustin pour le salut de mon âme.

P.-S. – J'ai décidé de mettre fin à notre collaboration à *La Semaine*. Quand je vois comment ma groupie intérieure se comporte avec les vedettes, c'est terminé. Moi, la mère de Félix, coucher avec Obélix! La honte!

Enfin, avoue donc, ma Diane, que je suis irrésistible!

Disons que tu es une séductrice, mais moi je suis séduisante, non?

(En tout cas séduite, ça c'est sûr!)

Lili, cette histoire doit rester entre nous.

Cher journal,

À la suite de mon aventure avec Depardieu, j'ai cru bon de rester seule quelques jours dans notre maison de Charlevoix afin de réfléchir calmement.

J'ai besoin de la sérénité de la campagne pour me comprendre et tenter de démêler mes idées chevelues.

Je suis ici pour faire le point avec moi-même. J'ai besoin de me retrouver au vert pour remettre mes pendules à l'heure, parce que l'heure est grave. Quand je repense à ce qui s'est passé avec M. Depardieu, j'ai tout de même honte. Moi, une femme mature, mariée et heureuse...

Épanouie...

Une mère presque ménopausée, mes hormones ne sont donc pas calmées? Qu'ai-je donc à me laisser mener ainsi par ma démone de Lili? Je croyais être la plus forte, je réalise qu'elle me domine toujours. Elle manipule mon mental et se sert de mon corps pour arriver à ses fins. Ça fait beaucoup trop longtemps que ça dure. Nous voici à un âge où, normalement, les plaisirs du sexe devraient se modérer, et elle tient toujours à tout précipiter.

C'est vrai que ma vie pourrait être plus simple si je n'avais pas cette tentatrice de plaisir, cette maraudeuse toujours bien installée au milieu de l'hypothalamus (siège de toutes les pulsions primitives). Elle siège en direct sur ma pulsion sexuelle et elle me manipule à son gré. Je réalise que, lorsqu'elle occupe mon cerveau supérieur, elle peut facilement m'envoyer ses fantasmes amplificateurs et réussir à me faire dire et inventer les mots et les gestes qui accompagnent le désir. Comme manipulatrice, même ma voisine Isabelle Nazar-Aga (auteure des *Manipulateurs sont parmi nous*) ne lui arrive pas au genou.

Pour être en harmonie avec moi-même, il faudrait que je puisse parler de tout cela à mon époux qui, bien que me trouvant légèrement différente, est bien loin de se douter de tous les chamboulements intérieurs et extérieurs que me fait traverser l'instinctive navigatrice de mes fesses. Tout ce harcèlement, toutes ces cachotteries, ces situations scabreuses de camouflage physique et psychologique, ça devient épuisant! Je ne me sens pas à l'aise là-dedans. Même ici, dans cette campagne tranquille, elle réagit par les sens. Le contact du soleil sur sa peau, l'odeur de la terre sous la rosée matinale, le vent caressant... agissent comme des détonateurs érotiques. L'eau fraîche suffit à lui faire pointer les mamelons, s'enduire de crème solaire l'émoustille... Alanguie dans la chaise longue, alors que je réfléchis au sens de la vie, elle s'abandonne de façon sensuelle comme si elle était ouverte et encore disponible au plaisir. Elle n'a aucun sens moral et la fidélité n'est vraiment pas sa tasse de thé.

Sincèrement, je suis amoureuse de mon mari, alors pourquoi me perdre et m'abandonner dans des aventures parallèles? À cause de la vipère lubrique qui m'habite, je suis passée d'une sentimentale stable à une instable sexuelle. Mon homme n'a pas idée de la difficulté à gérer tout ça. Il suffit que Lili laisse notre esprit vagabonder – quand, par exemple, le regard indiscret d'un passant se pose sur nos seins – pour qu'elle transforme ce regard en caresse. Elle peut aussi métamorphoser le chaste baiser d'un ami golfeur de mon mari en un baiser érotique et voluptueux. Une main se pose sur notre hanche et voilà que ça me démange de partout. Elle sait me faire ressentir des sensations troublantes alors que, dans la réalité, je désire être sage et réservée. Mais, pour cette venimeuse, il est difficile d'admettre le concept d'exclusivité.

Parce que la fidélité est un manque de curiosité, cocotte, et toi tu es curieuse. En plus, tu es une *sucker for love*. De l'amour... de l'amour... tu te souviens, on n'en a jamais trop, surtout quand on en a manqué petite. Tu me fatigues avec ta bonne conscience. En admettant que Roger apprenne que tu as fait l'acte avec Gérard Depardieu ou... De Dieu! Tu crois qu'il va te répudier? Ne crois-tu pas qu'inconsciemment il serait plutôt fier de sa bonne femme qui, malgré son âge avancé et quelques rides réussit encore à faire de belles conquêtes? Les amis golfeurs de ton mari ne disent-ils pas entre eux: « Vaut mieux être plusieurs sur une bonne affaire, qu'un seul sur une mauvaise! » Voyons donc! à vos âges, donnez-vous de l'ouverture. Laissez-vous respirer et, si le plaisir frappe à votre porte, laissez-le entrer! Mais arrêtez de jouer les béni-oui-oui. Tu as eu l'occasion inespérée de goûter à la volupté avec une célébrité. Réjouis-toi, remercie le ciel et pense à toutes celles qui auraient brûlé leur slip sur la place publique pour pouvoir s'offrir la même folie. Tu devrais savoir que la chair, lorsqu'elle est apaisée, permet à l'âme de s'élever.

S'il te plaît, Lili, laisse-moi faire mon propre examen de conscience.

Oui, je sais bien que souvent un homme peut être comme un petit garçon qui ne trouve jamais son jouet aussi précieux que lorsque quelqu'un d'autre le désire, mais quand même...

Je ne suis pas tombée souvent amoureuse dans ma vie, même si j'ai connu plusieurs hommes. Mais quand ça m'est arrivé, c'était pour vivre un amour profond, solide et durable. Quand je me suis enflammée pour Roger, c'est parce que j'ai senti en lui quelqu'un qui pouvait accepter ma personnalité la plus profonde, ma personnalité la plus sombre sans en être effrayé. Tout comme il pouvait admirer ma personnalité la plus brillante et la plus transparente sans en être ébloui. J'ai trouvé en mon homme quelqu'un qui pouvait vivre avec mes obsessions et mes compulsions sans paniquer. J'ai misé sur un homme qui a du respect pour moi, un homme loyal et compréhensif qui, si jamais il apprend que j'ai fait quelques écarts, sera, je le souhaite, là pour moi. C'est un solide, mon Roger, il faudrait qu'il sente qu'il n'y a vraiment plus rien entre nous pour partir. Cela dit, il ne faut pas que je le pousse à bout. Il comprend intuitivement mes humeurs et la vie. Même si j'ai tendance parfois à me fermer et à garder pour moi mes sentiments les plus intimes, je sens qu'il me devine. Il sait que je suis comme un papillon... si on lui tire les ailes, il les perd ; mais si on le laisse libre, il revient.

Je suis la chèvre qui broute autour de son pieu... et il est le pieu.

Une chèvre ? Une vache plutôt, non ?

Je voudrais pour lui redevenir l'ange qui, après s'être sali dans la boue, se lustre les ailes pour retrouver une nouvelle blancheur virginale. Je veux revenir vers mon mari, oie blanche, colombe pure.

Ou autres volatiles... comme une dinde, y as-tu pensé ? Tu es pas mal dinde, parfois !

Bon, c'est correct, maintenant que tu as fini ta réflexion, pourquoi on n'irait pas à Baie-Saint-Paul voir un peu le beau monde, aller admirer la nouvelle collection de jupes de *tío* Fernand, prendre un verre de sangria sur une terrasse, s'aérer les idées, quoi ? Il n'y a rien qui bouge à Petite-Rivière-Saint-François. Franchement, peux-tu bien me dire qu'est-ce que c'est que ce village perdu ? Pas un bar, un bistro sympa pour prendre un verre entre amis, même pas une terrasse pour rencontrer du beau monde... Même pas de station service... et pas de pompistes enchantés de faire notre plein d'essence, pas de spa et de sublimes masseurs, pas de *truck stop* pour accueillir les braves camionneurs et celles qui les aiment, pas de gym et encore moins de culturistes. Non, il n'y a que des maisons avec des crucifix pis des statues de vierge Marie plantés un peu partout pour veiller sur nous et protéger le bon monde... de quoi ? Même pas un club de danseurs ?

Non, il y a deux églises et un curé qui vit avec sa servante, une petite épicerie où, au moins, on peut trouver du vin, mais à part ça... rien !

Il y a une bibliothèque et la belle nature, le fleuve et de bien braves gens...

L'hiver, soit, il y a des skieurs et des jolis moniteurs aux cuisses fermes qui sillonnent la montagne, mais l'été, les gens viennent ici pourquoi ? Réfléchir et faire du cerf-volant ? Si encore on se livrait aux cerfs violents. En plus, il n'y a même pas de facteur qui sonne deux fois... sur la table de cuisine... On a installé des boîtes postales. Il n'y a rien à faire.

Calme tes hormones, ma goinfresse, t'en as jamais assez. Un peu de réflexion et de solitude nous feront le plus grand bien. N'oublie pas que j'aspire à la sagesse et à un moi unifié, et ce n'est pas en m'étourdissant et, m'éparpillant que je vais réussir. On ne bouge pas d'ici. Non mais ! pourquoi vouloir toujours tirer du plaisir des hommes quand on en a un bon à la maison ?

Ben parce que la maison est loin ! Et lui aussi...

À ce compte-là, la masturbation est plus saine. L'amour-propre ne subit aucun outrage.

Tu veux qu'on se masturbe ? Qu'on se joue un finger le doux, qu'on se chatouille la chatounette, ma minoune ?

Oui, masturbons-nous donc, au moins, après l'orgasme, on aura le corps et l'esprit plus apaisés. Avec mon sens de l'imagerie et avec ta belle dextérité, on pourra sûrement obtenir un bel orgasme libérateur de tension.

Non, non et non, laisse-moi tranquille, obsédée de mes fesses. Je veux simplement réfléchir et donner du sens à ma vie. Il n'y a pas que le sexe, il y a les choses de l'esprit. Lâche-moi ! Les chatouilles ou la branlette, c'est que du bricolage, dans le fond.

Mais non, la masturbation a au moins l'avantage de substituer à la réalité un monde que je peux imaginer à mon goût. Elle m'apporte le plaisir de l'évasion que tu ne te permets pas. En me masturbant, je peux planer dans mon monde imaginaire et t'oublier. C'est ma façon de sortir de notre enveloppe corporelle... alors, laisse-moi donc faire. Comme tu ne veux plus d'amant et que, par osmose, je suis soumise au régime sec, permets-moi au moins de me libérer de mes tensions.

Se branler ou baiser, juste pour régaler la chair, je vais te le dire, c'est pas très malin. Baiser sans amour, on s'en lasse vite.

Oui, mais Gégé, tu l'aimais bien?

Bien sûr que je l'aimais bien, mais je ne trouve pas ça bien d'en avoir profité.

Il faut toujours que tu penses en fonction du bien et du mal. Mais le mal, c'est quand on fait subir un préjudice à quelqu'un. S'il n'y a pas de dommage (compte sur moi pour la discrétion), il ne reste que la saveur du plaisir ressenti sans aucun mélange. Je ne comprend pas pourquoi tu te tracasses autant. Qui sait, un jour les plaisirs de la chair feront-ils partie des jouissances du paradis, quand la corruption liée à cet acte aura enfin disparu. Laisse donc la musique de l'extase entrer en toi. Cesse de toujours vouloir tout contrôler et nous obliger à vivre de façon conforme.

Viens, habille-toi *cute*, on va aller faire un tour à Baie-Saint-Paul.

Non!

Tu veux même pas aller faire un tour à la galerie de Guy Paquette, toi si sensible à l'art et aux artistes?

Et toi, si chatouilleuse à leurs bons coups de pinceau! Non merci, on reste ici tranquille. Au pied, chienne! Au pied!

Lili, Lili, Lili... ne vois-tu pas la beauté environnante, un site mer et montagne unique au monde, des paysages fabuleux. Pitié, laisse-moi m'imprégner de ce calme odorant et de ce bel environnement, laisse-moi être en paix avec la nature.

«Il y a un moment où toutes ces choses se fondent entre elles et ne forment plus qu'un et au milieu coule la rivière», écrit Maclean. J'aurais aimé écrire un truc pareil.

J'ai beau être entourée de beauté, d'insectes légers (qui ne piquent presque pas), d'un petit chien joyeux, d'une petite rivière et d'eau qui court sur les rochers, je n'entends pas encore vraiment la voix de l'inspiration.

Mais si j'étais plus sereine plutôt qu'en proie au tiraillement de la miss libido, j'y arriverais peut-être.

Gabrielle Roy, qui a si bien écrit *Cet été qui chantait*, avait ce don, elle, de communiquer avec la nature. Les oiseaux, les grenouilles lui répondaient. Moi, rien!

J'espère bien! *S'il fallait que les crapauds se mettent à nous causer et à nous répondre... qu'ils se transforment en princes, je veux bien, mais de là à faire la conversation.*

J'ai beau emprunter le même parcours que Gabrielle, le long de la voix ferrée longeant le fleuve majestueux, espérant être visitée par l'esprit poétique de la grande dame, rien de très original ne surgit. Les canards font coin-coin, l'eau sur les rochers splish splash, et le train qui s'en vient rapidement et me foncera dessus si je ne me tasse pas rapidement fait tchouk tchouk. Gabrielle parlait aux canards, qui lui répondaient, tout comme la saluaient les corbeaux, les grenouilles et les chats. Mais moi, je ne trouve toujours pas les mots pour communiquer adéquatement avec la nature et les mots de la nature ne me trouvent pas.

Serge Bouchard a écrit: «La nature n'est pas faite pour être vue, c'est elle qui nous regarde. Elle se raconte, elle se danse, elle se peint, mais elle s'explique mal.» Cela me rassure.

Je ne suis pas visitée par l'esprit créatif, narratif et descriptif des grands écrivains et cela me cause du chagrin. Aucun doute, je suis trop accaparée par mon tourbillon intérieur et mes déchirements. D'avoir toujours autour de moi une enflammée du brasier qui ne veut qu'éteindre mon feu créatif pour se faire chauffer les fesses me rend moins réceptive.

Éteindre ? Allumer, voyons, allumer ! Incendier les sens de partout, voyons ! Ben quoi, c'est bien beau la copulation des libellules dans la nature, mais si on ne bouge pas d'ici, on va finir par se frotter aux arbres, ma chérie. Quitter la ville pour venir se terrer dans un bled pareil. Faut aimer l'ennui !

Les grands écrivains naturalistes sont friands de ces instants de grande solitude, perdus dans la nature, où la création peut se réduire à une équation aussi simple que moi, l'eau, les poissons, le chien.

Mais, après un petit bout de temps en solitaire, j'avoue m'inquiéter un petit peu... Et si un ours se pointe le museau, qu'est-ce que je fais ? Faut-il faire la morte ou partir en courant ?

Ça dépend de l'ours, ma douce, s'il ressemble à Lucien ou Raymond Bouchard, tu peux feindre de dormir, ils ne sont pas trop dangereux... Mais avec un modèle plus poilu, prends tes pattes à ton cou.

Bon ! le soleil commence à être un peu fort, ai-je assez de protection ? Je ne suis pas une femme solaire mais à crème solaire. Ça y est, j'ai chaud, j'ai soif, c'est trop calme ici, entrons. De toute façon, si je veux écrire mes pensées profondes, je serai plus à l'aise à l'intérieur. Je doute d'entreprendre une conversation intime avec les corneilles. J'aurais peut-être plus de facilité à parler avec les fourmis. J'en ai justement une petite qui me grimpe sur la jambe. Et quel est le langage des fourmis, grands écrivains naturalistes ? Vous donnez votre langue au chat ? Les fourmiscro-ondes. Ha! Ha! Ha! les fours micro-ondes, bon je l'ai déjà raconté dans *Amours, délices et orgasmes*, je le sais, mais je n'ai pas pu résister, elle est trop mignonne. Et puis, elle me vient de Félix, le petit comique de la famille, digne hériter de son père et de sa mère.

 Cher journal,

Je reprends le fil de mes réflexions à l'intérieur, comme ça, je serai moins distraite par la belle nature.

Le problème – qui n'en est pas un quand on le considère sous une autre perspective –, c'est que Lili veut tout! Les fêtes, les vacances permanentes, la liberté, les amants merveilleux et du sexe, par-dessus tout. Elle est comme ça depuis sa création et je crains, hélas! qu'elle le demeurera toujours. J'ai eu beau essayer de la raisonner, moi la raisonneuse – ou la raisonnable –, j'en suis venue à croire qu'elle n'a pas tort de vouloir profiter des plaisirs et du meilleur de la vie. Mais, d'un autre côté, je suis mal placée pour profiter avec elle de toutes les occasions qu'elle croise sur son chemin. J'ai des responsabilités, un mari, un enfant, un chien, une vie sentimentale et tout cela me procure beaucoup de bonheur et de sérénité. Si je me laisse mener ou entremettre par ma Lili intérieure, je peux vite compromettre mon équilibre. Ainsi, ce matin au téléphone, ai-je dû annuler une entrevue avec le comédien James Hyndman.

Quoi... tu as fait quoi? Annuler l'entrevue avec le beau, le grand, le merveilleux James? Tu es cracpot ou quoi? As-tu la moindre idée à quel point j'aime cet acteur? As-tu seulement pensé à toutes les choses merveilleuses que j'aurais eu envie de dire et de faire à mon acteur fétiche? Réalises-tu qu'il accorde très peu d'entrevues et que moi, Lili, j'avais la chance inouïe de le rencontrer en toute intimité. Tu as osé refuser une rencontre avec lui, mais tu es tarée comme une vache folle, ma parole!

Je m'en doute un petit peu, oui...

Non mais, Diane, sérieusement, refuser une entrevue avec un mec pareil... faut être oligophrène rare et vraiment mal lunée. Tu es S.P.M. ou quoi? Pourquoi faut-il que tu te tiennes en laisse comme une chienne de garde? Parce que moi, le beau grand James, je lui aurais fait de ces choses... que même dans tes fantasmes les plus fous, tu ne pourrais pas imaginer. Tu me connais, je ne suis pas d'habitude très maso, mais je me serais bien laissé attacher par lui... il a la tête d'un mec attachant. Il aurait pu me demander n'importe quoi, je me serais soumise à toutes ses volontés. J'aurais aimé m'offrir à lui. C'est lui qui aurait dirigé l'intervieweuse. Le seul fait d'imaginer cet acteur aux babines prometteuses de bonheur en train de me ventouser me fait perdre la tête. Enfin, grande conne, réalises-tu de quel immense plaisir tu nous prives?

Oh! que oui, je le réalise, grande insatiable. C'est justement pour cette raison que j'ai mis fin à notre collaboration à *La Semaine*, si tu veux tout savoir. Parce que pour moi, plus question qu'une jolie gueule aux belles babines prometteuses, ou qu'une jolie queue bien dressée de vedette ou autre me détourne de mon droit chemin.

Mais toi, je te connais trop. Je sens bien l'appétit vorace qui te domine de plus en plus. Je croyais que la thérapie t'aiderait, mais j'imagine qu'à toujours parler sexe, ça t'a émoustillée davantage. J'espérais que cette thérapie arriverait à te contrôler mais, mue par l'instinct de piraterie qui caractérise la chasseresse en toi, je sais maintenant que tu ne veux pas changer.

J'ai compris, depuis l'aventure avec Gérard Depardieu, qu'avec lui comme trophée, nous étions reparties pour la gloire... et au suivant!

Je ne peux suivre ton rythme effréné, ma cascadeuse. Ce n'est pas ce à quoi j'aspire.

Je veux sublimer.

Ça veut dire quoi ça, sublimer? James est un mec sublime, on aurait pu sublimer avec lui!

Sublimation : postulat de Freud qui explique certaines activités humaines apparemment sans rapport avec la sexualité, mais qui auraient leur mobile dans la force de la pulsion sexuelle. Freud décrit comme activités sublimées surtout les activités culturelles et artistiques. Et pour sublimer, selon l'encyclopédie de la psychanalyse, on doit réprimer la pulsion sexuelle et faire taire l'obsédée sexuelle en soi. «La pulsion sera alors dite sublimée dans la mesure où elle sera déviée dans un but nouveau et tendra vers des objets socialement valorisés.» Quand on baise cul par-dessus tête trop souvent, on s'éloigne de la sublimation.

Vois-tu, mon intrigante, les histoires à court terme ne sont pas le gage d'une vie perpétuellement enrichissante pour moi, crois-moi. Les éternels recommencements sont épuisants et ne m'intéressent pas... D'un autre côté, je suis consciente que, dans la stabilité, il y a la routine qui parfois pèse et alourdit le quotidien, mais je peux faire avec, en ajoutant mes propres fantaisies réalistes... Ce que j'aime du couple et de la famille, c'est le sentiment d'appartenance; quand tu expérimentes trop la nouveauté, tu n'as plus de repères, de liens, d'attaches. Bon! oui, parfois mon mari, j'en conviens, ne me montre pas suffisamment son amour, ce qui pourrait donner l'impression qu'il n'est guère attentionné. C'est parce qu'il est préoccupé. Mais je sais que c'est le genre d'homme solide qui va à l'essentiel et *in the mood*, sa sollicitude et son intérêt pour moi sont étonnamment constants, ce qui est fort rassurant pour une femme insécure. C'est un roc qui sert aussi bien de havre que d'appui.

Ce n'est pas parce que je suis en désaccord avec ta manière de penser, chère dépravée, que je ne te comprends pas. Au contraire, mais je ne peux plus m'adapter à ton rythme, à tes fantaisies, à tes appétits et à tes caprices gourmands. Tu exagères ! Vraiment, tu m'épuises.

Ton imprévisibilité et surtout ton manque de maturité m'exaspèrent. Une vraie ado !

Manque de maturité, c'est quoi la maturité ?

La maturité, ma chère Lili, c'est être prêt à renoncer à un plaisir immédiat pour un bonheur à long terme.

Oh ! Quelle horreur ! et si tu crèves avant de l'atteindre, ton bonheur à long terme ? Non merci ! Je préfère l'instantané, le moment présent. Dans la vie, s'il y a une chose qu'on ne peut maîtriser, c'est le temps qui file et ne se rattrape pas, ma cocotte !

La maturité, c'est l'humilité. C'est garder sa parole et tenir bon à travers une crise. Les personnes immatures sont maîtresses dans l'art de fournir des alibis.

Ah ! ça oui, je suis très bonne avec mes alibis, pis autant l'avouer... chui immature, pis volage, pis...

Tu ne comprends pas que la maturité est l'art de vivre en paix avec ce qu'on ne peut pas changer. C'est le courage de savoir faire la différence entre ce qui est bon et mauvais. La maturité vient en principe avec l'âge et la ménopause.

Eh bien ! Ça confirme ce que je disais, je ne veux rien savoir de la ménopause, je choisis la spontanéité et je vais l'assumer.

Être spontanée, au cas où tu l'aurais oublié, c'est pouvoir essayer n'importe quoi selon l'inspiration du moment, uniquement pour le plaisir. Apprends donc à te donner la permission de vivre. Donne-toi la permission de faire ce qui te tente, tu n'as pas à te justifier, même à tes propres yeux.

Bien sûr, on va t'accuser de légèreté, d'insouciance, d'égoïsme, mais qu'est-ce qu'on s'en fout, du jugement d'autrui... on ne peut plaire à sa mère, à ses pairs et à ses fesses.

Ça tombe mal, ma pin-up, parce que, oui, je veux plaire à mes pairs, à ma mère et conserver mon mari... qui, lui, aime bien mes fesses. Tu n'as plus trop le choix. Il faut qu'on accepte de vieillir d'une façon mature, pas comme une poule pas de tête spontanée et livrée à ses envies. Ou bien on se retrouvera un jour comme une vieille folle déconnectée de la réalité et pathétique à regarder aller.

Dans ta belle tête de raisonneuse, es-tu bien certaine qu'il n'y a pas d'autres choix, d'autres issues plus imaginatives? Ciel que tu m'ennuies quand tu penses et agis comme une personne mature et ordinaire, vise donc l'extraordinaire! Tu es trop programmée par ton éducation catho. Tu oublies que l'imaginaire donne à chaque instant une certaine profondeur, une qualité insoupçonnée. Il s'attaque à la superficialité de la monotonie qui nous entoure. Moi et mon imagination débordante, on est justement là pour t'aider à embellir et à pimenter ton quotidien.

Dans l'espace, ma Lili, on a dû te faire un lavage de cerveau, tu es vraiment trop déconnectée. Tu ne réalises pas que tes plans de «sauteries clandestines» avec des vedettes ou autres boucs peuvent bouleverser ma vie. Ma vie ne manque pas de piments et, si jamais j'en manque, je vais les acheter au marché Jean-Talon et en faire une bonne sauce pour nourrir la famille.

Ah oui, la familia! Ta petite vie de famille bien rangée? C'est ça que tu veux à tout prix préserver en te serrant le collier?

Oui, je le veux. J'y tiens, même.

T'as pas encore compris que tu pouvais tout avoir? Qu'on peut avoir mille et une raisons de se livrer à l'exploration sexuelle avec quelqu'un d'autre que son légitime? Que ça n'a vraiment rien à voir avec son comportement à lui et que, par conséquent, tu n'es pas déloyale? Tu es seulement une femme responsable qui assume ses désirs.

Ah oui! ça c'est vrai, ça n'a rien à voir avec la valeur personnelle de mon homme, mais beaucoup à voir avec tes envies de garce.

Nos envies! Ma chérie, nos envies! Avoue donc que tu y as pris plaisir, ma cocotte. Je t'ai vue, tu te démenais pas mal avec Gégé, imagine-toi avec le beau grand James. Tu devrais commencer à accepter certaines méthodes que j'ai choisi d'appliquer, ma jolie, même si d'autres désapprouvent et critiquent notre système de valeur, tu sais bien que nous sommes différentes des autres. Vivons selon nos règles, pas celles imposées par la société. Quand on choisit de se sentir coupable, on le fait toujours au détriment de notre liberté. Soyons libertines encore, tant qu'il y aura du désir.

Bon j'assume que peut-être, oui, je voulais aussi me prouver que je pouvais séduire M. Depardieu avec mon intelligence et peut-être mettre en échec le vieillissement. C'était valorisant qu'un homme aussi célèbre et charismatique que Gérard s'intéresse à moi.

Alors, pourquoi t'arrêtes pas de te culpabiliser? De te dévaloriser? On peut avoir d'autres vedettes, si tu veux. Tu es plutôt spirituelle quand tu t'y mets, et certains hommes apprécient beaucoup les femmes intelligentes. Assume donc tes envies et tes désirs, ma Didi. C'est pas parce que tu as mis des petits coups de canif dans le contrat qu'il faut te prendre la tête avec ça. Te sentir coupable ne changera pas ce qui est fait.

Et tu peux te fier à ma discrétion. Tu me connais là-dessus.

Je te dis juste que moi, quand j'ai une décision à prendre, je ne me demande pas si elle est mauvaise ou bonne parce que, dans le fond, toutes les décisions se valent, elles ont seulement des conséquences différentes.

Justement, il y a des choses et des actions qui peuvent porter à conséquence. Tromper son mari, par exemple.

Mais tu ne le trompes pas, tu assumes tes désirs. Tu es vraiment conditionnée, hein ? Tu es vraiment la bonne fifille à sa maman et la bonne épouse à son chéri. Madame Bontemps à la conduite irréprochable, hein ! c'est ça que tu aspires à être ? Et moi qui entrevoyais pour toi des aventures extraordinaires ! Tu ramènes toujours tout à l'ordinaire, tu me désespères. Il n'y a plus rien à faire avec toi.

Ouais ben ! avec toi, il y en a trop, justement. Tu veux trop tout. Je n'ai plus l'énergie ni l'envie de te suivre dans ta course effrénée. Fous-moi la paix.

Petite-Rivière-Saint-François
Cher journal,

La nuit porte conseil. J'ai bien réfléchi, cette nuit, pendant mes trois heures d'insomnie, et je ne vois qu'une seule solution : me débarrasser de ma Lili intérieure. *That's it that's all*. Final bâton ! Elle n'aura pas toujours le gros bout du bâton, je vous l'assure. J'ai traîné jusqu'à l'aube de la cinquantaine une adolescente délinquante sur mon épaule, mais là, je me dois de l'abandonner et de vieillir en sagesse... et seule !

Comme je suis Diane B., appariée à une personnalité qui craint elle aussi l'intimité (pas physique, cela va de soi) mais psychique, cela va être, je le crains, assez difficile de nous dépatouiller. Il va encore falloir tout déballer au psy, jardin secret et part d'ombre, mes peurs, mes doutes, mes insuffisances. Avouer combien je me sens confuse et mêlée avec elle. Mais affirmer qu'il est impératif de m'en défaire si je veux mener une vie équilibrée et réussir à développer mon moi authentique. D'autant plus que je n'en ai pas encore parlé parce que j'ai vraiment honte, mais depuis peu, quand elle a un verre dans le nez, la grivoise, elle fume la cigarette. C'est elle qui aspire et c'est moi qui tousse le lendemain. Quand on sait combien je suis militante antitabac, me retrouver avec une cigarette au bec, parfois même devant mon fils, c'est vraiment la honte. Et le pire, c'est que je n'arrive pas vraiment à la contrôler. Non, vraiment, il faut que je me débarrasse d'elle, c'est une question de santé mentale et physique!

 Cher journal,

Tout le long du trajet Charlevoix-Montréal, je ne lui ai pas adressé la parole, à la sainte-nitouche, je suis tellement déçue par elle. Heureusement que nous avions Sophie Durocher et les bonnes chansons françaises pour nous tenir compagnie. C'est long, quatre heures de route à tenir sa langue. Tant pis! je compte bien rester muette pour un bout de temps. Plus question que j'adresse la parole à cette rabat-joie!

 Cher journal,

C'est fait. Sur la recommandation d'une amie, je suis allée voir une thérapeute du comportement afin qu'elle me mette en situation d'introspection cognitive. Je lui ai exposé clairement mon problème de dualité et ma schizophrénie. Je lui ai confié mes peurs, mes doutes face à moi-même et ma trouble cohabitation avec ma double. Je lui ai aussi glissé un mot sur mes changements hormonaux qui affectent mon humeur, me rendent moins patiente, plus irritable, parfois confuse.

La thérapeute, jeune quinquagénaire à lunettes, m'a dit: «D'abord, mettons les choses au clair, la cessation des règles n'est pas une cause de folie. Que vous soyez un peu mêlée, confuse, cela ne date pas d'hier; et votre schizophrénie, d'après ce que vous m'avez dit, est apparue il y a plusieurs années. Je peux vous aider à fouiller dans le creux de votre cervelle afin de parvenir à déloger l'intrus et mettre ainsi fin à votre dédoublement de personnalité. Mais ne blâmez pas votre ménopause, elle n'est pas en cause.»

J'explique alors à la thérapeute que j'en ai assez de vivre avec le sentiment pathologique que, quoi que je fasse, je serai toujours à la traîne, toujours à la remorque de ma double personnalité. J'en ai assez de mon incapacité à élucider ces conflits intérieurs qui me font vivre en perpétuelle contradiction avec moi-même. Je veux tellement redevenir la seule conductrice de mon vaisseau mental et corporel. Je paie tellement pour mon semblant d'équilibre.

Je lui explique en long et en large tout ce que Lili m'a fait vivre, subir et endurer ces dernières années et combien maintenant, alors que j'ai atteint la cinquantaine, combien, oui, je souhaite du plus profond de mon cœur me retrouver seule avec un moi unifié et cohérent. Parce que, voyez-vous, elle est devenue pour moi un vrai fardeau, cette nympho. Si elle pouvait aller calmer sa libido exigeante ailleurs, ce serait le bonheur, mais non, il faut qu'elle me collè à la peau et qu'elle m'entraîne avec elle. Chemin faisant, je me retrouve dans des situations assez particulières, souvent embarrassantes.

Elle réfléchit quelques instants et me dit: «Aussi longtemps que vous cristalliserez sur l'autre ce que vous vivez, à travers ses succès et ses échecs, vous n'améliorerez pas votre situation. Si c'est par votre héroïne fictive que vous êtes accomplie, heureuse ou malheureuse, vous ne développez pas un sentiment responsable. Il vous faut agir de votre propre chef. Avez-vous bien fait l'inventaire de toutes les conduites aberrantes dont vous vous plaignez? Voulez-vous vous en défaire?»

Oui, je le veux!

Elle me propose des exercices de visualisation subliminale. «Diane, vous allez relaxer et respirer calmement. Ensuite, vous allez vous imaginer que quelqu'un vous apprend que Lili va mourir d'un cancer du cerveau. Fermez bien les yeux et visualisez cette possibilité.»

Les yeux dans le vide, l'esprit en transe, je me concentre et m'abandonne à ce qu'elle me suggère avec délectation.

«Maintenant, dit-elle d'une voix calme, imaginez que vous accourez à son chevet pour lui faire vos adieux.»

Les yeux fermés, je me mets en situation. Je me vois voler vers ma Lili à l'agonie et lui envoie des bye-bye légers.

«Laissez-vous envahir par les images qui vous viennent spontanément à l'esprit lorsque vous la voyez presque morte.

Vous sentez-vous triste? Soulagée? Heureuse?

Penchez-vous vers elle, regardez-la. Elle ne vous reconnaît plus. Vous la regardez au fond des yeux et vous voyez ses yeux qui s'embuent.»

Qui s'embuent? dis-je, sceptique.

«Oui, enchaîne la thérapeute. Elle est triste de vous quitter. Que ressentez-vous? De la manipulation de sa part? de l'attachement profond? une libération?»

Un bon débarras! Un soulagement! répliquai-je.

«Ensuite, imaginez que vous entendez maintenant la voix de Lili qui vous dit: "*Je regrette de t'avoir agacée, de t'avoir mise dans l'embarras, de t'avoir manipulée, et parfois ridiculisée.*

Je t'en prie, pardonne-moi, Diane, je ne voulais pas que notre relation prenne cette tournure. Je n'étais pas vraiment consciente de tout le pouvoir que j'avais sur toi, peux-tu m'excuser ?"

Après avoir écouté sa voix intérieure, c'est à votre tour de lui dire tout ce que vous avez sur le cœur, avant qu'elle vous quitte pour de bon, définitivement.

Si vous le ressentez, vous pouvez lui dire que vous lui pardonnez et lui demander de lâcher prise. Si vous êtes incapable de lui pardonner et de lui dire que vous l'aimez, il faudra en conclure que vous avez encore pas mal de travail à faire sur vous. Si vous le pouvez, exprimez vos émotions profondes à votre figure de survie. Remerciez-la des choses positives dont vous pouvez lui être reconnaissante. Exprimez-lui de la gratitude pour ce qu'elle a pu quand même faire pour vous par le passé. Dites-lui que vous l'avez aimée, mais expliquez-lui bien que l'heure est venue pour vous de vous dire adieu. Vous avez décidé de lâcher prise. Il en va de votre santé mentale. »

Je me concentre et me mets en transe pour exprimer mes adieux à Lili.

« Maintenant, prenez sa main et caressez son front. Je me caresse le front du côté gauche de la main droite. Sentez-vous l'expression apaisée de son visage ? Voyez-vous l'imperceptible sourire qui se dessine au moment où elle rend son dernier souffle ? »

(Je ne le sens pas vraiment, mais m'autosuggestionne très fort et, dans le coin gauche de mon cerveau, je crois apercevoir son carnassier petit sourire de bébé requin.)

« Maintenant, transportez-vous à ses funérailles. Laissez-la jaillir du plus profond de votre abdomen pour enfin réussir à l'exorciser. Continuez votre voyage imaginaire jusqu'au cimetière et prêtez l'oreille aux derniers mots que votre cœur lui dit, pendant que l'on descend ses cendres.

Maintenant, en inspirant profondément, faites votre ultime adieu à votre Lili intérieure. Qu'elle repose en paix! Recueillez-vous, prenez une autre inspiration profonde, expirez calmement, remuez les orteils et ouvrez tranquillement les yeux pour faire face à la vie en solitaire. Êtes-vous prête?»

Tabarouette, mettez-en que je suis prête! Ce n'est pas ma première tentative pour dissoudre mon ineffable dualité et devenir enfin singulière, mais oui, je suis bien disposée à la laisser partir.

«Maintenant, vous allez mentalement créer de nouveaux changements.

Répétez: je me suis engagée dans un processus de changements positifs et adieu le négatif et le farfelu.

Répétez: mon corps est beau et sain.

Où que j'aille, je trouve l'amour.

(J'hésite à me répéter cette dernière phrase, qui me semble trop gullivérienne. J'espère qu'elle ne veut pas parler d'amour physique.)

Je trouve mon travail d'écriture très intéressant. (Je répète cette phrase.)

L'endroit où je vis avec ma famille me convient tout à fait. (Je répète aussi même si ça convient oui, mais pas toujours tout à fait, c'est mouvementé, le village gai). Chassez les parasites négatifs, ne voyez que le positif, respirez par le nez.

Répétez: je sais que la vie m'amènera ce qu'il y a de mieux pour moi.»

Ouais, je vois plein de belles images. Super!

«Si vous avez vraiment bien ressenti cet exercice de visualisation, vous devriez maintenant être en paix avec vous-même.»

Bon, j'ouvre les yeux, la regarde, éberluée... «Vous croyez qu'elle est partie?»

«Je le crois, mais vous devez y croire aussi. Vous verrez, vous avez bien renforcé votre moi et avez réussi à lâcher prise sur votre dualité. L'exercice a bien fonctionné. Ayez confiance en vous.

Relaxez-vous et rentrez en paix chez vous. Rappelez-moi la semaine prochaine pour me donner des nouvelles.

Maintenant, ce sera 150 $ pour la consultation. »

J'expire par le nez, j'expurge par le portefeuille et me voilà libre.

Au retour, relativement en paix et soulagée de quelques dollars, je me tâte et curieusement me sens unifiée.

Peut-être que ça a fonctionné, après tout? En marchant devant le bar Unity, je réalise que je n'ai même pas jeté un coup d'œil pour reluquer les danseurs qui souvent posent devant la vitrine pour racoler. Chose qu'inconsciemment je devais souvent faire quand la mateuse Lili se promenait sur mon épaule. *Niet*, je n'ai pas jeté l'ombre d'un petit coup d'œil. J'ai filé à la maison, droite comme un *i*, sans la moindre petite pensée libidineuse ou gullivérienne.

Même pas un sourire ou un sifflement aux beaux gars de la construction qui réparent un nid-de-poule au coin de ma rue (elle faisait ça, Lili, elle sifflait souvent les gars de la construction! Quel culot!). Je me sens tellement soulagée d'être enfin moi-même.

Je me chante « Incognito et bien dans ma peau, je recommence ma vie à zéro », en me sentant partie pour la gloire comme Céline au Centre Bell.

Curieusement, de retour à la maison, j'éprouve un liliputien sentiment de manque et de mini culpabilité mêlé d'un soupçon de tristesse à l'idée de savoir ma Lili six pieds sous terre. J'entends même la musique du générique. Mais je me console vite en me rassurant que tout est pour le mieux. J'en avais sincèrement assez d'être dans la dualité et la prise de tête. D'être sans arrêt surveillée par l'ego d'une fille toujours sur la go qui jouait allégrement à la pute séductrice. Non, ça ne pouvait plus continuer comme ça. Elle prenait trop de place.

Heureusement que j'avais prévenu *La Semaine* que Lili ne pouvait plus collaborer à leur revue. Je n'aurai pas à justifier son absence. Je ne voudrais surtout pas alerter les médias et expliquer comment j'ai dissous mon ineffable dualité, ou broder sur la mystérieuse disparition de Lili Gulliver... ou sa mort supposée. Non, je devrais tenir ça secret pour l'instant. Pas capable d'affronter seule le flot médiatique qui en résulterait. Je lui ferai des funérailles intimes... et elle tombera dans l'oubli.

Enfin, après ce processus de visualisation, je réalise à peine que je suis libre et libérée, moi, Diane B. Je vais même pouvoir me rendre seule, comme un grande, chez un éditeur afin de proposer «Le journal intime d'une femme en phase d'atrésie ovulaire», sans opposition, sans petits rires sarcastiques dans mon dos, sans commentaires désobligeants.

Seule dans la maison, je me fais couler un bain. Je m'y glisse et profite de ce moment de solitude. Le bonheur! Apaisée, mais tout de même curieuse, je me fais un petit test de résonance magnétique. You! Hou! You! Hou! grande tête brûlée, es-tu là?

Hé! Ho! sale garce, tu fais la gueule ou quoi, réponds quand je te cause!

T'es pas là?

Silence.

Tant mieux, parce que je te préviens que tu n'es plus la bienvenue dans ce corps. Je vais enfin pouvoir profiter de mon autre demi-siècle en paix! Fini les folies, la double vie et *tutti quanti*.

J'entrevois une retraite paisible avec mon homme devant un joli feu de bois, en toute quiétude, à la campagne. Je patauge dans mon bain, heureuse.

Aucune réponse ne surgit des méandres de mon cerveau. Chapeau!

Au bout de quelques heures, cependant, je ressens comme un vide intérieur. Ça me trouble un petit peu, mais ça va sûrement passer. Je vais me faire à l'idée. Après tout, je vis quand même un minideuil. Elle était drôle, parfois, Lili. J'admets qu'elle m'a souvent fait rire, la garce. C'était bien de pouvoir profiter de son sens de la répartie dans les parties. J'avais toujours plein de monde autour de moi, sans doute parce que, mine de rien, nous étions deux à faire notre petit numéro. Enfin... je vais composer sans et serai sûrement tout aussi appréciée. Je connais des amis (des gens sérieux) qui ne l'appréciaient pas tant que ça, la Lili. Elle leur tapait sur les nerfs. Sans oublier que plusieurs critiques intellos la trouvaient insupportable. Eux aussi lui reprochaient d'être trop volage, superficielle, et surtout de manquer de profondeur. Sont comme ça, les critiques, ils aiment la profondeur. Et puis, son comportement devenait vraiment absurde avec les hommes, elle les aimait tous trop physiquement!

Son appétit de vivre ne diminuait pas avec l'âge, il allait, au contraire, en augmentant. Elle voulait jouir de tout – de tous? Et avec son petit air de garce, elle avait encore, malgré ses nombreuses heures de vols, la capacité de les séduire... que l'on pense simplement à Gérard... et à tous ceux que je ne nommerai pas pour ne vexer personne...

Notre dernière altercation au sujet de James Hyndman en est la preuve.

Et puis quoi, je ne suis pas faite de bois, avec Lili sur l'épaule. Vénus seule sait où cela nous aurait menées, cette entrevue. S'il nous avait glissé un de ses sourires ravageurs... la gourmande l'aurait dévoré sur place et moi, j'aurais encore profité des restes.

Non… Non… Merci, déesse de mes fesses, j'ai eu le sang assez froid pour annuler ce tête à babines qui aurait pu assez rapidement dégénérer en tête à queue. Comme le disait Honoré de Balzac : « Il ne faut pas courir deux lèvres à la fois. » Puis, quand je repense à toutes nos prises de tête, quelle libération !

Tiens, en ce qui concerne mon livre sur la ménopause, je voulais l'intituler : « Bouffées de chaleur » Ensuite, pour Lili, j'étais prête à mettre « Bouffées de chaleur et sautes d'humeur », mais non, la Lili insistait pour que les sautes d'humeur soient plutôt des « sauteries d'humeur ». Ridicule !

« Sauteries d'humeur et grosse chaleur », par Lili Gulliver. Cela enlevait toute la crédibilité à ce beau projet de livre sérieux sur la ménopause. Non, je ne pouvais pas laisser passer ça. Choix éditorial oblige. Je ne pouvais pas honnêtement la laisser saccager mon (serait-ce prétentieux de dire) œuvre ? Je trouvais que, tout comme dans ma vie, elle y occupait trop de place. Non, maintenant que j'y repense, cette séparation est une excellente chose.

Je me tâte, Lili, es-tu là ? Lili… Lili ? Pas de réponse.

Curieusement, c'est con je sais, on dirait qu'elle me manque un petit peu. Ça doit être normal, les siamoises ressentent souvent cela lorsqu'on les sépare. Nous cohabitions depuis si longtemps, je suis sûrement un peu en état de choc post-séparation. En hommage posthume, ce soir, je vais enfiler une petite robe noire. Et je vais même prendre quelques portos pour le repos éternel de Lili.

 Cher journal,

Aujourd'hui, j'ai à nouveau tenté de rétablir le contact avec Lili. Ma façon de m'y prendre doit être inefficace. Je crois maintenant être assurée d'avoir la paix, puisqu'elle ne répond plus. Putain !

Un meurtre par désintégration mentale, quand même, faut le faire !

Une fois, il y a longtemps, pour la menacer, j'avais juré de l'emmener en vacances en Afrique chez les réducteurs de têtes, mais cela ne sera plus nécessaire. J'ai assassiné ma Lili par ma propre volonté en visualisant sa mort. Le mental ! C'est puissant en ta... !

Juste par la force de mon cerveau, ouais ! J'ai peine à croire qu'elle ne me répondra plus jamais, la vache ! *Shit !* C'est curieux, je ne suis plus certaine d'avoir bien agi. Je crie : Lili, Lili... ? et personne ne répond. Quelle angoisse !

Et Roger et Félix qui sont partis pour un week-end de pêche.

Je suis seule au monde... Bouh ! bouh !

Je vais téléphoner à ma mère, histoire de prendre des nouvelles de sa santé, de ses amours.

Cré m'man, elle m'a bien fait rire lorsqu'elle m'a raconté qu'ils avaient eu une démonstration de produits de sex-shop à leur résidence de personnes âgées. J'ai pensé que si Lili savait ça, elle se retournerait dans sa tombe. Juste à imaginer des gels, des lubrifiants, des vibrateurs, des slips à froufrou dans les sacs bruns des petites madames du quatrième âge, je ne peux que sourire. Je ne peux m'empêcher de penser à ce qu'aurait répliqué la sarcastique. **On n'a plus les p'tites vieilles qu'on avait ! Si nos mamies lâchent le tricot pour les vibros, ça va chauffer dans les résidences ! Allez ! les mamies, on se fait un berce-thon pis on allume nos vibrateurs, en écoutant le film *Bleu Nuit*. Regarde, Berthe, le mien il fait des rotations...** J'imagine que Lili aurait bien aimé finir ses jours dans un endroit semblable, quoiqu'elle disait souvent vouloir être placée dans un centre de « mauvaise réputation », là où les membres du personnel hospitalier abusent des vieilles dames âgées.

Ouf... au fond, je l'ai échappé belle. Heureusement qu'elle ne fait plus partie de mon moi authentique. J'ai demandé à ma mère ce qu'elle avait acheté à la démonstration de sex-shop... et, évidemment, elle n'a jamais voulu me le dire. Je sais qu'elle a acheté quelque chose, c'est déjà ça. Mais je ne saurai jamais si elle se fait « jouer dedans » avec... il y a des limites avec les vieilles dames pudiques.

 Cher journal,

C'est étrange de penser qu'à partir de maintenant, je vais être totalement responsable de mes faits et gestes.

C'est donc toute seule que j'irai à la maison d'édition.

J'ai rendez-vous avec l'éditeur. Moi, Diane B.

Même si je connais un peu le monsieur pour l'avoir croisé quelques fois avec Lili lors du Salon du livre ou de lancements, je suis intimidée de me retrouver seule en tête-à-tête avec ce monsieur sérieux. Je me demande si je vais réussir à l'intéresser. En effet, cet homme intellectuel en fin d'andropause sera-t-il sensible et ouvert au récit du quotidien vécu d'une femme ex-schizo en préméno.

Je commence à peine mon *pitch* qu'il affiche une expression de perplexité. Son front se plisse, son sourcil s'arrondit et il fait hum hum... Je tente d'être à la fois crédible et dynamique. L'éditeur contrarié me demande, impatient : « Et comment intitulez-vous votre récit ? »

Je me racle la gorge, respire par le nez et lui révèle fièrement : « Journal d'une femme en phase d'atrésie ovarienne progressive » (avouons que c'est tout de même littérairement plus recherché que femme en fin de menstrues).

Mais c'est peut-être un peu long ?

«Femme en quoi?» demande-t-il en plissant tout ce qui plisse dans sa face.

Je répète: «... en phase d'atrésie ovarienne progressive.» Ou femme en ménopause, si vous préférez.

— Si je comprends bien, dit-il en refronçant les sourcils, c'est le journal intime d'une femme sur le retour d'âge, que vous nous proposez là?

— Heu, oui... euh, en fait, oui. On peut penser en préméno, en péri, et un peu en ménopause, précisai-je. Mais si vous préférez, j'ai pensé aussi à: «Bouffées de chaleur.» Ou plus explicite «Bouffées de chaleur et sautes d'humeur». Comme titre, c'est peut-être plus accrocheur? Non?

— Hum! Hum! Vous est-il possible de développer davantage?

— Heu oui, en fait, c'est une histoire simple et complexe à la fois. C'est le quotidien vécu d'une femme dans la cinquantaine, aux prises avec une double personnalité et des changements hormonaux, qui tient un journal dans lequel sont notés ses états d'âme et ses réflexions profondes sur le climatère.

Cette femme, qui a jadis eu des troubles de personnalité, réalise que, grâce à une thérapie cognitive, elle peut vivre enfin avec son moi unifié une ménopause épanouie.

— Bouah! dit-il en se grattant le cou... complexe et simple, vous dites? C'est un livre sérieux ou drôle? Profond ou léger?

Hésitante, un peu anxieuse, je lui explique que c'est un livre sérieux puisque ça parle des «vraies affaires» mais qu'il y a aussi des choses qui sont risibles. Et ça peut être légèrement profond, ou profondément léger... cela varie comme les humeurs des femmes.

Puis, s'affairant à brosser ses pellicules sur son veston, il demande :

— C'est une autobiographie ou une fiction ?

— Heu... je rosis, rougis et avoue que c'est un peu une autobiographie, mais avec quelques petits ajouts fictifs.

S'impatientant, il demande :

— Qu'est-ce que vous voulez dire par «quelques petits ajouts fictifs»? Ça me semble confus, votre affaire.

— Heu oui, cela peut sembler confus, lui glissai-je, en me sentant devenir rouge comme la crête d'une dinde au soleil, mais si vous voulez bien vous donner la peine de lire le manuscrit, c'est beaucoup plus clair sur papier. Parce que là, c'est un peu comme si vous me demandiez de vous résumer la vie de Colette et de la grande Catherine de Russie en dix minutes. Il faut lire, pour en comprendre l'essence.

— Mais voyons donc, Mme Diane, nous, éditeurs, n'avons pas le temps de lire tous les manuscrits et les conneries qu'on nous propose. S'il fallait que nous nous attardions à lire toutes les élucubrations que des hurluberlus inspirés s'entêtent à nous proposer, nous n'aurions plus de vie, ma chère. Tenez, regardez dans cette pile. J'ai ici le manuscrit d'un jeune comédien sexoolique avec son nouveau roman : *Où est passé le furet ?* Ici, voici le manuscrit d'une travestie opérée qui veut retrouver son pénis, la vie dans son corps de femme lui étant devenue insupportable.

— Il est peut-être en ménopause, risquai-je ?

— Non, écoutez, dit-il, je dispose de peu de temps, j'ai un déjeuner d'affaires, je pense que vous devriez retravailler votre sujet... Mais honnêtement, pour ne pas vous faire perdre votre temps et le mien (précieux), je ne crois pas que nous soyons preneurs pour vos «bouffées de chaleur» cet été. Enfin, comme votre style n'est pas vraiment celui de la maison, je vous suggère d'aller plutôt chez Les Intouchables, on y publie n'importe quoi.

À ce moment précis, je me sens foudroyée par une bouffée de chaleur incendiaire. Je suis en feu. Impulsivement, j'arrache mon veston, mon chemisier et je me retrouve en sueur et en petit bustier devant l'éditeur médusé.

Je suis en proie à un changement physiologique et psychologique extrême dû au stress.

Et là, *black out!* Je ne sais pas ce qui s'est passé. Ce que je sais, c'est qu'au bout d'une heure et demie, je suis ressortie du bureau de l'éditeur moite et décoiffée... mais avec un contrat en main et une enveloppe. L'éditeur, souriant, est même venu me reconduire à la porte. «À la prochaine, chère amie.»

Confuse, embarrassée, avant de quitter la maison d'édition je suis passée aux toilettes me rafraîchir.

Et qui est-ce que j'aperçois dans le miroir, affichant son petit sourire en coin de bébé requin? La Lili!

Eh oui! la pétulante garce de Lili, juste à mes côtés, sur mon épaule, me regardait fixement dans la glace embuée, toute imbue d'elle-même. Elle me dit alors: Pensais-tu sérieusement que tu allais te débarrasser si facilement de moi? Toi et moi, ma chère Didi, tu devrais savoir que c'est à la vie à la mort, et que ma chair a des raisons que ta raison ne connaît pas, mais c'est comme ça!

Bon sang! C'est pas vrai, j'hallucine... T'es encore là! Mais, dis-moi, grande garce, qu'est-ce que tu as proposé, raconté ou fait à l'éditeur pour qu'il accepte de publier mon journal de femme en cycle perturbé?

Je lui ai parlé de Chiffre et de Sexe, ma chérie. Les deux choses que les hommes comprennent.

Je lui ai expliqué qu'en l'an 2007, on estime qu'il y aura sur la terre environ 720 millions de femmes de plus de 45 ans. Que, juste aux États-Unis, un tiers des femmes a plus de

50 ans et que 75 % d'entre elles ont, ont eu ou auront des bouffées de chaleur. Que, dans la francophonie, les femmes franchissent le cap de la cinquantaine par millions chaque année. En admettant qu'il y a approximativement 60 millions de femmes qui ont des bouffées de chaleur par année, seulement en Amérique et que ce nombre va en s'accentuant, ça a de quoi vous donner chaud, n'est-ce pas, cher éditeur ?

Surtout que ces femmes, déjà affligées par ce dérèglement, peuvent le subir encore pendant une dizaine d'années. Et ces pauvres dames, mon cher éditeur, seront pour la plupart victimes de bouffées de chaleur suffocantes, de sueurs et de palpitations... et d'heures de sommeil interrompu qu'elles pourront consacrer à la lecture de ce livre édifiant qui parle des vraies choses de la vie, avec quelques excellentes interventions fictives.

Alors, monsieur l'éditeur, pensez vite, parce que je n'ai qu'un coup de fil à faire... à Libre Expression ou aux Intouchables ou ailleurs, et touroulou, vous vous rongerez les doigts d'avoir laissé passer le best-seller de la décennie chez les *baby-boomers*. Vous serez la honte du monde de l'édition... Je n'ose imaginer la tête de Pierre Karl, de Julie et des autres quand ils l'apprendront.

Je vois un éclair dans ses yeux, ça lui tombe dessus comme la foudre en un ciel clair. Ça y est, il allume ! Il ouvre le tiroir et en ressort deux copies de contrat qu'il me tend gracieusement.

Maintenant, lui dis-je, très cher éditeur, va falloir vous préparer à la traduction en 27 langues. Bien entendu, j'accepterai le million de dollars en à-valoir... offert par votre maison d'édition à une jeune auteure quinquagénaire.

Un million ? dit-il, abasourdi, mais vous rêvez.

Un million, ai-je renchéri, c'est rien de nos jours, mon trésor.

Stephen King a déjà reçu un à-valoir de 17 millions de dollars U.S. pour un livre. Oui, je sais, nous sommes au Québec, mais nous sommes en communication avec le monde. Ce livre pourra facilement prétendre à un rayonnement mondial, avoir une influence planétaire pour peu qu'on soit visionnaire et qu'on utilise les bonnes méthodes de marketing. Et puis réfléchissez, mon ami, un million, c'est des *peanuts* considérant que c'est un super coup de pub pour le livre. Vous allez voir, tout le monde va en parler.

Imaginez la une des journaux: les éditions V.L.B. accordent un million en à-valoir à une jeune auteure schizophrène périménopausée de 50 ans. Du jamais vu, mon cher, de l'inédit, mon ami. Préparez-vous à provoquer la jalousie dans le monde littéraire. L'auteure pourra se retrouver avec Guy A. Lepage le dimanche, s'envoler ensuite vers Paris dîner chez Ardisson, pour ensuite se retrouver devant Oprah et revenir chez Marie-France Bazzo, pourquoi pas? Tous les journaux vont s'emparer de l'affaire.

En moins de deux , je vous assure, vous allez récupérer votre investissement. Pensez aux 720 millions de femmes de 45 ans et plus, et imaginez que seulement la moitié de ces femmes achètent le fameux livre. Vous qui touchez trois fois plus d'argent que l'auteur, c'est quand même beaucoup de bidous, mon minou.

Ensuite, avez-vous pensé aux droits cinématographiques?

Là, il est sceptique. Vous croyez pouvoir vendre les droits d'un journal intime au cinéma?

Là-dessus, j'ai bluffé un petit peu en disant que le cinéma intimiste ça existe, et que Woody Allen ou Eric

Rohmer seraient sans doute preneurs. On a déjà fait un film sur la vie de Virginia Woolf, de Maria Chapdelaine, et même de Maria Goretti !

Comme j'ai senti qu'il hésitait un peu, j'ai lâché ma dernière carte et lui ai proposé la première option sur les droits de suite.

Parce qu'il y a une suite ? demanda-t-il, interloqué.

Mais bien entendu, œuf corse mon coco. Il y a : la ménopause expliquée aux hommes... la méno expliquée aux ados... la ménopause et l'andropause chez les stars... avec des confidences exclusives de Sharon Stone, Madonna, Oprah, Gérard Depardieu, Thierry Ardisson, le prince Charles, etc. Oui, le glamour, vous êtes d'accord avec moi, mon chou, ça c'est le couronnement du marché. Je le voyais jubiler et tout en reluquant notre poitrine avenante, il a craqué et il a raqué. Regarde dans l'enveloppe. Tu vois le chèque ?

Je n'en croyais pas mes yeux, j'avais entre les mains un chèque d'un million de dollars ! Mais dis-moi, garce séductrice, côté sexe... tu as fricoté quoi, au juste ?

Bon, je lui ai parlé de ma petite collaboration à ton récit avec mon «Courrier de la cuisse légère» et mes «Entrevues fictives» et lui ai proposé pour plus tard, en exclusivité, mes confidences d'alcôves avec des quinquas j'ai l'air et des sexygénaires célèbres. Ton éditeur, dès lors excité comme un jeunot par ta petite tenue, la perspective de richesse et tes beaux lolos, bandait de joie. Il m'a alors demandé la faveur de lui accorder une petite gâterie». Comme j'avais déjà le million en poche, ne va surtout pas croire que je l'ai fait pour l'argent. Je lui ai accordé sa petite gâterie simplement pour le plaisir.

Estomaquée, je lui lance : mais je croyais que tu ne voulais rien savoir des vieux messieurs libidineux.

On change, ma chérie, on s'adapte... Tu le sais bien, moi, j'aime les hommes ! Puis tu sais, ma biche, ton éditeur, pour un vieux, il a encore du tonus. Et comme il va devenir très riche et célèbre grâce à la publication de nos livres, je pourrai toujours relater notre aventure dans son bureau lors de mon prochain livre.

Sacrée salope, tu n'as vraiment pas de morale !

Et toi, ne fais pas ton oie blanche, le coup du petit bustier rose pour appâter l'éditeur récalcitrant, j'aurais pas trouvé mieux, bravo ! Tu l'auras cherché, inconsciente agace.

C'est ton bustier et ta craque profonde qui l'ont inspiré à vouloir faire l'amour mammaire.

Tu as fait l'amour mammaire avec mon éditeur ?

Notre éditeur, ma chérie, eh oui ! je lui ai fait entre les seins, la cravate russe ou branlette espagnole. Que veux-tu, à force de reluquer dans ton bustier, tu comprendras que le pauvre homme ne voulait pas manquer cette occasion de plonger. Alors il se hâta de dégager son sexe et le plaça au milieu, pendant qu'avec ses mains, il compressait sa tige entre nos seins. Le soulagement ne tarda pas à venir. Et là, il est devenu tout penaud, comme un enfant, si attendrissant, si reconnaissant que c'en était touchant.

Ouach ! c'était donc ça l'impression de serrement de poitrine... et cela explique la tache sur mon bustier. Tu n'es pas possible, quelle dévergondée ! Tu es certaine d'avoir fait cela après la signature ? Mais peux-tu bien me dire pourquoi tu as accepté de faire ça ?

Il m'aurait bien sûr été possible de refuser, mais cela n'aurait pas été digne de moi. Parce qu'une auteure érotique se doit d'expérimenter de nouvelles choses et ne doit surtout pas perdre la main si elle veut demeurer une référence littéraire dans les alcôves et parfois même dans les écoles.

Sincèrement, Lili, tu crois vraiment au succès de mon livre?

Foi de Lili, oui! Quand j'ai constaté que tu étais devenue vraiment casse-couilles avec ton projet de «journal anecdotique sur l'âge critique», j'ai trouvé ça audacieux, quand même. Puis, j'ai pas eu le choix, je me suis mise à réfléchir et à envisager les possibilités marketing et tu sais quoi? Tu es: «la poule aux ovaires d'or»! Quand on sait que le Prémarin affiche des ventes de 2,7 milliards de dollars U.S. en ordonnances pour l'an dernier, je me suis dit, oui, pourquoi pas un petit livre sur les bouffées de chaleur?

C'est à ce moment que, pour la première fois depuis des années, j'ai vraiment senti une complicité et une concordance de phase avec ma Lili intérieure. Je suis devenue fière de nous, de notre belle folie, j'en ai eu chaud au cœur. Je me suis dit que nous avions encore de bonnes années devant nous et que ça allait être chouette de vieillir, je veux dire *mûrir* ensemble.

Puis je me suis demandé quand nous cesserons donc d'être jeunes et folles.

Jamais, m'a dit Lili, j'ai d'autres projets fous et je veux des amants jusqu'à cent ans!

Ouille! On verra, on verra!

Je dois me rende à l'évidence, au fond, je suis le contraire de ce que je suis mais, finalement, je trouve dans cette attitude une belle preuve de vivacité de lilicité, parce que je réalise que, s'il y a quelqu'un qui m'agace et que je déteste même par moments, c'est bien moi, la grande raisonneuse. Et dire que je voulais faire un livre sérieux et obtenir le respect de mes pairs.

Du sérieux? Mais pour quoi faire? Il y en a beaucoup trop qui se prennent au sérieux. Du rire, ma chérie, du rire, de la fantaisie, du plaisir, voilà ce qui alimente la vie.

J'espère juste que ma moralité ne sera pas entachée par cette histoire. Diane B.

En collaboration avec Lili Gulliver... que j'adore malgré tout.

À propos, c'est l'éditeur et Lili qui ont choisi le titre.

Ils avaient beaucoup d'options:

«Femmes folles sur le retour d'âge...»

«Parfois femme varie...»

«Journal anecdotique d'une femme à l'âge critique!»

moins compliqué que «Journal d'une femme en phase d'atrésie ovulaire».

Quoique «Journal d'une femme en phase d'atrésie ovulaire progressive» me plaisait bien.

J'aimais ça, moi, le mot «ovulaire». Tu sais comme Houellebecq et ses *Particules élémentaires*, ça fait savant. Atrésie ovulaire! Les gens se sentent intelligents avec des livres aux titres savants. Des médecins l'auraient acheté, des infirmières, des biologistes, bref...

Pour d'autres raisons, j'aimais bien aussi: «Bouffées de chaleur et Sautes d'humeur.»

Sauteries d'humeur, ma chérie, sauteries!

Non, Lili, on ne reviendra pas là-dessus.

À la limite: «Quand cesserons-nous donc d'être jeunes et folles» me plaisait aussi.

Même si «Sexe, Chiffre et Ménopause!» c'est *winner*, comme aurait dit Roxanne, on a opté pour autre chose. Et «Sexe, Potins et Méno-causeries» a aussi été exclu.

Finalement, ils ont choisi :

« Lili Gulliver, la perfide tentatrice ».

Si vous avez ce livre en main, voyez, ils ne se sont pas trompés.

P.-S. — Veuillez prendre note qu'à la suite de la publication de ce livre, les auteures ne seront pas très disponibles pour les entrevues. Mon mari et moi partons pour une croisière romantique sur un gros transatlantique... avec quatre cents membres d'équipage masculins pour nous servir et, bien entendu, pour ressourcer ma Lili intérieure, afin que nous puissions nous commettre à nouveau. Parce qu'au retour, Lili et moi, nous avons du pain sur la planche. Nous pensons mettre sur pied le premier « Salon de la ménopausée » au Québec.

Une semaine par année, nous aimerions offrir aux femmes un immense lieu de rassemblement où les femmes ménopausées pourraient se réunir et partager leurs expériences.

Nous aurions aussi un tas d'invitées spéciales.

Ainsi, nous comptons sur la participation de la très populaire humoriste Lise Dion, et son nouveau spectacle : « Ménopause et embonpoint ou, le gras ça protège sa femme ! »

Dans une autre veine, la pétillante comique Kathy Gauthier nous offrira un monologue : « Fini les menstrues, mes ovaires... quel calvaire ! »

Louise Portal : « Ménopause et spiritualité. » « Incantations, et mantras pour prévenir les crises d'anxiété. » » Quels sont les anges qui nous protègent en fin de cycle. »

Anne Létourneau : « Atelier de ménopause et Kama-sutra. » « Comment centrer ses chakras. »

Laure Waridel : « La ménopause équitable... Comment ? »

Marie-France Bazzo : « Il va y avoir du sport. » « Possibilités sportives des femmes en ménopause. » « Les hormones avantagent-elles les femmes dans les sports ? »

Nathalie Petrovski : « Après maman last call... le last call des hormones. »

Conférence sur comment laisser aller ses humeurs en grafignant.

Véronique Le Flaguais nous confie le secret de ses sautes d'humeur dans *Rumeurs*.

Les enfants de Micheline Lanctôt viennent nous confier comment leur mère accoucha de sa ménopause.

Atelier de relaxation, yoga et gestion de stress par mon amie Coucoune.

Atelier de ménopause alerte : « Ça casse ou tu bouges, exercice amusant par la danse » par l'excellente Sylvie Boucher... brillante au *Match des étoiles*.

La ménopause dans le monde : une geisha témoigne de la ménopause chez les Japonaises.

Stand de santé beauté, crème et lubrifiant, recettes... tenu par mon amie Roxanne.

Sans oublier la participation spéciale de *Christiane Charette en direct* qui se fera un plaisir d'interviewer des femmes venues d'ici et d'ailleurs pour nous donner leur point de vue sur la ménopause.

Atelier de composition et concert de chansons amusantes et grivoises sur la ménopause par Les chiennes de vaches, ouvert aux femmes qui veulent s'épanouir en chantant.

Bref, nous espérons regrouper un tas de femmes célèbres et intéressantes, dont nous attendons qu'elles nous rappellent pour nous confirmer leur participation.

Bien entendu, on y trouvera aussi un stand avec des livres sur la ménopause, dont cet édifiant best-seller que les auteures (pionnières en érotisme et pionnières en ménopause) se feront un plaisir de vous didicacer – ou lilicacer – sur place.

Alors, aux plaisirs de vous rencontrer.

Merci

Diane B. et *Lili Gulliver, pour le meilleur et pour le rire, même en* last call *hormonal.*

Achevé d'imprimer sur les presses de
Quebecor World Saint-Romuald.

Imprimé sur du papier Quebecor Enviro 100 % postconsommation,
traité sans chlore, accrédité Éco-Logo et fait à partir de biogaz.

certifié   procédé   100 % post-   archives   énergie
            sans   consommation   permanentes   biogaz
            chlore